国家社会科学基金项目"达米特与戴维森意义理论及其对当代逻辑学和哲学的影响之比较研究"（批准号：14BZX073）结项成果

国家社科基金丛书
GUOJIA SHEKE JIJIN CONGSHU

达米特与戴维森
意义理论比较研究

A Comparative Study of Dummett and
Davidson's Theory of Meaning

张燕京 著

人民出版社

自　序

　　《达米特与戴维森意义理论比较研究》历经数载艰辛努力终于完成了,在该书即将付梓之际,我突然想到了自己的研究之路,也就写下了以下这些话,作为序。

　　在我的求学之路中,有两个重要的时间节点,都与学位论文选题有关。1993 年我到北京师范大学哲学系攻读逻辑学硕士研究生,师从我国著名逻辑学家、逻辑教育家、中国逻辑学会会长吴家国先生。在论文选题时,吴先生支持我的现代逻辑研究的想法,选择弗雷格逻辑哲学思想作为硕士论文的选题。那时,这个选题国内做的人很少,现在看来真是一个不错的选择。其后,吴老师把我介绍到中国社会科学院哲学所逻辑室王路研究员那里,请他指导我的论文写作。应该说,这是我从事逻辑哲学和语言哲学研究的起点。当时,我认真读了王路老师翻译的《弗雷格哲学论著选辑》,还读了一些外文资料,撰写了《弗雷格逻辑哲学思想初探》,该学位论文近 6 万字,获得了答辩委员会的好评。弗雷格是语言哲学和分析哲学的开创者,当时选择做弗雷格研究只是出于学位论文的需要。但现在想来,这一选择其实为我后来从事学术研究确定了基本的方向。

　　之后我回到河北大学工作,一直围绕弗雷格继续进行研究,发表了一些研究成果。2000 年,我放弃在北京大学攻读博士学位的机会,远赴广州中山大学逻辑与认知研究所攻读博士学位,导师梁庆寅教授是我国著名逻辑学家,担任全国辩证逻辑专业委员会主任委员,后来还担任了中山大学副校长、党委常务副书记。梁老师对于学术要求很高,尤其是对于博士学位论文的选题高度关注。由于我一直做弗雷格的研究,自然就读了当代国际著名哲学家、弗雷格研究专家达米特的一些论著,因此初步有做达米特哲学思想研究的想法。当梁老师知道我的想法后,当即对于这个选题表示支持,认为这是一个重要的前沿课题,也是一个难度很大的课题,他鼓励我把达米特意义理论研究作为博士学位论文的选题。

其实,这一选题还是有一定的风险的,主要在于这一选题本身难度很大。国内研究很少,中文资料缺乏;达米特的书很多,多是大部头的著作,而且国际上公认较为难读;达米特思想十分丰富,几乎涉及当代语言哲学所有前沿问题的探讨。关于选题的挑战性,我已有初步认识。关心我的老师们也有认识。记得当时鞠实儿教授就提醒我说,达米特的研究固然重要,但达米特的东西十分难读,能否顺利完成博士阶段的学业,要有充分的思想准备。王路老师当时在美国哈佛大学做高级访问学者,他也来信与我说,达米特值得研究,但难度很大,你先从达米特最为重要的论文读起,先读读,然后再确定选题。后来与王老师聊起才知道,他其实那时也不是很赞同我做达米特研究,主要怕我不能完成这一课题的任务,但又不好打消我的积极性。他认为,如果做不了达米特,至少读读达米特的东西可以转而做弗雷格研究。但我那时只是想到,既然各位老师都认定达米特研究是一个非常重要的课题,那我就坚定地做下去。当然,之后三年的课题研究,其挑战和困难远远超出了我当时的理解。不过,通过艰辛地努力,最终还是于2003年完成了20多万字的博士学位论文《达米特意义理论研究》。博士学位论文得到了南京大学张建军教授、北京大学陈波教授的肯定和好评,也得到了答辩委员会的高度认可,认为该论文是"国内最早详细探讨达米特意义理论的著述"。王路教授后来还笑称,看来你还是完成了博士学位论文,而且写得还不错。

现在看来,硕士论文选择做弗雷格,是打下了语言哲学研究的一个基础;博士论文选择做达米特,是深入当代语言哲学研究的前沿。一个是发展的起始,一个是发展的最新阶段,这两个选题就把语言哲学整个贯通起来。可以说,如果没有吴先生和梁老师,我不可能做出这种选择。

2003 年回校后,我继续开展达米特的相关研究工作。2006 年出版了博士学位论文《达米特意义理论研究》(中国社会科学出版社 2006 年版)。江怡教授在《分析哲学教程》(北京大学出版社 2009 年版)一书中介绍了该书,并称其为国内"第一部研究达米特哲学的专著"。陈波教授称其为"国内第一篇认真、系统地探讨达米特意义理论的中文作品"。《达米特意义理论研究》一书于 2010 年获"第五届金岳霖学术奖二等奖"。我于 2007 年主持了国家社科基金项目"达米特意义理论及其在当代逻辑学、哲学与语言学中的应用研究"(项目批准号:07CZX015),该项目 2010 年完成,研究成果被全国哲学社会科学工作办公室鉴定为优秀成果。

随着对达米特语言哲学思想研究的深入,我不断扩展语言哲学的研究领域,开始关注戴维森的语言哲学思想,并且开展了达米特与戴维森哲学思想的比较研究工作。2014 年,我获批了国家社会科学基金一般项目"达米特与戴维森意义理论及其对当代逻辑学和哲学的影响之比较研究"(项目批准号:14BZX073),该项目 2020 年结项,研究成果被全国哲学社会科学工作办公室鉴定为优秀成果。本书就是以该项目的结项成果为基础修订而成的,从某种意义上说,也可以看作是我研究语言哲学和分析哲学的一个阶段性成果。

达米特与戴维森是当代西方语言哲学的代表性人物,他们对当代语言哲学都产生了重大影响。开展达米特与戴维森意义理论的比较研究,这既是一个重要的课题,也是难度较大的课题。目前看来,该课题在国内研究相对薄弱。希望《达米特与戴维森意义理论比较研究》一书的出版,对推进我国语言哲学和分析哲学的研究发挥积极的作用。

写到这里,我想到了逻辑学界的许多师长、同仁对我长期而有力的支持、关心和帮助,不禁充满了感激之情。

感谢河北大学哲学系沙青教授！是沙青先生把我引入逻辑学的教学和研究工作。虽然沙先生已去世多年,但他的教诲常常在我耳边响起,他崇高的学者风范仍然激励着我不断前行。

感谢我的导师吴家国先生和梁庆寅先生,两位先生多年来一直关心和指导我的学术和工作,关心我的生活,他们的鼓励和期望是我不断前进的动力！

感谢中国社科院哲学所张家龙先生、刘培育先生,感谢清华大学王路教授、南京大学张建军教授、中山大学鞠实儿教授、西南大学何向东教授、中国人民大学陈慕泽教授、浙江大学黄华新教授,感谢以上诸位老师对我长期以来的无私的帮助和支持！

在本书的写作过程中,许多学界的师友都给予了指导和帮助。特别感谢清华大学哲学系王路教授,从 1994 年与王老师结识以来,我们每次相见都几乎会谈到语言哲学,谈到弗雷格、达米特和戴维森;每有疑问,王老师都给予答疑指导！本书的完成,离不开王路老师的指导。感谢中国人民大学哲学院余俊伟教授、中山大学逻辑与认知研究所赵希顺教授、中国社会科学院哲学研究所刘新文研究员、北京师范大学哲学学院郭佳宏教授、浙江大学哲学系金立教授！他们审阅了本书初稿,并提出了宝贵的修改建议！

感谢人民出版社的武丛伟同志,她为本书的出版做了大量的工作！

感谢国家社会科学基金的资助！

张燕京

2021 年 5 月

于保定紫园

目　录

导　　论

　　达米特和戴维森是当代著名哲学家,他们在语言哲学上的研究,尤其是意义理论的研究,对于当代语言哲学和形而上学都产生了重大影响。他们之间学术观点的争论,直接推动了当代语言哲学的发展。

　　开展达米特与戴维森意义理论比较研究,具有重要的理论意义。一是这一课题的研究有助于我国当代语言哲学的研究。意义理论是语言哲学的主要内容,达米特和戴维森的意义理论构成了当代语言哲学的重要内容。开展达米特与戴维森意义理论的比较研究,可以扩展语言哲学研究的维度,从一个更加广阔的视角看待语言哲学,把握语言哲学的发展方向。二是这一课题的研究有助于我国当代形而上学的研究。意义理论既为形而上学研究提供前提,也为形而上学研究提供方法和思路。达米特和戴维森的意义理论对当代形而上学产生了重大影响。本课题的研究可以拓展形而上学研究的思路和方法,可以更加深入地把握意义理论和形而上学的关系。三是这一课题的研究有助于我国逻辑哲学的研究。意义问题是逻辑哲学的核心问题,意义理论是逻辑哲学的重要理论。达米特和戴维森是当代逻辑哲学的代表性人物,他们就意义理论各自提出了创造性的理论和观点,在国际哲学界产生了重要影响,这种重要影响至今还在延续。开展达米特与戴维森意义理论的比较研究,可以深化我国逻辑哲学研究。

达米特与戴维森是当代杰出哲学家,对当代哲学都产生了重大的影响。为了更好地理解他们的思想,现简要介绍一下他们的生平、论著以及国内外关于他们的相关研究。

一、达米特的生平、论著和研究

(一)达米特的生平和论著

迈克尔·达米特(Michael Dummett,1925-2011),英国牛津大学教授,当代著名哲学家、逻辑学家,在语言哲学、分析哲学、形而上学、数学哲学、逻辑学等领域做出了杰出的贡献,对当代哲学产生了重要影响。

达米特早年在桑德罗易学校(Sandroyd School)和温切斯特学院(Winchester College)学习,1943—1947年在英国军队服役,先后在印度和马来亚的英国军方情报部门工作。退役后进入牛津基督堂学院学习,主修哲学、政治和经济学,1950年进入全灵学院专门从事研究工作。1950—1951年曾在伯明翰大学哲学系担任讲师助理,在1951年,达米特专注于阅读弗雷格所写的任何东西。1955年,达米特赴美国加州大学伯克利分校学习数理逻辑和数学,期间遇到了"成为他终生朋友"的戴维森①。1962—1974年担任牛津大学的数学哲学讲师。1979年接替艾耶尔担任牛津大学维克姆逻辑学教授(Wykeham Professor of Logic),直到1992年退休。达米特还曾担任过加州伯克利、斯坦福、明尼苏达、普林斯顿、洛克菲勒、哈佛、意大利的博洛尼亚等大学的客座教授。1999年他被英国女王授予爵士称号。

达米特不仅是著名的哲学家,他一度还是英国反种族主义斗争的领导者。在20世纪60年代和70年代,达米特曾中断哲学研究,长期积极投入到反种

---

① Dummett,M.:"Intellectual Autobiography of Michael Dummett",in *The Philosophy of Michael Dummett*,Auxier,R.E.,Hahn,L.E.eds.,Open Court Publishing Company,2007,p.12.

族主义的运动之中。他担任英国反种族主义组织的负责人,组织反种族主义的活动,撰写并发表批评种族主义的文章,成为英国反种族主义的具有重要影响的代表性人物。达米特还在国际牌界享有盛誉,他本人不但是一个优秀的牌手,而且是第一流的牌戏和牌史研究专家。他出版过两本牌戏和牌史的书:《牌戏》和《十二种牌戏》,在国际牌界产生了重要影响。2011 年 12 月 27 日达米特去世,享年 86 岁。

达米特本人的文献很多,仅出版的著作就有近 30 本,以哲学著作为主,以下做一简要介绍。

达米特有关意义理论的主要著作是两本论文集:一本是《真与其他难解之谜》(*Truth and Other Enigmas* ,Harvard University Press,1978);一本是《语言的海洋》(*The Seas of Language* ,Clarendon Press,1993)。

《真与其他难解之谜》一书收录了作者在 1976 年 8 月之前写的几乎所有的论文,其中主要论文有:"真""弗雷格关于涵义与指称的区别""直觉主义逻辑的哲学基础""实在论""演绎的辩护",等等。在反实在论真概念的提出,对于真值条件意义理论的批判、弗雷格哲学思想的解释、直觉主义意义理论的提出、反实在论等问题上,上述论文都是代表性的,从某种意义上说,达米特以后所写的很多论文可以说是对这些文章所阐发的思想的进一步论证和发展。

《语言的海洋》一书收录了至该书出版之前达米特几乎所有没有收入在《真与其他难解之谜》(1978)以及《弗雷格与其他哲学家》(1991)两书中的有关形而上学和语言哲学的论文。① 可以说,这部论文集包括了达米特关于语言哲学与形而上学两个方面的主要文献。主要论文有:"什么是意义理论?(Ⅰ)""什么是意义理论?(Ⅱ)""当我懂得一门语言时我知道什么?""语言与真""意义理论诉诸用法干什么?""真与意义""语言与交流""真概念的起源""实在论与反实在论",等等。上述文献中,以"什么是意义理论?"为标题的两

---

① Dummett,M.,"Preface",in *The Seas of Language* ,Oxford:Clarendon Press,1993,p.vii.

篇文献是核心的文献,其他文献是对于它们的进一步展开。

达米特关于弗雷格语言哲学的著作主要有:《弗雷格语言哲学》(*Frege*：*Philosophy of Language*, Harvard University Press, 1973 第 1 版,1981 年第 2 版)、《弗雷格哲学的解释》(*The Interpretation of Frege's Philosophy*, Harvard University Press,1981)。

《弗雷格语言哲学》一书是达米特最为重要的著作,也是他的成名作。该书已成为语言哲学的经典著作,在当代哲学产生了重要而广泛的影响,确立了达米特作为当代著名哲学家的地位。《弗雷格哲学的解释》是一部论文集,是对《弗雷格语言哲学》一书中提出的观点进一步的辩护和阐发。在以上两本著作中,尤其是在《弗雷格语言哲学》中,达米特系统全面地探讨了弗雷格语言哲学的几乎所有方面的问题。在阐发弗雷格语言哲学的同时,创造性地提出了意义理论的一系列基本观点。因此,这两部著作也是研究达米特意义理论的主要著作。

此外,达米特还出版了《弗雷格与其他哲学家》(*Frege and Other Philosophers*, Oxford University Press, 1991)、《弗雷格数学哲学》(*Frege*：*Philosophy of Mathematics*, Duckworth,1991)。《弗雷格与其他哲学家》是一本论文集,达米特称它包含了几乎他写的所有关于弗雷格的,但并未收录于《真与其他难解之谜》一书中的论文。① 在该书中,达米特探讨了弗雷格与维特根斯坦、胡塞尔、洛采等哲学家的关系,探讨了弗雷格的实在论思想,是研究弗雷格思想来源和影响的一部著作。《弗雷格数学哲学》一书全面地探讨了弗雷格的数学哲学思想,包括弗雷格关于数的定义、数的本体论思想等内容。

达米特关于形而上学的著作主要有:《形而上学的逻辑基础》(*The Logical Basis of Metaphysics*, Harvard University Press, 1991)。该书是达米特的一部力作,也是达米特的代表作,是达米特根据 1976 年在哈佛大学的演讲稿整理而

---

① Dummett, M., "Preface", in *Frege and Other Philosophers*, Oxford：Oxford University Press, 1991,p.vii.

成的。在这部著作中,达米特论述了真之理论、意义理论的各种形态、真概念的起源和作用、真概念与意义理论的关系、真概念和逻辑的关系、意义理论与实在论的关系等问题,论证了意义理论是形而上学的基础等基本观点。从该书中,我们可以看到达米特语言哲学的的全貌,可以看到达米特意义理论在他整个哲学思想中所占有的地位。

《直觉主义原理》(*Elements of Intuitionism*,Oxford University Press,1977),是达米特关于直觉主义逻辑的著作,对于当代直觉主义逻辑的发展具有重要的意义。该书确立了达米特作为当代著名逻辑学家的地位。该书探讨了直觉主义数学、直觉主义逻辑系统、直觉主义逻辑的语义以及与直觉主义逻辑相关的哲学问题。该书的"导言"以及"哲学结论",对于研究达米特关于直觉主义意义理论的观点、关于直觉主义与柏拉图主义和形式主义的关系、达米特意义理论的来源都具有十分重要的价值。

《分析哲学的起源》(*Origins of Analytical Philosophy*,Harvard University Press,1993)一书考察了分析哲学发展的历史,特别是分析哲学产生的背景与动因,探讨了弗雷格与胡塞尔之间的学术关系,进而探讨了分析哲学和现象学之间的关系。该书成为研究当代分析哲学和语言哲学历史的重要著作。其中,"真与意义""思想和语言"等几章谈到意义理论的有关问题;该书的"附录"载有关于达米特的哲学访谈,对于全面地理解达米特意义理论的来源、达米特思想的形成、达米特关于意义理论的基本观点具有重要的价值。

(二)国内外关于达米特的研究

1.国外关于达米特的研究

国际学术界研究达米特的文献很多,以研究达米特哲学思想的论文集形式出现的文献尤为重要。

泰勒(Taylor,B.)编辑的《迈克尔·达米特对于哲学的贡献》(*Michael*

Dummett: *Contributions to Philosophy*, Martinus Nijhoff Publishers, 1987），作为"尼基霍夫国际哲学丛书"第 25 卷,该书由 8 位作者分别就达米特在哲学以及社会活动中的工作做出评价。其中 6 篇是关于达米特哲学思想的,主要涉及他的意义理论与形而上学的观点,一篇是关于达米特牌戏研究的评论,还有一篇是关于达米特反种族主义的论文。达米特针对每一位作者的论文都做了回应。在关于意义理论与反实在论的回应中,他进一步论证了证实主义意义理论的观点。该书反映了 20 世纪 90 年代前关于达米特哲学思想的研究成果。

麦吉尼斯（McGuinness, B.）与欧里弗瑞（Oliveri, G.）编辑的《迈克尔·达米特的哲学》（*The Philosophy of Michael Dummett*, Kluwer Academic Publishers, 1994）,该书是达米特哲学国际研讨会的论文集,被纳入由辛迪卡（Hintikka, J.）担任总主编的名为"综合图书馆"的"认识论、逻辑、方法论以及科学哲学研究"系列丛书。该书分为四个部分,前三个部分从语言哲学、数学哲学、心灵哲学和宗教等方面由 11 位作者所写的论文组成,其中就包括戴维森、黑尔等著名哲学家的论文。第四部分是达米特对于上述论文的回应。这本论文集出版于 1994 年,是一部高水平的研究达米特哲学思想的文献。

澳克西尔（Auxier, R.）和哈恩（Hahn, L.E.）编辑的《迈克尔·达米特的哲学》（*The Philosophy of Michael Dummett*, Open Court Publishing Company, 2007）,该书系"在世哲学家图书馆"丛书第 31 卷。该书分为三大部分:一是达米特本人写的学术自传;二是阐发和评论达米特哲学思想的论文,它由"历史语境""语言和实在""语言和真""语言和意义""语言和逻辑""语言之外"六个部分组成。三是达米特论著的目录汇编。该书收录国际学者论文 27 篇,每一篇达米特都做了回应。该书出版于 2007 年,反映了进入 21 世纪以来国际哲学界研究达米特哲学思想的进展。

在国际哲学界还出版了许多达米特哲学思想的专著,现简要介绍几本。

达米特的学生梅特(Mater,A.)所著的《从达米特的哲学观点看》(*From Dummett's Philosophical Perspective*,Walter de Gruyter,1997),该书由九章组成,主要探讨达米特哲学的主要特征、元哲学、反实在论的一般图像、反实在论的语义细节、反心理主义、逻辑与数学、时间、规范的应用等问题。

冈森(Gunson,D.)著的《迈克尔·达米特与意义理论》(*Michael Dummett and the Theory of Meaning*,Ashgate Publishing Company,1998),该书从学术背景、意义理论、全面性与适度性、解释与描述、因果基础和隐含知识、信念与意向性等方面探讨了达米特意义理论。

格林(Green,K.)著的《达米特:语言哲学》(*Dummett:Philosophy of Language*,Blackwell,2001),该书分为"弗雷格的基础""维特根斯坦和奎因""直觉主义的影响""过去的实在""当我们懂得一种语言时我们知道什么""心理学、现象学和心灵哲学"六章,探讨了达米特的语言哲学思想。

韦斯(Weiss,B.)著的《迈克尔·达米特》(*Michael Dummett*,Acumen,2002),该书分为"什么是意义理论?""意义理论的知识""实在论的刻画""实在论的挑战""什么是反实在论?""反实在论的修正的含义""两个个例研究:过去和数学"七章,探讨了达米特的意义理论和反实在论的思想。

2. 国内关于达米特的研究

自20世纪90年代以来,国内对于达米特的研究逐步展开。

王路在《走访达米特教授》(《哲学动态》1993年第7期)一文中较早地介绍了达米特的生平与著作,并从弗雷格哲学的角度来探讨达米特的意义理论。在《弗雷格思想研究》(社会科学文献出版社1996年版)一书中,讨论了达米特对于弗雷格哲学的阐发。在《走进分析哲学》(生活·读书·新知三联书店1999年版)一书中,概述了达米特与戴维森的意义理论的基本观点。在《逻辑与哲学》(人民出版社2007年版)一书中,专设"意义理论"一章,论述了达米特意义理论和戴维森真之理论。

徐友渔撰写的《达梅特①》(载于涂纪亮主编:《当代西方著名哲学家评传(第一卷 语言哲学)》,山东人民出版社 1996 年版),从生平与著作、对弗雷格的"发现"和阐释、对分析哲学起源的研究、关于指称问题、意义理论、反实在论以及宗教和哲学的关系等七个方面介绍和评价了达米特的思想。江怡在《分析哲学教程》(北京大学出版社 2009 年版)一书中,简要论述了达米特的语言哲学思想。

有关达米特研究的学术专著主要有:张燕京的《达米特意义理论研究》(中国社会科学出版社 2006 年版)。该书从思想来源、基本原则、主要构想、当代影响等方面,构建了达米特意义理论的理论体系,全面系统地阐发了达米特语言哲学思想,被学者认为是国内"第一部研究达米特哲学思想的专著""国内第一篇认真、系统地探讨达米特意义理论的中文作品"。

此外,国内学者还翻译了达米特的一些重要论文和著作,主要有:《什么是意义理论?(Ⅱ)》(鲁旭东译,王路校,《哲学译丛》1998 年第 2、3 期),《分析哲学的起源》(王路译,上海译文出版社 2005 年版)、《形而上学的逻辑基础》(任晓明、李国山译,中国人民大学出版社 2004 年版)、《弗雷格——语言哲学》(黄敏译,商务印书馆 2017 年版)等。翻译的有关达米特研究的著作有:《实在论,可判定性和过去》(法布里·帕陶特著,张清宇译,华夏出版社 2001 年版)。

二、戴维森的生平、论著和研究

(一)戴维森的生平和论著

戴维森(Donald Davidson,1917-2003),出生于美国麻省的斯普林菲尔德

---

① 英文 Dummett 的另一个中文译法。

市。1939 年在哈佛大学获得文学学士学位,1941 年获文学硕士学位。在研究生期间,他师从奎因学习逻辑,并聆听了罗素在哈佛的演讲。1949 年,在奎因和刘易斯的指导下获得哲学博士学位,论文题目为《柏拉图的斐利布篇》。1947—1950 年在纽约市昆斯学院担任哲学讲师,1951—1967 年在斯坦福大学历任助理教授、副教授和教授,期间游历欧洲各国以及日本。1967—1970 年在普林斯顿大学担任哲学教授,后任哲学系主任。1970 年起在纽约洛克菲勒大学担任哲学教授,1976 年移居到芝加哥大学任教。1981 年起担任加州大学伯克利分校哲学教授,直到去世。戴维森曾担任美国哲学联合会东部和西部分会的主席,并任《哲学》《理论语言学》《认识》等多种国际重要哲学杂志的编委。他还于 20 世纪 70 年代担任英国牛津大学的伊斯特曼教授(Eastman Professor),并在"洛克讲座"上发表演讲《真之结构和内容》(1970 年)。①

戴维森本人的著作主要以论文集的形式出现,至今一共出版了五本论文集。此外,还有少量专著。

《论行动和事件》(*Essays on Actions and Events*,Clarendon Press,1980),该书分为"意向与行动""事件与原因""心理学哲学"三个部分,收集了戴维森有关行动和事件的哲学分析的 15 篇论文。该书是戴维森出版的第一本论文集。

《对真与解释的探究》(*Inquiries into Truth and Interpretation*,Clarendon Press,1984 第 1 版,2001 年第 2 版),该书分为"真与意义""应用""彻底的解释""语言与实在""字面意义的限度"五个专题,收集了戴维森 18 篇论文。该书是戴维森最为重要的语言哲学著作,戴维森主要的语言哲学思想都在该书得以体现。在该书中,代表性的论文有"真与意义"和"彻底的解释",分别阐述了戴维森的意义理论和解释理论,它们已经成为语言哲学的经典文献。

《主体、主体间性和客体》(*Subjective*,*Intersubjective*,*Objective*,Clarendon

---

①　参见江怡:《分析哲学教程》,北京大学出版社 2009 年版,第 264 页。

Press,2001），该书是戴维森的第三本论文集。该书分为"主体""主体间性""客体"三个专题,收录了戴维森发表的14篇论文。该书讨论"关于我们自己心灵的知识""关于其他心灵的内容的知识""关于我们共有的环境的知识"三种命题知识以及它们之间的关系。

《合理性问题》(*Problems of Rationality*,Oxford University Press,2004),该书是戴维森的第四本论文集,在戴维森生前已编辑完成,戴维森去世一年后出版。该书分为"理性和价值""问题和建议""非理性"三个专题,收录戴维森发表的14篇论文,此外还附有一个"关于戴维森的采访"。

《真、语言和历史》(*Truth*,*Language and History*,Clarendon Press,2005),该书是戴维森的第五本论文集,在戴维森生前已编辑完成,于戴维森去世两年后出版。该书分为"真""语言""异常一元论""历史上的思想"四个专题,收录戴维森发表的20篇论文。

《真与谓述》(*Truth and Predication*,Harvard University Press,2005),是戴维森的唯一一本专著,也是一本遗著,该书主要讨论了语义学的核心问题:真之实质和谓词的语义特征,该书论述了现代逻辑学家和哲学家,包括塔尔斯基、弗雷格、奎因等人关于这个问题的探讨,是语言哲学的一本重要的著作。

（二）国内外关于戴维森的研究

1. 国外关于戴维森的研究

戴维森哲学思想的研究,一直是国际哲学界的热点问题。国际哲学界召开了近20次研讨戴维森哲学思想的学术会议;出版了有关戴维森的研究论著近30种。限于篇幅,以下简要介绍一下研究戴维森的有关文献。

莱波尔(LePore,E.)主编的《真与解释:关于唐纳德·戴维森哲学的看法》(*Truth and Interpretation*:*Perspectives on the Philosophy of Donald Davidson*,Basil Blackwell,1986),该书分为"导论""真与意义""应用""彻底的解释""语

言和实在""字面意义的限度"五个方面,收集了当代学者,包括达米特、罗蒂对于戴维森思想的研究和评述。

哈恩(Hahn, L.)主编的《唐纳德·戴维森的哲学》(*The Philosophy of Donald Davidson*, Open Court, 1999),该书为"在世哲学家丛书"之一,包括戴维森的学术自传,学者对戴维森思想的各个方面的评论以及戴维森的回应。

路德维格(Ludwig, K.)主编的《唐纳德·戴维森:聚焦当代哲学》(*Donald Davidson: Contemporary Philosophy in Focus*, Cambridge University Press, 2003),该书是一本研究戴维森哲学思想的论文集,分为"导论"与"真与意义""行动哲学""彻底解释""心灵哲学与心理学""语义学与事件的形而上学""对于自我、他人和世界的认识""语言与文学"七章,分别由当代学者撰写,全面地探讨了戴维森的哲学思想。

马尔帕斯(Malpas, J)主编的《与唐纳德·戴维森对话:行动、解释和理解》(*Dialogues with Davidson: Acting, Interpreting, Understanding*, The MIT Press, 2011),该书是一本论文集,涉及戴维森与笛卡儿、戴维森与海德格尔、戴维森和奎因等学术关联的研究。

普赖尔(Preyer, G.)主编的《唐纳德·戴维森论真、意义和心灵》(*Donald Davidson On Truth, Meaning, and the Mental*, Oxford University Press, 2012),该书分为"真之理论、意义和逻辑形式""彻底解释、知觉和心灵"两个部分,收集了12篇当代学者探讨戴维森思想的论文,是戴维森哲学思想研究的新的进展。

此外,还出版了一些研究戴维森思想的专著。例如,约瑟夫(Joseph, M.)著的《唐纳德·戴维森》(*Donald Davidson*, McGill-Queen'University Press, 2004),该书论述了戴维森的真之理论、意义理论、彻底解释、行动理论、因果理论、心灵哲学等内容,较为全面地探讨了戴维森的哲学思想。

2. 国内关于戴维森的研究

国内对于戴维森意义理论的研究自 20 世纪 80 年代开始,90 年代逐步展开。在一些论著中,涉及了戴维森的研究。涂纪亮的《分析哲学及其在美国的发展》(下册,中国社会科学出版社 1987 年版),设"唐纳德·赫伯特·戴维森"一节,论述了戴维森的真之理论、意义理论和解释理论。牟博撰写的《戴维森》(载于涂纪亮主编:《当代西方著名哲学家评传(第一卷 语言哲学)》,山东人民出版社 1996 年版),该文从"戴维森的生平及著作""戴维森纲领:真理与意义""戴维森的解释理论:彻底的解释""语言与实在"等方面,较为全面地介绍了戴维森的语言哲学思想。王路的《走进分析哲学》(生活·读书·新知三联书店 1999 年版),概述了戴维森真之理论的基本观点。江怡主编的《现代英美分析哲学》(上下册,《西方哲学史(学术版)》第八卷,凤凰出版社、江苏人民出版社 2005 年版),设有"分析哲学的当代发展"一章,其中论述了戴维森的意义理论。王路的《逻辑与哲学》(人民出版社 2007 年版)设"意义理论"一章,深入探讨了戴维森的真之理论。

有关戴维森研究的学术专著主要有:叶闯的《理解的条件——戴维森的解释理论》(商务印书馆 2006 年版)等。

此外,国内学者还发表了一些研究戴维森的论文,主要有:江怡的"一种无根的实在论——评戴维森的绝对真理理论"(《哲学研究》1995 年第 7 期),张志林的"意义的分析:实在论与反实在论的争论"(《中山大学学报(社会科学版)》1996 年第 1 期),王路的"向往戴维森"(《世界哲学》2003 年第 6 期)等。

翻译出版的戴维森的论著有:《真理、意义、行动与事件》(牟博译,商务印书馆 1993 年版),《真之结构和内容》(王路译,《哲学译丛》1996 年 Z2、Z3 期),《对真理与解释的探究》(第二版)(牟博,江怡译,中国人民大学出版社 2007 年版),《真与谓述》(王路译,上海译文出版社 2007 年版),《真理、意义与方法——戴维森哲学文选》(牟博选编,商务印书馆 2008 年版)。翻译出版的戴维森研究的著作有:《唐纳德·戴维森》(柯克·路德维希主编,郭世平译,复旦大学出版社 2011 年版)等。

三、研究内容、主要工作和研究方法

（一）研究内容

本书主要由导论和五章内容组成。

导论分为三节。第一节,达米特的生平、论著和研究。该节简要介绍了达米特的生平,概述了达米特有关语言哲学的主要论著,综述了国内外关于达米特语言哲学研究的情况。第二节,戴维森的生平、论著和研究。该节介绍了戴维森的生平,概述了戴维森有关语言哲学的主要论著,综述了国内外关于戴维森语言哲学研究的情况。第三节,研究内容、主要工作和研究方法。该节概述了本书的研究内容,本书所完成的主要工作以及所采取的比较研究方法。

第一章,达米特与戴维森意义理论来源的比较。第一节,达米特意义理论的来源。该节论述了对达米特富有影响的弗雷格意义理论和后期维特根斯坦语言哲学思想。第二节,戴维森意义理论的来源。该节论述了对戴维森影响较大的塔尔斯基的语义性真定义和奎因的彻底翻译思想。第三节,达米特与戴维森意义理论来源的比较。该节论述了弗雷格和维特根斯坦对达米特意义理论的重要影响,弗雷格、塔尔斯基和奎因对戴维森意义理论的影响。

第二章,达米特与戴维森意义理论构建原则和条件的比较。第一节,达米特意义理论的构建原则。达米特认为,可行的意义理论构造应该基于显示性、全面性和分子性原则,违反其中的任何一个要求,就不可能构造满足哲学需要的意义理论。第二节,戴维森意义理论的基本条件。该节论述戴维森提出的意义理论的赋义性、构成性、可推演性、可检验性四个基本条件。以上四个条件是意义理论必须满足的条件,否则就无法构造针对于某种自然语言的意义理论。第三节,达米特与戴维森意义理论构造原则和条件的比较。从达米特对戴维森意义理论批评的视角,对二者进行比较。达米特认可戴维森提出的意义理论的基本条件，但他认为戴维森的意义理论并未满足上述条件，也没有达到显示性、全面性和分子性的要求。达米特对戴维森意义理论的适度性、缺乏解释性和整体性进行了批评。

第三章，达米特与戴维森真理观的比较。这是本书研究的主要内容。第一节，达米特的真理观。从语言实践出发，达米特深入揭示了真概念的来源，论述了它在我们的思维框架和语言交流中的作用，论证了真概念的特征和先天缺陷。第二节，戴维森的真理观。戴维森以满足概念为基础，基于整体论意义理论，论证了塔尔斯基的真之理论的符合论特征；戴维森结合语境因素尤其是索引词因素，提出了对于自然语言中的句子的真值条件的新刻画；戴维森基于前分析的真概念，提出了绝对的真之理论，并论述了绝对真之理论对于意义理论的重要意义；戴维森基于真之理论，提出了解释理论，论证了真的主体间性。第三节，达米特与戴维森真理观的比较。达米特认为，戴维森持有的真理观是实在论的真理观，与人的认识无关。戴维森认为，达米特的真理观是认识论的真理观，是反实在论的真理观，它把真与人的认识相联系，容易导致相对主义。戴维森在后期否定曾经持有的符合论真理观，同时反对实在论的真理观和反实在论的真理观，主张真的主体间性，真与思想、语言和实践的紧密关系。通过达米特和戴维森真理观上的差异的比较，可以全面地把握当代真之理论发展的趋势。

第四章，达米特与戴维森意义理论形式的比较。这是本书研究的主要内容。第一节，达米特意义理论的形式。达米特提出了两种意义理论的形式：一是以"辩护"为核心的辩护主义意义理论，二是以"后果"为核心的实用主义意义理论。第二节，戴维森意义理论的形式。基于塔尔斯基的语义性真定义，戴维森提出了真之理论，以此作为意义理论的表达形式，并对此进行了系统的论证。第三节，达米特与戴维森意义理论形式的比较。达米特基于其提出的意义理论的基本框架，对戴维森的真之理论进行了批评。他认为，戴维森真之理论的问题在于，以实在论的真概念作为意义理论的核心，由此基于它无法构造涵义理论,更无法对于语言的用法给出一致的说明。构造意义理论,必须选取与语言用法直接相关的概念为核心,这样构造的意义理论才能解释说话者对于语言的理解,表征说话者对于语言的用法。

第五章,达米特与戴维森意义理论对当代形而上学的影响的比较。第一节,达米特意义理论对当代形而上学的影响。形而上学的方法论问题,是达米特形而上学研究的关注点。达米特提出了形而上学的"研究纲领",它以实在论与反实在论论争的比较研究的形式呈现。从意义理论出发,把有关何种对象存在的实在论的问题,转化为有关表述那些对象的语句的意义问题,是解决当代形而上学问题的主要途径。借助句子的意义模型的探讨,解决逻辑规律的选择问题,进而解决形而上学问题,是当代意义理论研究的基本方法。第二节,戴维森意义理论对当代形而上学的影响。戴维森提出了形而上学的真之方法,认为绝对的真概念是形而上学的核心概念,可以借助真概念揭示语言的结构,从而表征世界的结构。戴维森的真之理论即意义理论,从而表明了意义理论对戴维森形而上学思想的影响。第三节,达米特与戴维森意义理论对当代形而上学的影响的比较。达米特和戴维森都从语言出发探讨形而上学问题,这是二者的相同点。达米特和戴维森的不同在于,达米特是反实在论的主要代表,而戴维森被看作是实在论的主要代表,二者为当代语言哲学发展标明了不同的研究路径,呈现了不同的思想内容;二者关于实在论和反实在论的论争,极大地促进了当代形而上学的发展。

总之,达米特与戴维森是当代西方语言哲学的代表性人物,二者的意义理论对当代哲学尤其是形而上学都产生了重大影响。达米特与戴维森真理观的分别,决定了二者意义理论的不同;而意义理论的不同,又决定了二者语言哲学和形而上学的分歧。达米特是反实在论代表,戴维森是实在论代表,二者关于形而上学问题的论争,实质上是有关意义理论的论争,根本上是关于真理观的论争。因而,真、意义和实在成为了当代语言哲学研究的核心概念,而三者之间的关系,也构成了当代语言哲学的主要问题。因此,达米特与戴维森意义理论的比较研究,对于研究当代语言哲学和形而上学都具有重要的理论意义。

（二）主要工作

本书的主要工作体现在以下几个方面:

第一,从理论来源、原则条件、真理观、理论形式以及形而上学等不同层面,全面、系统地展开了达米特意义理论与戴维森意义理论的比较研究,全方位地展现了当代意义理论研究的基本问题、主要观点和发展趋势。这种方式的研究在国内尚不多见,富有新意。

第二,对达米特和戴维森的真理观进行了系统、全面的梳理,揭示了达米特与戴维森真理观的特征。其中涉及达米特和戴维森关于塔尔斯基真之理论的分歧,对弗雷格关于真的思想的评论,二者关于真的思想的比较等,内容广博,论述深入,展现了当代真之理论研究的复杂和丰富的境况。

第三,探讨了达米特和戴维森有关意义理论形式的观点,深入地论述了达米特对戴维森真之理论的批评,从而揭示出达米特和戴维森意义理论的基本特征。这种探讨有助于更加深刻地认识意义理论的基本问题。

第四,就达米特和戴维森意义理论对当代形而上学的影响进行了比较,凸显了意义理论对形而上学的方法论作用,表征了当代形而上学研究的主要特征。

（三）研究方法

本书内容涉及达米特与戴维森意义理论的比较,因此比较研究是主要的研究方法。其一,横向比较和纵向比较相结合。一方面注重横向比较,主要是达米特与戴维森的比较,以阐明他们的意义理论的异同。另一方面又注重纵向比较,主要是达米特与弗雷格的比较,戴维森与塔尔斯基的比较,以探究达米特和戴维森意义理论的思想来源、形成路径和理论特色。

其二,突出比较研究的层次性。从理论来源、原则条件、真理观、理论形式以及形而上学等不同层面,开展达米特与戴维森意义理论的比较研究,这样可以较为全面地把握达米特和戴维森语言哲学思想各个层面的差异和特征。

其三,抓住比较研究的主要问题。以主要问题作为比较研究的切入点,带动其他相关问题的比较研究。本书重点比较了达米特和戴维森的真理观,而这个问题直接关系到达米特与戴维森意义理论的形式的比较,也关系到二者在形而上学方面的比较。

第一章　达米特与戴维森意义理论来源的比较

达米特意义理论受弗雷格与后期维特根斯坦影响较大,而戴维森意义理论受弗雷格、塔尔斯基和奎因影响较大。无论是达米特还是戴维森,都是富有创造性的哲学家,都对影响他们意义理论的哲学家的思想进行了批判性的继承和发展。

第一节　达米特意义理论的来源

达米特是弗雷格研究专家,弗雷格的语言哲学思想对其影响很大,达米特的许多工作是接续弗雷格的研究,并且又有所发展。同时,达米特也深受后期维特根斯坦语言哲学思想的影响。

一、弗雷格的意义理论

作为语言哲学的创始人,弗雷格对语言哲学的产生和发展具有奠基性的作用。他提出的许多术语和论题一直处于语言哲学研究的核心领域,关于它们的研究延续至今,极大地推动了当代语言哲学的发展。达米特的语言哲学正是基于对弗雷格语言哲学的研究而产生的。弗雷格语言哲学的核心内容是意义理论。达米特认为，弗雷格的语言哲学对语言工作提供一般性的说明，而这种说明就是意义理论的主要内容。涵义和意谓①是弗雷格意义理论的两个基本概念，他的整个理论就是围绕着这两个概念展开的。因此，本节在分析弗雷格关于涵义和意谓区别论证的基础上，重点探讨专名和句子的涵义和意谓问题。

（一）涵义与意谓的区分

弗雷格借助于等同句子的问题来论证涵义与意谓的区别。弗雷格的出发点是对表达"相等"关系的句子的认识价值的分析，而这种分析依赖于对句子，即表达"相等"关系的句子的真值的分析。这里以形如"a = a"和"a = b"这样的句子为例来讨论。弗雷格认为，如果把"相等"看作是对象之间的关系，比如"a"和"b"这两个符号所代表的对象之间的关系，并且这种关系成立，即"a = b"为真，那么"a = b"与"a = a"都表达了同一种关系：每个事物都与自身等同，它们在认识价值上就没有什么不同。为什么是这样的呢？在《函数和概念》一文中，弗雷格指出，我们可以借助于函数和自变元的关系来对句子进行分析。他把" = "引入函数表达式，把真值引入函数值，扩展了函数的范围，从而帮助我们认识句子的结构。"a = b"为真，表明"a"和"b"所代表的东西是相同的；并且在这种情况下，"a = a"必然是真的。因此，如果"a = b"只是表达对象之间的关系，即"a"和"b"的意义只是代表某个对象，那么"a = b"和"a = a"这两个句子在认识价值上就没有什么区别。

但情况并非如此。从直观来看，"a = a"和"a = b"显然具有不同的认识价值：相比于"a = a"，"a = b"具有更大的认识价值，即有意义地扩展了我们的认识。为什么"a = b"为我们提供了新的知识呢？弗雷格指出，这是因为在等式两边符号的不同体现了它们对同一对象表示方式的不同。在"a = b"

---

① 　关于弗雷格的"Sinn"和"Bedeutung"，基于使用的文献的不同，在行文中有时采用"涵义"和"意谓"这组译法，有时采用"涵义"和"指称"这组译法。

中,符号"a"与"b"以不同的方式表示了同一个对象。由此可知,表达式本身就具有表示事物的成分,弗雷格将这种成分称之为表达式的涵义。因此,"a = b"的认识价值体现在:虽然"a"与"b"代表同一对象,但是它们表示对象的方式是不同的,即两者具有不同的涵义。

上述这种分析对应于自然语言中关于"是"的分析。以"晨星是晨星"和"晨星是暮星"为例。按照之前的分析,句子"晨星是晨星"的逻辑形式对应于"a = a",而"晨星是暮星"的逻辑形式则对应于"a = b"。这两个句子中的"是"表达了相等关系。因此,"a = b"比"a = a"具有更大的认识价值,即"晨星是暮星"比"晨星是晨星"具有更大的认识价值。从经验科学的角度看,人们现在已经知道它是天文学上的一大发现。但根本原因在于,虽然"晨星"和"暮星"表示了共同的对象,但它们与被表达物的结合方式是不同的。因此,根据弗雷格的分析,语词"晨星"和"暮星"虽表示了同一个对象(金星),但它们的涵义不同。它们以不同的方式表达了对金星的认识。

根据以上的讨论不难看出,弗雷格关于涵义与意谓区别的论述具有以下特点:其一,弗雷格分析的基本单位是句子。他对涵义和意谓区别的论证正是基于对句子进行的逻辑分析。其二,弗雷格对于句子的分析主要集中在认识价值的方面。他指出,对于句子的认识价值的判断,我们不能只考虑句子的意谓,句子的涵义对于认识价值的判断同样重要。我们不难看出,这里的讨论已经隐含着涵义概念与知识概念之间的某种联系。

基于对相等关系的分析,弗雷格引出了表达式的涵义与意谓的区别,并把这种区别贯穿于所有的表达式之中。正是在这种区别的基础上,弗雷格建构了他的意义理论,从而开创了语言哲学这门新的研究领域。达米特不仅继承了弗雷格所提出的关于涵义和意谓区别的思想,更为重要的是,他从新的视角对弗雷格的涵义和意谓概念加以解释,从而推动了意义理论的发展。因此,弗雷格关于涵义和意谓区别的思想对达米特的意义理论产生了重要的影响。

(二)专名的涵义与意谓

在运用逻辑方法对语言进行分析的过程中,弗雷格对句子进行了一系列深入的探讨。句子是语言的基本单位,它是由句子部分构成的,最简单的构成部分是专名。因此弗雷格首先探讨了专名的涵义和意谓。

弗雷格所说的专名是一个较为宽泛的概念。他指出,所有指称单个对象的表达式都是专名,包括名称和限定摹状词。对于名称和摹状词之间的区别,弗雷格其实是有所认识的。因为他提到诸如"亚里士多德"这样"真正的专名",在他看来,这与"柏拉图的学生"这样的摹状词显然是不同的。但是,弗雷格并没有严格区分开二者,也没有分别地加以研究,而是统称为专名。在他看来,当表达式意谓某种共同的东西时,表达式的语言形式是不重要的。

弗雷格认为:"一个专名的意谓是我们以它所表示的对象本身。"[1]他认为,每个表达式都应该有明确的意谓,因此专名的意谓不允许是含糊不清的。比如"月亮"这个专名的意谓就是它所表示的月亮这个天体,"柏拉图"的意谓就是它所表示的柏拉图这个人,等等。弗雷格也探讨了例外的情况。他指出,有这样一种专名,它们具有专名的形式,却没有起到真正的专名所具有的逻辑作用,即表示某个对象。比如"奥德赛""西拉",等等。弗雷格认为这种没有意谓的专名并不是真正的专名,他将这样的专名称之为"虚假的专名"。而一个句子中的专名是否是虚假的专名,取决于它是否起到专名的逻辑作用,这对于句子的真值有直接影响。

弗雷格指出,与一个专名相关联,除了考虑它的意谓以外,还要考虑它的涵义。弗雷格关于专名的涵义的论述,对于专名涵义的界定,并不像对于专名的意谓那样明确。但是这并不妨碍我们通过分析达到对它的涵义的理解。

首先,理解专名的涵义的人要具有正常的语言能力,而且对该专名所属的

---

① 弗雷格:《弗雷格哲学论著选辑》,王路译,商务印书馆2006年版,第99页。

语言整体有足够的认识,这样才能实现对专名的涵义的把握。① 这是理解专名的涵义的一个基本条件。

其次,一个专名的涵义只是对专名所表达的对象的一个片面的说明。我们不可能把握一个有意谓的专名的全部涵义。其原因在于,对专名的涵义的理解依赖于对专名的意谓达到全面的认识。但由于事物的复杂性和认识的局限性,我们不可能达到这种认识。对于同一专名,不同的人会有不同的理解,从而会把不同的涵义与这个专名联系起来。比如,对于"亚里士多德"这个专名来说,它具有很多不同的涵义,不同的人可能会把不同的涵义与这个专名联系起来,而这些不同的涵义都是对亚里士多德这个人的某个方面的认识。

最后,专名的涵义为专名所代表的对象提供了一种表达方式。对专名的涵义的理解实际上体现在专名对它的意谓的一种给出方式中。比如对于专名"亚里士多德"来说,它的意谓是亚里士多德这个人。如果认为这个专名的涵义是"逻辑学的创始人",那么亚里士多德的一种表示方式就是"逻辑学的创始人"。如果认为这个专名的涵义是"《工具论》的作者",那么亚里士多德的另一种表示方式就是"《工具论》的作者"。同一个专名的这两个不同的涵义都是对专名的意谓,即亚里士多德这个对象进行的某种刻画。通过这些刻画,我们可以从不同的方面入手来识别它们所代表的对象——亚里士多德这个人。因此,专名的涵义为我们提供了关于其意谓的对象的一种识别标准。

弗雷格强调了专名的涵义具有的一个重要性质,即客观性。他明确指出:"符号的涵义可以为许多人共有"②,它不是个别心灵的、主观的东西,而是客观的东西。人类之所以有共同的、代代相传的思想财富,正是由于符号的涵义的客观性。而就专名来说,尽管人们可以从不同角度去理解同一个专名的涵义,可以把这些不同的涵义都与这个专名相结合,但这并不意味着专名的涵义

---

① 弗雷格:《弗雷格哲学论著选辑》,王路译,商务印书馆 2006 年版,第 97 页。
② 弗雷格:《弗雷格哲学论著选辑》,王路译,商务印书馆 2006 年版,第 99 页。

是由个人所决定的、主观的东西。因此,在他看来,专名的涵义具有客观性,它不依赖于人的主观意识,可以为所有人共同地理解和把握。

弗雷格认为,在理解专名的涵义和意谓的过程中,可能会出现一种把专名的涵义和与专名相关联的表象相混淆的情况。如果将专名的涵义看作和表象一样是主观的、个别心灵的东西,那么它就不能被所有人共同地理解和把握,也就不会有共同的思想财富。弗雷格指出,我们必须把专名的涵义和表象区别开来。他认为,一个专名的表象是属于认识主体的、内在的东西。对于一个专名,不同的人具有不同的表象;甚至对于同一个人来说,在不同的时刻对同一个专名也会产生不同的表象。因此表象在本质上是主观的、暂时的、不确定的。比如对于"亚里士多德"这一专名,逻辑学家、历史学家、艺术家等会产生不同的表象。但专名的涵义是客观的、不变的、固定的。比如,没有人会否认,专名"亚里士多德"的一种涵义是"三段论系统的构造者"。因此,二者最根本的区别是:专名的涵义是客观的,而与专名相关联的表象是主观的。人们不可能有共同的表象,却可能对专名具有相同的理解。

弗雷格指出,专名的涵义与表象区别的原因在于,专名的涵义和它的表象分别以不同的方式与专名产生联系。尽管涵义和表象都可以与专名结合起来,但它们与专名的结合方式是不同的。对于涵义而言,它与专名之间的联系是客观的,对同一个专名,不同的人可以具有不同的涵义,也可以具有相同的涵义,这是因为无论专名的涵义多么丰富,它都是可以为所有人共同理解和把握的东西。而对于表象而言,它与专名之间的联系体现了主观性,人们不可能产生相同的表象。针对于这种区别的论证,弗雷格借助一个比喻:人们用望远镜观察月亮。就"月亮"这个语词而言,弗雷格认为月亮这个天体是它的意谓,望远镜中所显示的图像是它的涵义,而视网膜上所呈现的图像则是它在每一个人心中形成的表象。因此,视网膜上因人而异的图像,对应于表象的主观性。与之不同的是,尽管望远镜上的图像依赖于观察方位等因素,但这并不妨碍人们站在同样的角度观察到同样的图像。这也反映了专名的涵义具有可为许多人共有的客观性。

基于专名的涵义和意谓的讨论,弗雷格揭示了二者之间的关系。弗雷格说:"相应于符号,有确定的涵义;相应于这种涵义,又有某一意谓;而对于一个意谓(一个对象),不仅有一个符号。"①专名是一种符号,因此,专名有确定的涵义;具有某种涵义的专名又有某一意谓;不同的专名可以表示同一个意谓(对象)。这就是说,与专名相关联的东西有:专名的涵义和专名的意谓。专名、专名的涵义和专名的意谓应被区分开来。在弗雷格看来,"晨星是昏星"中的两个不同的专名"晨星"和"昏星"表示同一对象。但是"晨星是昏星"比"晨星是晨星"具有更大的认识价值,就在于"晨星"与"昏星"之间的不同是被表示对象的给定方式的不同,正是这种给定方式构成了专名的涵义。因此,专名的涵义和意谓之间具有紧密的联系,即人们根据专名的涵义来确定专名的意谓。弗雷格还指出,相应于每个专名的涵义,并非都有一个意谓。他认为,专名的意谓有三种情况:专名有意谓,比如"苏格拉底"的意谓是它所表示的对象,即苏格拉底这个人;专名的意谓不确定,比如"离地球最远的天体"所表示的对象并不能确定;专名没有意谓,比如"奥德赛"这个专名只是神话故事中虚构出来的,并没有意谓。

(三)思想

弗雷格将涵义和意谓的区别扩展到了对句子的分析,提出了"句子的涵义是思想,句子的意谓是真值"这一重要结论。弗雷格的思想理论,不仅是他的语言哲学的重要内容,而且体现了他进行逻辑研究的主要特征。基于思想理论的研究,弗雷格对逻辑研究中的很多问题提供了解答。这些问题有:逻辑研究的对象是什么,逻辑研究的方法和途径主要是什么,逻辑与语言学和心理学分别具有什么样的关系,等等。以下从思想的界定、思想的性质、思想的表

————————

① 弗雷格:《弗雷格哲学论著选辑》,王路译,商务印书馆 2006 年版,第 97 页。

达,以及思想与判断和断定的区分等方面,对弗雷格关于思想的观点加以论述。

弗雷格的思想理论既然如此重要,那么思想的界定,即对"思想是什么"这个问题的回答,就显得尤为重要。弗雷格从他的逻辑观出发对思想进行界定。他指出,思想是断定句的涵义,是借以考虑真的东西。

从其本质来看,思想是研究真的中介。弗雷格认为,逻辑的研究对象是真。逻辑研究的出发点应是对真的适用范围进行划定。弗雷格对日常语言中真的各种使用方式进行分析,从而得出:真的适用范围仅限于句子。因此,关于真的使用,人们可以说一个句子是真的。而当我们说一个句子是真的时候,实际上是指这个句子的涵义是真的。句子的涵义是句子所表达的思想。由此推出,我们可以说一个句子表达的思想是真的。真和思想由此联系在了一起。弗雷格认为,思想是理解真的载体,我们能够通过思想而达到对真的把握。

从其内容来看,思想是断定句的涵义。弗雷格说,思想指的是句子的涵义。问题是,所有句子的涵义都是思想吗? 基于对句子类型的分析,弗雷格对此做出了否定的回答。他认为,思想的真正本质在于它有真假。因此,感叹句、疑问句和祈使句都有涵义,但它们的涵义却不是思想,因为它们没有真假。弗雷格说:"我称一个断定句的涵义为思想。"①比如,思想是历史事实、数学定律、自然规律。

弗雷格进一步揭示了思想的本质。所有断定句的涵义都是思想吗? 他认为,以上的结论是从语言表达式及其涵义的角度而言的,这只是一般的情况。如果从逻辑的角度而言,只有当一个断定句的涵义有真假时,它们才是"真正的思想"②。因而"虚假的思想"便是指没有真假的思想。弗雷格以"西拉有六张嘴"这个句子为例进行分析。通过语法方面的知识可得,这个句子的形式是断定句。弗雷格认为,断定句的意谓依赖于其部分的意谓。"西拉"这个

---

① 弗雷格:《弗雷格哲学论著选辑》,王路译,商务印书馆 2006 年版,第 205 页。
② 弗雷格:《弗雷格哲学论著选辑》,王路译,商务印书馆 2006 年版,第 204 页。

专名没有意谓,它是个"虚假专名",因此包含这一虚假专名的句子的涵义也不是真正的思想,而是"虚假思想"或"虚构"。"西拉有六张嘴"这个句子有涵义,但它的涵义没有真值,因此它并不是真正的思想。因此,思想的真正本质在于它是否有真假。

思想是真值载体,是研究真的中介。通过对思想与表象、思想与事物的比较,弗雷格认为客观性和抽象性是思想最主要的性质。基于这两个性质的论证,弗雷格对思想所处的本体论地位进行分析,从而确立了他的客观主义逻辑学。

其一,弗雷格认为,思想与表象是不同的。基于对它们区别的分析,弗雷格指出思想具有客观性。概括地说,思想与表象的区别在于:(1)表象需要一个认识主体(即承载者),而思想不需要认识主体。弗雷格认为,正如没有感觉者,就不可能有感觉一样,没有认识主体,就不可能有表象。离开认识主体的表象是不存在的。而对于思想的存在,它并不需要认识主体。(2)表象是表象者所独有的,思想与之不同,它能够为许多人所共有。每个表象只有一个认识主体,两个人可能有类似的表象,却无论如何都不可能拥有相同的表象。而思想是客观的、可以为人们共有的东西。如果思想像表象一样是因人而异的,那么也就没有多数人共有的、能够由多数人进行研究的科学。(3)表象依赖于它的承载者,而思想独立于人的思考。弗雷格说:"表象像我的疲劳感一样,不能脱离我而存在。"①表象属于人的意识内容,通过人才能存在。但是,思想并不是由人制造的,人们理解或考虑一个思想,只不过是接近它,因为它在此之前已经存在。尤为重要的是,正是由于思想的客观性,它才可以被不同的人所把握,科学、艺术、哲学等人类共同的财富才得以产生和发展。

其二,弗雷格认为,思想与事物是不同的。基于二者的区别,弗雷格指出,思想具有抽象性。它们的区别具体在于:(1)事物具有可感知性,思想却具有

---

① 弗雷格:《弗雷格哲学论著选辑》,王路译,商务印书馆 2006 年版,第 145 页。

不可感知性。弗雷格认为,所有具有可感知性的东西都应排除在思想的领域之外。比如,我能闻到紫罗兰的香味,但不能闻到或感觉到紫罗兰散发着香味这一思想。(2)与事物具有时间性和空间性不同,"思想就其本质而言是非时间性的和非空间性的"①。弗雷格以"德意志帝国居民总数为 52,000,000"作例子,对思想的非时间性进行了论证。他认为,这个句子根本不是一个思想的完整表达,因为没有时间的限定。如果添加上时间的限定,那么,要么这个思想是真的并且在这种情况下总是真的,即它的真是没有时间性的;要么这个思想是假的并且在这种情况下总是假的。思想的非空间性也是同样的情况。(3)不同于变化发展的事物,思想是永恒的。弗雷格认为,思想是不变的。如果一个思想是真的,那么它就永远是真的。思想不会时真时假,而只会有时被看作真,有时被看作假。因此,思想与外界事物的主要区别在于它具有抽象性。

相较于属于主观的世界的表象,思想是客观的;相较于属于外在世界的客观事物,思想是抽象的。弗雷格认为,除了主观的表象世界和能被感官感觉的事物构成的真正的外在世界,还必须承认一个由那些不能被感官感觉的客观事物组成的"第三种范围"②,即客观的抽象实体构成的世界,思想就在这一世界的范围之内。因此,思想的性质与其所处的本体论地位是相一致的。作为抽象实体,思想既具有客观性,同时具有不可感知性。

总之,弗雷格认为,思想是客观的、抽象的东西。他的这一观点具有重要的理论意义。在弗雷格看来,当时盛行的心理主义逻辑学就起源于对思想的错误认识。他指出,如果将思想看作是心理的东西,那么就会导致认识论的唯心主义,而如果是这样,逻辑学就会成为心理学的一个分支。弗雷格极力反对逻辑学中的心理主义,而强调思想的客观性,就可以从根源上避免心理主义逻辑学。

思想虽具有抽象性,但人们仍然可以借助于语言来表达它,可以通过语言

---

① 弗雷格:《弗雷格哲学论著选辑》,王路译,商务印书馆 2006 年版,第 211 页。
② 弗雷格:《弗雷格哲学论著选辑》,王路译,商务印书馆 2006 年版,第 153 页。

分析而达到对它的认识。弗雷格指出,正因为用可感觉的句子表达出来,抽象的思想才能被人们所理解和把握。"思想的实际表达工具是句子。"①

尽管断定句和思想之间有如此紧密的联系,但弗雷格认为,它们之间的关系并非总是一致的。这种不一致主要有两种情况:其一,相同的句子并非总是表达相同的思想。在他看来,有时仅靠句子本身并不能表达完整的思想。比如对于"我受伤了"这样的句子,因为它包含"我"这个索引词,因而在不同的语境中由不同的人说出这个句子,"我"这个语词所指称的对象就不同,由此导致"我受伤了"这个句子就具有不同的思想。因此,如果它要表达完整的思想,就必须对语境因素加以补充,比如补充说话者的情况。同样,许多包含时间索引词("现在""昨天"等)、地点索引词("这里""那里"等)的句子的情况与此相似,因为对这些语词意谓的不同理解,由此会得到不同的思想。因此,对于这样的句子,只有补充上一些必要的东西,即结合语境,它才能表达确定的思想。其二,相同的思想可由不同的语句形式表达。弗雷格说:"并非相应每个语言差异都有一种思想差异。"②相应于同一种涵义,语言中可以有许多不同的表达。

类似于断定句和思想之间不一致的情况,弗雷格认为,断定句的内容和它表达的思想之间也并非总是一致的。而这种不一致主要在于以下两个方面:

一方面,在句子的内容和思想的关系中,可能出现句子的内容不足以表达思想的情况。弗雷格以现在时的使用为例,对这一情况进行分析。他指出,我们在使用现在时的时态时,有以下两种方式:其一,使用现在时的时态说明时间,比如"他正在看书"。其二,如果思想的成分是永恒的,则取消各种时间限制。假设一个句子中含有说明时间的现在时的时态,那么想要正确理解它所表达的思想,就必须为这个句子补充上说话的时间。只有结合具体的语境,补充必要的信息,这类句子才能表达完整的思想。因此,在某些情况下,句子的

---

① 弗雷格:《弗雷格哲学论著选辑》,王路译,商务印书馆 2006 年版,第 199 页。
② 弗雷格:《弗雷格哲学论著选辑》,王路译,商务印书馆 2006 年版,第 218 页。

内容不足以表达思想。

另一方面,句子表达的内容超出了句子表达的思想。弗雷格认为:"语言不仅表达思想,而且也给思想以某种专门的说明或色彩。"①除含有一个思想和断定之外,一个断定句还常常会有他所谓的"第三种成分",它与断定无关,却能够对听者产生影响,比如促使人产生某些心理上的暗示和联想。如果我们比较"这只狗叫了一整夜"和"这只野狗叫了一整夜"这两个句子,就会发现,它们表达了相同的思想,即"狗"和"野狗"可以相互替代,而不改变句子的思想。但是第二个句子明显包含所谓的"第三种成分",即第二个句子中的"野狗"比第一个句子中的"狗"更多地表达了一种说话者对狗的鄙视的态度。人们可能认为,通过第二个句子确实会获得更多的认识,即说话者的态度。但在弗雷格看来,这种鄙视态度并不属于所表达的思想。他认为,语言中的这些成分对逻辑来说是无关紧要的,因为它们不涉及思想,不涉及真假。但不可否认的是,在这些情况下,因为含有许多与思想无关的成分,句子的内容超出了句子表达的思想。

根据对断定句与断定句的内容和思想关系的分析,我们可以看出,思想和语言之间具有差异性。弗雷格对表达思想的自然语言既有肯定又有否定。一方面,他认为语言是表达思想的工具。语言具有惊人的功能,它可以用不同的方式表达出无限多的思想。思想通过语言来展现自己。另一方面,弗雷格认为,用于表达思想的语言具有一定的局限性。自然语言在表达思想时,会随之表达出许多其他的东西,包括心理的东西,成为人们准确地把握和运用思想的阻碍。语言的这种不完善性,在逻辑研究中引发了许多问题。因此,弗雷格指出,与语言进行斗争,是逻辑研究的任务之一。

弗雷格认为,语言不能清楚、精确地表达思想的原因在于,语言在逻辑上的不完善性。我们在使用语言表达思想时,语言中的语法起到了很大的作用,

---

① 弗雷格:《弗雷格哲学论著选辑》,王路译,商务印书馆 2006 年版,第 244 页。

但问题在于,语法与逻辑并非完全一致,语法中往往混杂着心理的东西。正是由于语言中的这种混杂,才使思想的表达存在诸多的问题。因此,弗雷格认为,在逻辑研究中,不应盲目地遵循语法,而应该尽量避免语言的这种不完善性,从其束缚中摆脱出来。因此,在使用语言表达思想的过程中,必须将思想和语言严格地区分开。

理解思想和语言之间的关系,对于确定逻辑这门学科的研究对象,厘清逻辑这门学科的任务,具有重要的理论意义。基于对这种关系的准确理解,弗雷格首先对逻辑学和语言学做出了区分。他认为,二者研究的对象不同。语言学是以自然语言为研究对象的学科,语法研究是它的重要内容。逻辑学的研究虽时常会涉及语言中的许多问题,但这并不是它的目的。弗雷格认为,逻辑学应超越语言的层面,而对语言所表达的思想进行研究。其次,弗雷格对逻辑学和心理学进行了区分。弗雷格认为,从思想的性质来看,不能对逻辑进行任何心理学的处理。逻辑不探讨人如何进行思维的问题,而是探讨人如何才能达到真的问题。我们应该把思想和心理因素严格区别开,把逻辑的东西和心理的东西严格区别开,从而把逻辑学和心理学区别开。最后,根据思想和语言之间关系的论证,弗雷格开辟了一条逻辑研究的途径:从句子到句子的涵义(思想),再到句子的意谓(真),从而开创了逻辑分析方法。弗雷格指出,只有对句子进行逻辑分析,才能识别出句子中逻辑的东西,才能获得对句子所表达的思想的正确认识。而只有获得关于思想的这种认识,才能达到对真的认识,从而实现逻辑的目标。

为了进一步说明思想,弗雷格分别对思想与思维、思想与判断以及判断与断定进行区分,由此也表明了逻辑学和语言学之间、逻辑学和心理学之间的区别,在逻辑上具有重要的意义。弗雷格说:

因此我们区别出:

1. 对思想的把握——思维。

2. 对一个思想的真的肯定——判断。

3. 对判断的表达——断定。①

首先,思想和思维是不同的。弗雷格指出,思维是对思想的把握。当人们提出一个句子疑问,就实现了这一活动。比如科学中的进步通常就始于一个句子疑问中所表达的思想。弗雷格认为,逻辑研究中的思想是客观的,它并不是由思维形成的,而仅由思维所理解。关于具体的思维内容,比如思维的过程和思维的规律是心理学探讨的东西。因此,逻辑学不研究人如何把握思想,而是研究思想本身。

其次,思想和判断是不同的。弗雷格指出,承认一个思想为真的行为是判断。判断这一主观的心理行为并不是逻辑的研究对象。人们应该在思想和判断之间做出明确的区分。如果将思想和判断混杂,就会导致心理主义逻辑学,即逻辑是研究心理现象的科学,而这显然与逻辑的性质相悖。因此,弗雷格认为,明确地区分判断和思想,可以有效地避免以往人们把判断看作逻辑研究对象的错误。与此同时,弗雷格指出,以往的逻辑研究没有对这二者进行区别的原因在于对语言的某些错误理解。有人认为,思想和对思想的肯定(判断)结合在一起,不可分离。弗雷格否定这种理解。他认为,具有断定力的断定句的形式用于表达思想的真,但断定句中也并非总有断定,由此会出现这样的情况:一个断定句只表达了思想,却没有对这个思想进行判断。弗雷格强调:"对思想的理解常常先于对真的承认。"②由此,弗雷格将一个断定句的思想和判断区别开来。

最后,判断和断定也是不同的。判断是对于思想的真的承认,而断定则表达了判断。弗雷格指出,一个带有断定力的句子用于表达判断。一般情况而言,一个具有断定力的断定句不仅表达了思想,同时也表达了对这个思想真的肯定。但情况并非总是这样。形式上表现为断定句的东西也并不总是含有一个断定,即断定句并非总具有断定力。由此,弗雷格认为,除了以上提到的一

----

① 弗雷格:《弗雷格哲学论著选辑》,王路译,商务印书馆2006年版,第134—135页。
② 弗雷格:《弗雷格哲学论著选辑》,王路译,商务印书馆2006年版,第201页。

般情况,断定句在表达思想及判断中还会出现以下两种情况:其一,一个断定句表达思想,但不表达判断。比如,戏剧中的断定。在戏剧中扮演某个角色的演员通过台词表达了一些思想,但它们却不会被认为是真的。因此,这样的断定是虚假的断定,它不具有断定力,只是对思想的表达。因此,我们可以把握一个思想,而不承认它是真的。(2)断定句既不表达思想,也不表达判断。根据之前"虚假思想"的说明可知,断定句的涵义并不总是表达思想。因此,当断定句的涵义没有真值时,它既不真也不假,它不能表达思想,从而更不可能表达判断。比如在神话故事、传说等所使用的断定句。

(四)真

弗雷格围绕"真"而进行的研究充分体现了他对逻辑这门学科的深刻认识。他多次强调其重要性,认为"真"这个词为逻辑指引方向,逻辑研究真,"真"一词表明逻辑,等等。关于真的理论,即句子的意谓的理论,在弗雷格意义理论中具有核心的地位。

弗雷格认为,逻辑学探讨的真是普遍的、一般的真,它是适用于一切思维领域的东西。现在的问题是:真具有什么样的性质,才使得它具有如此重要的作用呢?

真具有基始性。弗雷格认为,逻辑之所以能对思维领域中普遍有效的东西进行研究,其原因在于真是不能再被还原的、最基始的东西。这是真具有的最重要的性质。真的基始性决定了它是不能被定义的。弗雷格指出,真不能够被定义。如果一定要定义本质上不可定义的真,那么会使得研究从一开始就是错误的。如果想通过定义来说明真是什么,那么所有的努力都是徒劳无益的。

弗雷格对真的基始性,即不可定义性进行了论证。他以真之符合论为例,进而扩展到其他各种类似的关于真的定义,从而说明了真为什么是不可定义的。符合论认为,真存在于"符合"或"一致"的关系中。弗雷格认为,真之符合论并不能对真进行定义。其原因在于,"一致是一种关系,而'真'一词的使用方式与它是矛盾的,因为'真'不是关系词,根本不包含某物应该与之相一致的另一个东西。"①真之符合论之所以是错误的,其原因在于现实的东西与表象之间根本不可能有完全一致的情况,二者具有本质上的区别。因此我们不能得到完全的真,而部分的真是不真的。有人可能认为,当某些方面存在一致时,就存在真。既然如此,那么现实的东西与表象之间是否可以只在某些方面相一致呢?弗雷格认为,即便是这样,也不能得到满意的回答。他指出,如果我们只讨论现实的东西与表象之间在某些方面的一致性,那么随之产生的问题便是,我们需要研究它们在这一方面是否是完全一致的。那么问题就又回到了开始的地方。因此,根据现实与表象之间的根本区别,弗雷格论证了符合论的真之定义是错误的。另外,弗雷格还对其他各种类似的关于真的定义进行了反驳。

　　真具有客观性。弗雷格通过真与美的比较,论证了真的这个性质。他指出,美的东西是主观的,它依赖于认识它的主体。同一个东西,一个人认为它美,但另一个人可以认为它不美。因此,关于美的讨论不会涉及对错的问题,而只是审美或认识的不同。但真的东西是客观的,它并不随着人的认识的改变而改变。比如自然规律,它不是由人们创造的,而是由人们发现的。它的真不是在于我们发现它之后,而是一直为真或为假。与美的性质不同,关于真的讨论会涉及对错的问题。如果一个人把真的东西认为假,或者把假的东西认为真,那么他关于这个东西就产生了错误的理解。同一个东西,一个人认为它为真,另一个人可以认为它为假。而这只是认识主体的理解,认识主体认为它为真或为假。需要强调的是,一个东西本身的真和一个认识主体认为它为真是截然不同的。一个东西的真是客观的,它不依赖于认识主体是否把它看作是真的。因此,在弗雷格看来,真是不依赖于认识主体的、具有客观性的东西。

①　弗雷格:《弗雷格哲学论著选辑》,王路译,商务印书馆 2006 年版,第 131 页。

真具有抽象性。弗雷格认为,真不是感官可感觉的事物的性质。比如,"红的""坚硬的""具有延展性的"等谓词,它们表达的是与其相关的主词所表示的事物的性质。这些谓词所表达的性质都是物质的、感官可感觉的性质。"真的"不是具体事物的性质,它应与这些谓词所指称的性质鲜明地区别开来。弗雷格以"太阳升起来了"为例,对真的这一性质进行论证。他认为,这个句子可以基于感觉印象被看作是真的。人们可以看到太阳升起来了这个现象,并根据感觉印象而认为太阳升起来了这个思想是真的。但是,由于真和思想都具有抽象性,人们不能看到太阳升起来了这个思想,同样也不能看到这个思想是真的。因此,弗雷格认为,除了具有基始性、客观性之外,真还具有抽象性。

明确真的适用范围,即在什么范围能够谈论真,显然是深入研究真的基本前提。进一步来说,真的适用范围的确定实际上也表明了逻辑研究的范围。因此,明确真的适用范围是必要的。弗雷格对真在自然语言中的各种使用方式进行分析,认为它与逻辑上真的使用方式是不同的。首先,真不能使用在具有可感知性的物质对象上。比如在"真实的"意义上使用:"这棵树是真的""这是一件真的艺术品",等等。其次,应该排除真对感觉或感情的使用。比如在"真诚的"意义上使用:"我的感觉是真的""他们之间的感情是真的",等等。

真的适用范围仅限于句子。弗雷格认为,人们可以用真表达画、表象、句子和思想这些东西。在这些不同的使用方式中,语词"真"的意义是不同的。具体来说,当一个人说"这幅画是真的",他想表达的意思是什么呢?弗雷格认为,这并不是说这幅画具有"真的"的性质,因为它不是事物的性质,而是说这幅画是由署名作者所画的,即这幅画不是赝品。但当我们谈论画上的东西是否为真时,总是把画上的东西和实际的东西相比较。因此,我们称一幅画是真的,说的是它所描绘的东西与被描绘的东西是一致的。它所表达的是,"这幅画与实际所画的东西相一致"这个句子是真的。通过对真的各种使用方式的分析,弗雷格认为,关于事物和表象的真应该转化为关于句子的真。因此,真在逻辑上的使用是针对句子而言的,真与句子是紧密相关的。

弗雷格认为,真是对句子表达的东西,即句子的涵义而言的。真是对句子的涵义的说明。我们根据句子的涵义来考虑真,而不能把真归于构成句子的语音系列。其原因在于:其一,假设真归于句子的语音系列,那么它会出现这样的情况:在一种语言中为真的涵义,而在另一种语言中却可以为假,而这明显与真的性质相悖。其二,当我们将一个句子正确地翻译为另一种语言时,真依然存在。因此,当称一个句子为真时,实际上是指句子的涵义为真。由此弗雷格将真的使用从句子过渡到了句子的涵义。

真适用于断定句所表达的思想。弗雷格将真的适用范围限定为句子的涵义,那么随之会产生一个问题:真的适用范围是否包括所有的句子呢? 弗雷格的回答是否定的。为了更清楚地说明这个问题,弗雷格对不同类型的句子的涵义进行了分析。在他看来,表示愿望的句子有涵义,它的涵义是它所表达的愿望。命令句的涵义是它所表达的命令。疑问句的涵义是它所表达的疑问。我们不能说它们的涵义,即愿望、命令或者疑问是真的。因此,这些类型的句子的涵义都不能使我们考虑真。弗雷格指出,真的适用范围并不包括所有的句子,只有断定句的涵义才能使我们谈论真。由于断定句的涵义是它所表达的思想,因此,思想处于真的适用范围之内。

弗雷格沿着"从断定句到断定句的形式,再到断定句的断定力"的思路,对真的表达问题进行了研究。弗雷格对真的论述都是从语言分析出发。首先,弗雷格认为,真是与句子紧密联系在一起的,真实际上是对句子的说明,但并不是所有的句子都与真相关。真仅适用于断定句。其次,断定句的形式是用来表达真的东西。通过与其他谓词的比较,弗雷格指出,真这一谓词与其他谓词不同,每当思想被表达时,真也就一起被表达出来。比如,当我断定"2 的平方等于 4"时,我同时也断定 2 的平方等于 4 这个思想是真的。因此,弗雷格认为,我们借助于断定句的形式来表达真,而且不需要"真"这个词。即便是使用"……这是真的"的这一表达方式,"断定句的形式是本质的东西"①。因此,断定句是表达真的方式,而真的表达体现在断定句的形式之中。由此可知,我们认识和把握真,都依赖于对断定句的语言形式的分析。最后,弗雷格认为,我们之所以能够使用断定句的形式来表达真,是因为断定句通常所具有的断定力。当断定句不具有断定力时,即使包含"真"这个语词,断定句也没有实现对真的表达。因此,在弗雷格看来,一个语句是否表达真,取决于它是否具有断定力。

弗雷格认为,真是与逻辑研究相关的一个极其重要的对象。基于逻辑分析,弗雷格对真的本体论进行了深入的探讨。这些讨论极大地开阔了我们的视野,丰富了我们的思想认识。

作为一种抽象实体,真是弗雷格的本体论对象之一。弗雷格认为,真属于他所谓的"第三种范围"。处于这个范围之中的对象,既具有抽象性,又具有客观性。它和表象都具有抽象性,即不能被感官感觉到;它和外界事物都具有客观性,即它们是独立存在的,不需要认识主体做承载者。因此,真是一个抽象的、客观的对象。基于语言分析,弗雷格从两个方面对这一观点进行论证。

一方面,弗雷格进行了如下论证:(1)专名的意谓是对象,句子是专名。因此,句子的意谓是对象。(2)句子的意谓是对象,句子的意谓是真值(真或假)。因此,真值是对象。从而得出结论:真是一个对象。具体来说,专名的意谓就是专名所表示的那个对象。而关于句子是专名的观点,弗雷格说:"一个真正的句子是一个专名,如果它有一个意谓,它的意谓就是一个真值:真或假。"②弗雷格认为,每个陈述句若是涉及用词的意谓,则应把它理解为专名。而这个观点保证了论证中"句子是专名"这个前提的正确性。根据逻辑推理可得出,句子的真值是对象。真值就是真和假。因此,弗雷格得出了真是对象这一结论。

---

① 弗雷格:《弗雷格哲学论著选辑》,王路译,商务印书馆 2006 年版,第 203 页。
② 弗雷格:《弗雷格哲学论著选辑》,王路译,商务印书馆 2006 年版,第 247 页。

弗雷格关于对象和概念的分析,有助于我们理解真这一本体论对象。他认为,概念是一个不完整的、需要补充的函数,它是概念词或谓词的意谓。对象是一个满足的、不带有空位的整体,它是专名的意谓。作为自变元的对象,是相对于作为函数的概念而言的。"概念符号通过补充一个专名产生一个句子,其意谓是一个真值。"①弗雷格把句子看作专名,其原因在于句子与专名作为表达式都具有完整性。值得注意的是,弗雷格的本体论意义上的对象的一个重要标志,就是对象是完整的东西。因此,通过函数与自变元的分析,弗雷格对概念与对象之间的关系进行说明,从而论证了真是对象这一观点。

另一方面,弗雷格借助于谓词的性质,对真不是谓词进行了论证。弗雷格认为,假设"真"这个词是谓词,那么它应该能够对主词有所谓述,即为主词增加一些东西,但"真"的使用并没有给主词增加任何东西,因此,"真"不是谓词。由此,他完成了"真"这个词不是真正的谓词的论证。比如就"哲学家是聪明的"这个句子而言,"聪明的"这个谓词对它的主词,即"哲学家"有所谓述,说明了哲学家的一种性质。而对于"思想是真的"这个句子来说,"真的"这个词却并没有给它所描述的东西即思想谓述更多的东西。因此,弗雷格认为真不是一个谓词。

弗雷格指出,真不是思想具有的一种性质。在以往的逻辑研究中,常常会出现把真看作是思想的性质的情况。弗雷格认为,这是由语言表达的局限性导致的。基于语言分析,弗雷格发现,句子的语法形式和句子的逻辑形式并不总是一致的。例如,"哲学家是聪明的"和"思想是真的"这两个句子的语法形式相同。从语法结构的角度看,"是真的"这个词,应如"是聪明的"对哲学家进行谓述,它也对思想进行谓述,即对其添加一些东西。基于之前的分析我们可以清楚地看到,情况并非是这样。"思想"和"真"的关系在逻辑上并不类似于"哲学家"和"聪明"的关系。由此,弗雷格指出,这两个句子背后的逻辑结

_____

① 弗雷格:《弗雷格哲学论著选辑》,王路译,商务印书馆2006年版,第307页。

构是不同的。深层的逻辑结构隐藏在表面的语法结构之下。因此,在逻辑研究中,对不完善的自然语言进行逻辑分析,找到句子的逻辑结构,具有十分重要的意义。

据以上论证可以看出,真不是一个谓词,也不是思想的一种性质,从而思想与真的关系并不类似于主词与谓词的关系。那么现在的问题就是:思想与真之间究竟具有一种什么样关系呢?弗雷格认为,它对应于断定句的涵义与意谓之间的关系。因此思想与真的关系就是断定句的涵义与意谓之间的关系。关于句子的涵义和意谓,弗雷格说:"正是对真的追求驱使我们从涵义进到意谓。"①根据弗雷格的这种说法,句子的涵义和意谓有一种层次上的区别。把握句子的涵义是一个层次,把握句子的意谓是更进一步的层次。就句子内容来说,有两个层次:思想的层次和真值的层次。在讨论句子的内容的时候,我们可以达到思想的层次,而不必达到真值的层次。但是我们也可以从思想的层次进到真值的层次。研究思想的层次和研究真值的层次是不同的,因为真值的层次研究真假。弗雷格认为,在任何讨论真这一问题的地方,人们都不会满足于涵义,而是进到意谓的层面。因此,涵义和意谓的区别主要集中在真这一问题上。探讨真是从句子的涵义进到真值,即从句子的思想进到真。从认识的角度看,从思想进到真是认识上的一个进展。

(五)涵义和力量的区分

达米特把他关于构造意义理论的基本方法归结为弗雷格关于涵义与力量区分的观点。在弗雷格看来,句子的总体意义包含两个部分,一个部分是与语句的真值有关的,它是语句的涵义;另一个部分与语句的真值无关,它是语句的力量。涵义直接与句子的真值有关。由于弗雷格研究意义理论的出发点和目的与达米特不同,所以,他不仅没有对力量理论做具体的研究,而且认为它

① 弗雷格:《弗雷格哲学论著选辑》,王路译,商务印书馆 2006 年版,第 103 页。

不是研究的重点问题。

弗雷格探讨了涵义和力量的区分。弗雷格把疑问句分为两类,一类是语词疑问,一类是句子疑问。比如,"哪里?"就是一个语词疑问,对语词疑问的回答一般使用一个语词,例如"伦敦"。语词疑问是句子疑问的省略形式,需要补充才能成为句子疑问,例如我们可以把"哪里?"补充为:"这是哪里?"

句子疑问使用一个完整的疑问句,例如:"伦敦是英国首都吗?"弗雷格认为,对于句子疑问,听者可以回答"是"或"不是"。这种回答表达了听者对句子疑问所包含的思想的肯定或否定。"是"表达句子疑问所包含的思想被听者认为是真的,"不是"表达句子疑问所包含的思想被听者认为是假的。

在弗雷格看来,与语词疑问不同,句子疑问的确包含一个思想。例如"伦敦是英国的首都吗?"这个句子疑问就包含如下一个思想:伦敦是英国的首都。这个思想就是与"伦敦是英国的首都"这个断定句的涵义相同的东西。只不过句子疑问表达了对这一思想的一个疑问。

弗雷格比较了句子疑问和断定句这两种语言形式。例如,以下两个句子:

伦敦是英国的首都。

伦敦是英国的首都吗?

前者是断定句,后者是疑问句。在他看来,这两个句子有相同之处,即它们包含了相同的思想:伦敦是英国的首都这个思想。但断定句还表达了对该思想的断定;疑问句还提出对该思想的疑问。这里,疑问句和断定句包含的思想即涵义,而做出断定,是断定句的力量;提出疑问,就是疑问句的力量。上述两个语句分别表明了使用它们时说话者所完成的言语行为:一个是断定这种言语行为,一个是提出疑问这种言语行为。针对它们所包含的相同思想,断定句断定该思想是真的,而疑问句对该思想的真提出疑问。

除了就断定句和疑问句的区别论述句子的力量问题之外,弗雷格还具体探讨了断定句的涵义和力量问题。他认为,在通常情况下,一个断定句一般带有断定力。说话者说出一个断定句,除了表达一个思想,通常情况下还断定该思想是真的。断定句所带有的断定的力量,简称断定力,是弗雷格重点探讨的一种力量。因为弗雷格关心句子的真值问题,断定句才有真值问题。断定句包含思想,而思想可以是真的,也可以是假的。真是逻辑研究的对象,弗雷格通过思想来研究真,自然关注对于思想的真的表达,即人们在日常语言中是如何表达对于一个思想的真的肯定的。人们使用断定句完成断定这种言语行为,涉及对于思想的真的表达。

弗雷格认为,只要是说话者当真说话,认真地使用断定句而不是在开玩笑,那么,他说出一个断定句,该语句就带有断定力。一般情况下,说话者除了表达一个思想,还表达对于这个思想的真的肯定,即对该思想做出了一个断定。因此,我们以断定句的形式表达对于真的肯定。但弗雷格认识到,有时人们虽然使用断定句进行表达,却并未表达对于一个思想的真的肯定。这是因为,说话者并未当真地说话,说话者虽然说出了一个断定句,但该断定句并未带有断定力。按照弗雷格的说法,该语句失去了断定力。在这种情况下,即便使用了断定句的形式,即便在句子中加上了"真"这个词,该语句仍然没有完成断定这种言语行为。

弗雷格认为,思想是句子本身具有的东西,是逻辑探讨的内容,而力量不是句子本身具有的东西,而是句子之外的东西,是说话者使用句子时才产生的东西,它与真值无关,不是逻辑关心的对象。弗雷格关于句子的涵义和意谓区分的观点,具有重要的理论意义。

二、后期维特根斯坦语言哲学思想

维特根斯坦和弗雷格的语言哲学思想对达米特意义理论的基本框架具有重要的影响,它们构成了达米特意义理论基本框架的理论根据。国际著名哲学家赖特(Wright,C.)认为,弗雷格与后期维特根斯坦是达米特语言哲学的两个相反的来源。①

达米特认为，探讨意义理论问题，需要基于说话者对语言的使用。在他看来，意义理论主要表征的是说话者对一种语言的整体性把握。所以，意义理论的任务不仅是对说话者的语言能力的刻画，也是对说话者的运用语言实践的描述，二者是一致的。对于说话者的语言实践的描述，就是对说话者使用语句的方式的描述。从语言实践出发来给出句子意义的刻画，达米特的这个思想显然是受到了维特根斯坦后期语言哲学的影响。

维特根斯坦的"意义即使用"的观点、"语言游戏多样性"的看法，对达米特影响很大。从某种意义上说，维特根斯坦直接影响了达米特构造意义理论的原则和出发点。达米特本人也承认维特根斯坦对自己青年时期的影响。②

维特根斯坦是意义使用论的代表。他关于意义的基本观点是：一个句子的意义（包括一个语词的意义）在于它们的使用。"一个词的意义就是它在语言中的使用。"③

在维特根斯坦看来，语句表达式的意义应该通过它的用法加以说明。我们不能抽象地离开句子和语词的使用来探讨它们的意义，只有在具体使用这些语词和句子的过程中来探讨它们的意义，探讨语言表达式意义的出发点是语言使用者对它们的使用。

例如，对于一个不熟悉国际象棋的人而言，你指着其中的一个棋子说，这就是"王"。在维特根斯坦看来，如果你没有同时告诉这个人"王"这个棋子的使用，即这个棋子在玩国际象棋这种游戏中的规则，包括它在棋盘中的位置，它的活动范围，它如何躲避被攻击，以及它如何吃掉其他的棋子，等等；那么他就不知道"王"这个棋子的意义，他也不知道"这就是王这个棋子"这个句子的

---

① Wright, C., "Dummett and Revisionism", in Taylor, B. (ed.), *Michael Dummett : Contributions to Philosophy*, Martinus Nijhoff Publishers, 1987, p.27.

② 参见达米特：《分析哲学的起源》，王路译，上海译文出版社 2005 年版，第 176 页。

③ 维特根斯坦：《哲学研究》，李步楼译，商务印书馆 1996 年版，第 31 页。

意义。维特根斯坦认为，仅当我们知道如何使用一个语词去做相应的事情，我们才能了解该语词的意义。对于句子也是如此，句子的意义在于它们的使用，如果两个句子的使用相同，那么这两个句子就具有相同的意义。如果对于它们的使用不同，就必然导致它们的意义的不同。

语言表达式的意义在于它们的使用这一观点，还包含以下含义：一个句子和语词的意义是由语言使用者对它们的使用所给予的，是说话者对语言表达式的使用决定了它们的意义。维特根斯坦认为，就其本身而言，如果脱离语境，脱离对它的使用，任何一个语词都是死的，都无所谓是否具有意义，它的生命在于人们在特定的场合基于特定的需要对它的使用。因此，在探讨语言表达式意义来源问题上，维特根斯坦是从语言使用者的语言实践出发的，以语言的使用作为语言意义生发的基础。

总之，语言表达式的意义在于它们在语言中的使用这个观点，既给出了语言表达式的意义的解释，又给出了语言意义来源的解答。但是，这里需要指出的是，维特根斯坦所谓的对语言的使用，不是个别的语言使用者对语言的使用，而是指语言共同体在社会生活中对语言的使用。后期维特根斯坦认为，人们对于句子的使用形式多样，语言的功能也是多种多样的。由此要求我们不能单一地理解语言的使用与功能。

这个观点与维特根斯坦前期关于语言的观点具有根本的分歧。维特根斯坦前期持有一种语言图像论。这种语言图像论基于语言和世界具有相同的逻辑形式这种观点。他认为，语言是世界的图像，语词的主要功能是指示它所代表的对象，语句的主要功能是表征与之相应的事实或事态。但在后期，维特根斯坦否定了前期的观点。他认为，语言的用法是多种多样的，它不只是用来描述实在；语言的功能也是多种多样的，我们可以使用语言来做各种各样的事情。语言表达式的意义不只是由它的语法形态决定的，主要是由它在具体语境中的使用决定的。

维氏使用"语言游戏"的概念来说明语言用法的多样性。他认为，语词和语句具有无数种不同用法,"语言的述说乃是一种活动,或是一种生活形式的一个部分"①。维特根斯坦例举了通过语言来完成唱歌、猜谜、编笑话等各种各样的事情,以此表明语言游戏具有多种多样的形式。

维特根斯坦"语言游戏"的概念,是基于他关于"游戏"的概念的理解。通过研究各种各样的游戏,维氏试图给出这些游戏本质的说明,揭示这些游戏共同的东西。但最终的结果是,根本不存在所谓的游戏的本质,即所有游戏都具有的共同的本质。各种游戏之间仅具有某种相似性,有时是某个方面的相似,有时是另一个方面的相似。为此维特根斯坦说:"我想不出比'家族相似性'更好的表达式来刻画这种相似关系。"②他论证说,一个家族的任何两个成员之间会在体型、长相、眼睛、性情等方面,具有某种程度的相似之处,家族成员之间的这种相似性可以相互重合和交叉。正因为如此,他们才组成一个家族。

因此,维特根斯坦通过家族相似这个概念来反对共同本质这个概念,认为任何事物都不存在本质的东西,只存在家族相似。语言游戏是使用语言的游戏,因此它也没有共同的本质,也没有统一的特征,只有各种各样具体的形式。维特根斯坦的家族相似的观点,直接导致了他否认对语言实践给予系统的刻画和描述,主张具体地、逐个地解决有关语言的问题。这个观点也导致了他拒绝对我们语言实践的任何修正。语言哲学只是对语言实践的一种描述,而不是给出语言实践系统的解释,更不可能改造我们的语言实践。

第二节 戴维森意义理论的来源

戴维森意义理论受弗雷格、塔尔斯基和奎因的影响较大。弗雷格的意义理论在第一节中已经论及,本节论述塔尔斯基的形式化语言中的真定义和奎因的彻底翻译思想。

---

① 维特根斯坦:《哲学研究》,李步楼译,商务印书馆1996年版,第17页。
② 维特根斯坦:《哲学研究》,李步楼译,商务印书馆1996年版,第48页。

一、塔尔斯基形式化语言的语义性真定义

戴维森意义理论的研究主要围绕着真之理论展开,而戴维森真之理论的探讨又直接与塔尔斯基关于真定义的探讨相关,它是基于塔尔斯基的真定义的模式而建构起来的。从某个方面来说,正是由于戴维森对这种理论的阐释和发展,才使得塔尔斯基的理论在当代哲学中具有更大的影响,从而引发了更为广泛的讨论。因此,要深入理解戴维森的意义理论,就必须准确把握它的理论基础——塔尔斯基关于形式语言语义性真定义的思想。

塔尔斯基关于真概念的思想主要体现在两篇文章中,一篇是《形式化语言中的真概念》,另一篇是《语义性真概念和语义学的基础》,我们主要根据后一篇论文来展开讨论。塔尔斯基的主要目的是为真概念提供一个"内容上适当、形式上正确"的定义。塔尔斯基认为,为了实现为真下定义这个目标,人们需要完成的工作有:一是要澄清一个实质上适当的真定义所必须具有的条件。二是需要对真定义在形式上是否正确的决定性因素进行准确的说明。也就是说,需要对用于定义真概念的语言进行阐释,并且还需要提供与这个定义相关联的、所应满足的形式规则。更为一般地说,人们需要对在其中给出真定义的语言的形式结构进行清晰的说明。

塔尔斯基分析了"真的"这个语词在日常语言中的使用。他指出,语词"真的"的外延只适用于语句(陈述句)。语句是特定语言中的语句,因而人们关于语句的真概念都必须与特定的语言关联在一起。类似于日常语言中的许多其他语词,"真的"这个语词的意义并不是十分清楚的。塔尔斯基关于真定义的观点继承自亚里士多德关于真的论述,这也是关于真的最早的、最经典的说明。塔尔斯基认为,关于真概念的定义应该能适当地符合亚里士多德通过真概念所表达出来的直观。亚里士多德指出,关于真概念的直观为,把不是的东西说成不是,或者把是的东西说成是,这便是真的。这种观点对应于现代的真之符合论,它表述为:一个语句为真,在于它与现实具

有相一致的关系,或者说它符合于现实。塔尔斯基认为,以往关于真概念的说明均类似于亚里士多德的观点,它们都具有易于造成误解的模糊性。因此,塔尔斯基旨在为真概念提供一个更为精确的、符合这种关于真概念的直观的定义。

塔尔斯基首先以"雪是白的"这个具体的语句为例,对这个语句为真的条件进行了探讨。在他看来,假设人们遵循亚里士多德关于真概念的看法,那么这个语句为真的条件就是:雪是白的。由此可以说,如果雪不是白的,那么这个语句则为假;如果雪是白的,那么这个语句为真。因而,对应于古典真概念的定义,关于真定义的说明必须蕴涵以下这种等值式:"雪是白的"这个语句是真的当且仅当雪是白的。就这个等值式来说,从句子的形式看,语句"雪是白的"位于等值式的左边时带有引号,而位于右边时则不带有引号;从句子的内容看,位于等值式左边的是语句的名称,而位于右边的是语句本身。

由这个个例出发,塔尔斯基力图把这种分析方法推广到所有的语句。对于任一语句来说,我们都用字母"p"来代替它,与此同时我们构造出这个语句的相应的名称,并用字母"X"来代替它。这样,就提出了如下问题:在"p"与"X是真的"这两个句子之间存在什么逻辑关系呢? 塔尔斯基指出,它们在逻辑上是等值的,换言之,以下等值式成立:

　　(T)X是真的,当且仅当p。

塔尔斯基称之为表达式(T),而将它的代入实例称为"(T)型等值式"。其中,可以使用语言中的任何一个通过"真的"这个语词所指称的句子对"p"进行替换处理,可以使用这个句子的名称对"X"进行替换处理。

塔尔斯基认为,由此人们可以对形式上具有正确性的真定义所必须满足的条件进行说明。在这种条件下,人们实质上可以认为"真的"这个语词的定义和用法是恰当的。人们期望可以通过这种方式来使用"真的"这个语词:每一个(T)型等值式都能被断定,同时,如果可以据此推导出所有这些等值式,那么将称关于真的定义是恰当的。[①] 值得注意的是,表达式(T)本身是一个句子模式,而不是一个句子,更为准确地可称之为"T-语句模式"(以下简称T-模式),而(T)型等值式只是这个模式的个例。比如等值式:"'雪是白的'是真的当且仅当雪是白的。"它们都不是真的定义。塔尔斯基认为,通过以下操作,即用某个句子对"p"进行替换,用这个句子的名称对"X"进行替换,人们得到(T)型等值式。就任何这样的(T)型等值式来说,人们只能将其当做是"真"的部分定义,它对于这一具体句子的真进行说明。据此而言,所有这些部分定义的合取则构成一般意义上的真的定义。

塔尔斯基探讨了定义真概念所应满足的语言方面的要求。他认为,在语义上具有封闭性的语言中不能为真概念提供精确的定义,其原因在于它会导致诸如说谎者悖论的出现。自然语言不仅包括语言的表达式、表达式的名称,而且包括比如用于指称句子的"真的"这样的语义学概念,因而它具有"语义上封闭"的特征。由此可知,不能为自然语言提供真概念的恰当的定义。塔尔斯基认为,只有那些具有严格精确的结构特征的语言,才能对真定义的问题进行恰当的解决,即借助于一种严格的方式为真概念的意义提供精确的说明。在他看来,目前唯一具有明确规定结构的语言,是各种演绎逻辑系统的形式语言,这种语言描述了不同种类的语词和表达式的特征。它一方面规定了不加定义的"非定义(初始)语词"以及定义规则;给出了不同表达式和语句的形成规则。与此同时,它还规定了公理与推理规则,以此实现系统中所有定理的推导。在这样的具有明确规定结构的语言中,任何表达式的形式结构都是无歧义的。因此,塔尔斯基认为,仅仅是在各种形式化的语言中,人们才能得到关于这些形式语言的真概念的精确的恰当的定义。

在此基础上,塔尔斯基做出对象语言和元语言的区分,以防止语义悖论的出现。在他看来,对象语言是被谈论的语言,人们所探讨的是对象语言中真概

---

① Tarski, A.: "The Semantic Conception of Truth and the Foundations of Semantics", In Martinich. A.P. (ed.), *The Philosophy of Language*, Oxford: Oxford University Press, 1990, p.50.

念的定义,这个定义也将被应用到对象语言的语句中;而元语言则是用来谈论对象语言的语言,人们正是运用它来为对象语言的真概念构造定义。塔尔斯基认为,就某种对象语言而言,它只有具有形式化的特征,它是一种形式语言时,人们才能给出关于它的真概念的定义。

塔尔斯基对用来给形式语言真定义提供说明的元语言进行了具体的探讨。在他看来,元语言首先必须满足形式结构应被明确规定的要求。"元语言的词汇在很大程度上由我们先前所述的条件所决定,在这些条件下真定义将被认为在实质上是适当的。"①

其次,元语言要比对象语言更加丰富。他指出,一个实质上适当的真定义能够蕴涵所有的(T)型等值式,即T-模式的代入实例。

T-模式本身以及它所蕴涵的所有的等值式都用元语言来表述,"p"代表对象语言中的任意一个语句,"X"是"p"的名称。因此,就对象语言中的每一个语句来说,元语言都能对应地给出它的一个名称。这表明,元语言要足够丰富,能够表示对象语言中的任一语句。也就是说,元语言必须能将出现在对象语言中的所有语句包含其中,即每个出现在对象语言中的语句,也必须出现在元语言中。

最后,元语言必须包含具有一般逻辑特征的语词,诸如表达式"当且仅当"等。塔尔斯基指出,除了上述讨论所涉及的语词,比如逻辑语词、与对象语言的表达式的形式相关的语词,以及用来构造这些表达式名称的语词等,在元语言中不包括任一其他没有进行定义的语词。由此可知,塔尔斯基所给出的关于真定义在语言方面的要求,构成了他关于形式语言的真定义在形式上具有正确性的条件。

塔尔斯基关于真的定义实际上是通过对满足这个概念进行定义而实现的。他认为,满足是一种关系,它存在于任一对象与那些被称为"语句函项"

---

① Tarski, A.: "The Semantic Conception of Truth and the Foundations of Semantics", In Martinich.A.P.(ed.), *The Philosophy of Language*, Oxford: Oxford University Press, 1990, p.54.

的表达式之间。例如"x 是白的""x 大于 y"等表达式就是语句函项的特例。语句函项虽类似于语句的形式结构,但它包括标志空位的自由变元,比如 x、y,等等。塔尔斯基运用递归的方法对语句函项的定义进行分析和说明。首先要对结构最为简单的语句函项做出描述,然后要澄清通过何种运算步骤来从较为简单的语句函项构造出复合的语句函项,而语句可以定义为不包含自由变元的语句函项。这样一种运算的一个例子是任意两个函项的逻辑析取或者逻辑合取的构成。

塔尔斯基对满足这个概念进行了具体的说明。他认为,某一给定对象满足某一给定函项,指的是,当人们将这个给定对象的名称填入给定函项中的自由变元时,形成了一个真语句,由此可以说,这一给定对象满足这一给定函项。具体来说,当人们将"雪"这个对象填入"x 是白的"这个语句函项时,得到了"雪是白的"这样一个真语句。由此人们可以说,"雪"这个对象满足于"x 是白的"这一语句函项。

进一步来说,塔尔斯基认为,人们同样可以运用递归的方法对满足这个概念的定义进行分析和说明。对结构最为简单的语句函项,以及满足这个函项的对象做出描述,进而要澄清通过何种运算步骤实现所给定对象满足的复合函项的构造。塔尔斯基指出,如果人们得到了关于满足这个概念的一般定义,那么它也就自然地适用于语句——被看作是不包含自由变元的特殊的语句函项。他认为,语句和满足之间的关系仅仅包括:语句不被任何对象所满足,或者语句被所有对象满足。由此人们就能实现对真假的定义的说明:"如果一个语句被所有对象满足,那么它就是真的。否则,它就是假的。"[1]因此,塔尔斯基就从满足概念的定义中得到了关于真的定义,在形式语言中,塔尔斯基就给出了他所谓的"实质上适当、形式上正确"的关于真概念的定义。

---

[1] Tarski, A.: "The Semantic Conception of Truth and the Foundations of Semantics", In Martinich.A.P.(ed.), *The Philosophy of Language*, Oxford: Oxford University Press, 1990, p.56.

二、奎因的彻底翻译思想

奎因在《语词和对象》一书中,论述了彻底翻译这一理论。奎因认为,翻译绝不像他的老师卡尔纳普所认为的那样,可以被清晰明确地规定出来。我们不能选择德语和英语这样的同源语言进行翻译,它们在语言层面有许多共同之处;也不会选择有着共同的民族传统、文化背景的非同源语言。我们必须研究彻底翻译(radical translation),即"对迄今从未被接触过的土著民族语言的翻译"①。也就是说,研究在最大程度上单纯依靠经验就可以将一种语言翻译为另一种语言的方式。

奎因设计了彻底翻译的思想实验。思想实验是指在实践或者在理论上,这样的实验都是无法完成的,我们会选择在思想中设定一个情境,来为实验提供一个假设的理智的思维活动。彻底翻译是处于极端的理想的情况下进行的翻译,它并非实际上存在。这样的翻译可以将语言学家借助进行翻译的所有因素都排除在外,没有与土著人语言相联系的翻译手册可借鉴,没有与之相关的字典可以参阅。此时,语言学家的翻译并不是从语词开始,而是从在此时此刻场景中的土著人的反应开始,从与刺激条件相关的语句开始。

在彻底翻译思想实验中,最为可行和可靠的情况就是,对与当下正在发生的事件相关的语言进行翻译。可以设想一种情景,一只兔子从草地上跑过,土著人看到它,并指着它说出"Gavagai"。他身旁的语言学家听见了,试探性地记下"Rabbit"或者"Look, a rabbit",以待做进一步的检验。这只是一次偶然事件,语言学家与土著人所受到的刺激的同一性是不可靠的,因此需要反复验证。语言学家是如何知道"Gavagai"表示的是"兔子",还是"兔子的一部分",或者是"关于兔子的片段"呢？ 如果我们遇到了更复杂的情况,比如,一只白色和一只黑色的兔子同时跑过,土著人说"thb Gavagai"。那么"thb"如何解

① 蒯因:《语词和对象》,陈启伟、朱锐、张学广译,中国人民大学出版社 2005 年版,第 29 页。

释? 解释为"白色"、"黑色"还是"两只"? 所以语言学家要在不同的情境中主动询问土著人,因为不管是颜色还是数量,亦或是兔子本身,它们的刺激情景是不同的,通过在不同的刺激场合询问,土著人做出的肯定或者否定的回答可以是单个发生的。语言学家可以通过反复的询问和观察,缩小自己所猜想的范围,从而达到令人满意的翻译效果。

于是,语言学家就在不同的刺激情景中询问"Gavagai",以观察土著人的反应是赞同还是反对,或者是什么也不表示。通过询问,土著人做出某些行为或者发声回答。那么,怎样才能判定土著人所表达的是肯定或者否定呢? 肢体动作在不同的地域有着不同的含义,语言学家只能通过多次反复观察,在归纳和推理中找到答案。例如,当兔子等类似的动物出现时,语言学家就问道:"Gavagai?"土著人就回答:"evet"或"yok"。语言学家便猜测"evet"和"yok"的大致涵义。可能其中一个的含义是"是",另外一个的含义是"否",但是无法确定二者中究竟哪一个是"是",哪一个是"否"。接着,语言学家会尝试着模仿土著人的发音,他发觉在多数情况下,得到的回答是"evet",那他就可以据此猜测,"evet"指的是"是"。其次,语言学家可以用"evet"对土著人的话做出回答,当得到的是土著人比较平和安然的反应时,语言学家就猜测那个词指的就是"是"。

在这一翻译的过程中,首先,语言学家将观察到的刺激反应与自己听到的语句联系到一起,并且记录在案。其次,根据自己已有的经验断定观察句在其语言中的意义。最后,通过问询的方式确定土著人在不同的刺激情况下做出的赞同或者反对的行为。为了避免结果的片面性和错误,需要在这一步骤对相同的语句反复进行经验测试,并且利用归纳和推理的方式,逐步建立起土著人使用的语言与语言学家使用的语言之间的联系。最后,利用已知信息编纂翻译手册,确定土著语言和母语之间的同义性,服务于彻底的翻译。

奎因在行为主义的"刺激—反应"基础之上,阐述了他的语义学,提出刺激意义这一核心概念。当你说出"Gavagai"询问土著人时,使得他做出肯定回答的是刺激,而不是兔子本身,仿制的假兔子也和真兔子有同样的刺激。

奎因认为,不应把刺激看成是有时间性的某个特定的事件,而应将之看成是普遍的、可重复的事件形式。刺激意义不同于刺激,是因人而异,有针对性的。① 依据人类的言语行为,奎因将刺激意义分为两种:一是肯定的刺激意义,即促使某个确定的说话者对某句话产生肯定倾向的集合;二是否定的刺激意义,即促使某个确定的说话者对某句话产生否定倾向的集合。简单来说,刺激意义就是某个语句在特定的时间、特定的环境下相对于说话者的意义。

刺激系数涉及语言习得和语言使用之间的界限,即把多长时间界限内的刺激看成是当时的刺激,"这个界限是确定什么算做现时的一个可行的标准"②。语句的刺激意义与刺激系数密切相关,会随之而相应地发生改变。

语句分为场合句和恒定句两种。二者对感觉刺激的敏感度存在差异。前者敏感度较高,后者较低。"场合句的肯定或者否定依赖特定的刺激条件的激发。"③在特定的情境中,由于感觉的刺激引起说话者肯定或者否定的倾向。如果外界的刺激越小,它就越趋近于刺激意义。恒定句的肯定或否定的倾向可以不依赖于当下的刺激。

场合句分为观察句和非观察句。"当一个场合句的刺激意义在附随信息的影响下不发生任何变化,我们就可以把它称为观察句。"④反之则是非观察句。观察句是最容易与感觉刺激相联系的。比如"现在天在下雨",这是一个场合句,同时它也是观察句。依靠我们此时的感觉刺激就可以做出行为倾向,而无须依靠经验。"现在天在下雨"的真假与此时的感觉刺激密不可分,也就是说,这样类型的语句在这一个情境下为真,可能就在另外一个情境下为假。而一些非观察句,如"张三满腹经纶"的真值判定不仅依赖于当下的刺激,而

① 蒯因:《语词和对象》,陈启伟、朱锐、张学广译,中国人民大学出版社2005年版,第34页。
② 蒯因:《语词和对象》,陈启伟、朱锐、张学广译,中国人民大学出版社2005年版,第29页。
③ 蒯因:《语词和对象》,陈启伟、朱锐、张学广译,中国人民大学出版社2005年版,第37页。
④ 蒯因:《语词和对象》,陈启伟、朱锐、张学广译,中国人民大学出版社2005年版,第44页。

且依赖于随附信息,这个语句主要取决于已知的背景知识,需要依靠我们的经验判断。

恒定句超越了当时的刺激范围。说话者在并没有受当时刺激之下,可以根据之前的经验,对某句话做出同意或者反对的倾向。也就是说,说话者可以重复之前受到刺激时所做出的反应。比如,说话者可以在每年的四月份肯定地谈到"美丽的樱花盛开了"。即使并没有受到当下的刺激,当别人问起来时,依然可以根据之前的刺激重复做出肯定或者否定的回答。恒定句有两种,分别是永恒句和非永恒句。永恒句是一种极端类型的恒定句,它的真值不依赖刺激而改变,比如逻辑公理、数学公式、科学理论,等等。例如,"物体是有广延的"。永恒句的真值不会随着时间、地点、人物的改变而变化,它的真值是固定不变的。

观察句的意义通过此时此刻的刺激即可获得,不需要依靠平时的经验,即可对观察句的真值做出判断。因为刺激系数的不同,同一句话在此时为真而在彼时为假,但是观察句就不会出现这样的情况。因为观察句依赖于即时的刺激,其意义可以凭借即时的刺激获得,不必考虑经验知识。例如,"天在下雨"就是观察句,我们仅凭借受到的情景刺激就可以对其真值进行判定。然而"书架上有《语词和对象》这本书",则与前者情况大不相同。我们无法判定书架上是否有此书,除非我们此时正站立在书架旁可以进行查找。因此对这个语句的真值的断定依赖于一系列附随信息,而不是取决于当下经历的刺激。因此观察句所具有的刺激意义,在最大程度上趋近于它的意义,是直接可以被观察得到的。

奎因认为,观察句的刺激意义在各个主体间是相同的。刺激是主体间性的,在相同环境下的群体所受到相同的刺激,他们的反应具有一致性。观察句不是简单的事实材料的堆砌,是对客观对象的刻画。对于相同的环境,在相同的刺激下,社会群体对某一语句的判断如果是一致的,那么它就是观察句。

奎因否定把意义看作实体的观点,认为持有这种观点的人实际上信奉一种"博物馆神话"①。在这种博物馆中,意义是展品,而语词是说明展品的标签。奎因批评这种观点的理由如下:其一,这实际上是将语词与意义截然二分,不符合整体论的观点,忽略了语言的作用。其二,观念是我们每个人内心具有的东西,是私人的,我们只能观察到说话者的言语行为,而无法窥探其内心的观念。把意义实体化,会致使每个说话者对同一个语词有不同的理解。对于内涵和外延、意义和指称,奎因都主张严格地加以区分。

基于经验证据,语言学家通过编撰翻译手册,可以把一种语言翻译为另一种语言。由于语言学家可以是多个人,因此就会形成对同一种未知语言的多种不同的翻译手册。按照彻底翻译的思想实验,这些翻译手册的形成可以都符合经验证据,但是彼此之间却可能无法相容。所以对于未知语言的翻译手册不是唯一的,正确的翻译方式也不止一种。比如说,有两位语言学家对土著人语言进行翻译,他们都从观察句出发,结合自己的猜测与反复的归纳推理,最后形成两种不同的翻译手册。两种翻译手册都基于翻译者的经验证据,都符合土著人的言语行为,但它们之间可能是无法相容的。翻译不确定性不是指翻译的对错真假,不是指翻译的准确与否,是在强调翻译结果和言语行为之间的关系,仅依靠言语行为本身不能唯一地确定翻译手册。

翻译的不确定性表现在指称的不确定性上。例如对"Gavagai"的翻译,语言学家根据背景知识,将其翻译为"兔子",那么它所指称的就是一个对象。这一做法可能存在问题,因为"Gavagai"很可能指的是"兔性",或者是"兔子的一部分",等等。我们无法确定"Gavagai"是否是词项,如果是词项,那么是单称词项还是普遍词项;抑或是抽象的单称词项,还是具体的单称词项。所以在这样的情况下,指称具有不确定性,语言学家无法断定他的翻译是绝对正确的。

翻译的不确定性根本上就是意义的不确定性。在彻底翻译的思想实验

---

① Quine, W.V., "Ontological Relativity", in *Ontological Relativity and Other Essays*, New York: Columbia University Press, 1969, p.27.

中,语言学家没有任何可以参照的资料,只能从观察句出发,通过"观察—询问"模式猜测土著人语言的意义。但是语言学家是对母语有着深刻把握的人,在这一过程中,会不自觉地将自己主观性的观念带入翻译之中。当一只兔子跑过,土著人说出"Gavagai"时,由于自己文化背景的影响,语言学家会不自觉认为"Gavagai"的意思是"兔子",但是对于"Gavagai"真正的意义,他是无法把握的。因为使得土著人说出"Gavagai"的刺激条件有很多种与之匹配,他们的表达虽然相同,但是意义却不一致。比如"Gavagai"的意思可以是"飞兔""小兔子"等等。针对于同一个语言刺激,就有可能出现不同意义的相关翻译,而且这些翻译也不是唯一正确的。因此,我们无法断定某个尚未习得的语言的意义如何,翻译具有不确定性。

戴维森的彻底解释思想受到奎因的彻底翻译思想的启发。但戴维森的彻底解释思想与奎因的彻底翻译思想的理论旨趣不同。

第三节　达米特与戴维森意义理论来源的比较

出于构建意义理论的不同的需要,达米特与戴维森对现当代的语言哲学资源做了批判性的吸收和借鉴。比较二者的意义理论来源,可以更加清楚地把握达米特与戴维森意义理论的主要内容和基本特征。

一、弗雷格和维特根斯坦对达米特意义理论的影响

(一)弗雷格对达米特意义理论的影响

对于弗雷格的意义理论,达米特既有继承,也有批评和发展。从总体上看,在以下两个方面,弗雷格对达米特意义理论产生了重要的影响。

首先,弗雷格意义理论为达米特提供了建构意义理论基本框架的理论前提。达米特提出了有关以真为核心概念的意义理论的框架。他认为,一个

可行的意义理论应该包括两个组成部分,其核心理论即指称理论给出了有关语句的真值条件的递归的说明;围绕着核心理论是涵义理论,它是核心理论的外壳,它要给出说话者关于核心理论的知识如何与说话者的语言能力和行为相关联;指称理论和涵义理论构成了意义理论的最为重要的部分。此外,还有一个力量理论,它要说明基于核心理论和涵义理论所给出的句子的意义的说明与人们使用该语句所完成的各种言语行为之间的关系,它是意义理论的补充部分。

在意义理论框架中的第一部分中,指称理论是核心,涵义理论是外壳。达米特对这个部分阐发的理论基础就是弗雷格关于涵义与指称(意谓)区别的观点。弗雷格第一次明确地提出了表达式的涵义与指称区别的观点,这个观点是他对语言哲学重大的贡献。在他看来,我们分析任何一个表达式的总体的意义,都可以从涵义和指称两个层面展开。在表达式的涵义与指称的关系上,指称是核心,涵义是基于指称来加以说明的。就思想与真而言,真是核心,思想是通过真来解释的。达米特关于意义理论的框架中的指称理论和涵义理论,就是基于弗雷格关于涵义和指称的观点。

达米特指出,指称理论和涵义理论说明句子的意义(涵义);力量理论以此为基础说明句子的各种使用,即借助于句子的使用而完成的各种各样的言语行为,它是意义理论的补充部分。如果没有弗雷格关于涵义和力量区分的观点,达米特就无法提出关于力量理论的观点。可见,达米特关于意义理论的基本框架是基于弗雷格关于涵义和力量区分的观点的。

其次,弗雷格关于涵义与力量区分的观点,为达米特提供了构造意义理论的基本方法。达米特认为,意义理论是关于说话者的实际的语言交流,即说话者关于语言运用的实践的理论,它是对语言实践的全面的、系统的、整体的描述。

说话者运用语言的实践具有多方面的特征,这些语言使用的方面和特征具有内在的关联,相互之间构成了一个复杂的结构。语言实践本身所具有的特点,决定了我们对它的描述必须是系统的和全面的。达米特认为,可行的意义理论是由构成该理论的各种命题构成的理论系统。意义理论本身必须是一个系统的理论,系统化的要求是达米特关于意义理论的基本要求。基于这种要求,达米特提出了意义理论的基本架构。为了能达到这个要求,达米特探讨了意义理论建构的方法问题。在他看来,弗雷格关于涵义与力量区分的观点是构造系统的意义理论的基本方法。

达米特认为,建构意义理论必须从说话者对于语言的实际的运用出发,研究说话者语言运用实践的各种各样的特征及其相互关系,归根结底就是为了达到对语言实践的系统的全面的表征。达米特说:"意义的一般说明必须把句子所具有的直觉上与它们的意义相联系的某个特征看作它的基本概念。……这种方法的一个变体是在任一句子的总的意义中区分出它的涵义和力量:一个句子的涵义产生一个事态的描述,它的力量构成我们希望附着于我们给出的那个描述的约定意义。"①在总的意义中区分涵义和力量,这是意义理论研究的基本前提。因此,"提供一个意义的系统说明的任务因而可以分为两个部分:解释每一个句子的涵义,或者正如我们所说的,每一个句子特有的内容的任务,以及解释一个句子可能带有的不同类型的力量。"②

达米特关于构造意义理论基本方法的论述表明,一个句子的意义在于对它的使用特征的描述。我们可以在一个句子所具有的总的意义中进一步区分出涵义与力量两个部分,前者给出了句子特有的内容;而后者给出了句子可能完成的不同的言语行为。因此,构造意义理论的基本方法是在语言表达式总体的意义中区分涵义与力量,首先通过指称理论和涵义理论给出句子涵义的说明,然后在此基础上再给出句子的力量的说明。达米特认为,只有建立在涵

① Dummett, M., "Language and Truth", in *The Seas of Language*, Oxford: Clarendon Press, 1993, p.122.

② Dummett, M., "Language and Truth", in *The Seas of Language*, Oxford: Clarendon Press, 1993, p.122

义和力量区分基础上的意义理论,才能全面系统地表征说话者的语言运用的实践。按照达米特的看法,一个断定句、一个疑问句以及一个命令句可以具有相同的涵义。它们的不同之处在于,断定句用来表达一个事态满足了,疑问句用来表达是否一个事态满足了,而命令句用来表达命令使这个事态得到满足,即它们的不同在于使用同样涵义的句子完成了不同的语言行为。

达米特构造意义理论的基本思路是,从说话者对语言使用的具体实践的众多特征中选择一种特征作为基本特征,首先对它进行表征;在此基础上再用这个基本特征来刻画其他的特征,从而形成对语言实践不同特征的系统的说明。

具体就一个句子而言,它的使用具有很多的特征,从这些特征中挑选一个作为基本特征,由此对之加以抽象概括而形成意义理论的核心概念,通过由这个核心概念所形成的指称理论以及涵义理论来说明这个句子的涵义。在这个基础上,给出使用该语句所实现的各种言语行为,即给出使用该语句的约定意义,从而完成对语句的力量的说明,这一部分构成了达米特所谓的力量理论。由此可见,达米特提出构造意义理论的基本方法是建立在对语言实践特征的基本认识基础上的。

达米特认为,弗雷格在意义中区分出涵义与力量,是对意义理论的重大贡献,可以说,任何可行的意义理论都必须基于涵义和力量的区分。如果没有这样的区分,"我们就无法构想:如何着手描述对任何一个特定句子的使用……从而我们必然会对构造任何语言的任何系统的说明丧失信心"①。达米特强调,弗雷格关于涵义与力量的区分,是所有构造系统的意义理论的基本出发点。

---

① Dummett,M.,"What is a Theory of Meaning?（II）",in *The Seas of Language*,Oxford:Clarendon Press,1993,p.39.

（二）维特根斯坦对达米特意义理论的影响

后期维特根斯坦语言哲学观点对达米特意义理论影响很大。维特根斯坦的意义即使用的观点，决定了达米特构造意义理论的出发点；语言使用多样性的观点，是达米特构造意义理论的基本前提。

首先，维特根斯坦关于意义即使用的观点，是达米特意义理论的出发点。达米特认为，解释句子或语词的意义，要基于语言使用者对它们的使用方式，要根据语言使用者运用语言的具体实践。通过描述说话者使用语句或语词的方式，从而说明它们的意义。

达米特这个观点的理论基础就是意义即使用的观点。语句和语词的使用赋予了它们的意义，因此对于句子和语词的使用方式，即句子和语词的用法的描述，也就解释了它们的意义。达米特说："对于语言如何工作的描述，即对于孩子在习得一门语言的过程中所学会的所有东西的描述，就构成意义理论。"[①]这里，语言如何工作，指的是人们如何使用语言进行交流。达米特一再强调语言实践在构造意义理论中的重要性，而在维特根斯坦看来，语言实践就是语言游戏。从达米特对语言使用形式的多样性的强调，可以看到维特根斯坦关于语言游戏多样性的观点的影响。

其次，维特根斯坦关于意义即使用的观点，成为达米特检验一个意义理论是否正确的标准。达米特认为，作为对语言实践的系统的表征，意义理论必须基于它是否真正表征了我们的语言实践来检验它是否正确。达米特说："按照这个[意义]理论的确提供了或没有提供与我们实际所观察相一致的实践的说明，来评估它是否成功。"[②]这表明，成功的意义理论要给予语言实践以理

---

①　Dummett, M., *The Logical Basis of Metaphysics*, Cambridge, Mass.: Harvard University Press, 1991, p.13.

②　Dummett, M., *The Logical Basis of Metaphysics*, Cambridge, Mass.: Harvard University Press, 1991, pp.13-14.

论的解释,它的成功与否要通过说话者的语言实践来验证。

虽然达米特意义理论受到了维特根斯坦后期语言哲学思想的影响,但达米特并非完全照搬维特根斯坦的观点,在语言哲学上二者存在分歧。

达米特与维特根斯坦在对待整体论上的态度不同。达米特认为,维特根斯坦以某种方式接受或至少承诺了语言整体论。基于这样的看法,维特根斯坦认为哲学的主要任务是对语言进行描述,而不是改变我们的语言以及我们使用语言的实践。当然,对于我们日常使用的经典逻辑,也无须加以修正。达米特说:"维特根斯坦有这样一种观点,你不能变更语言实践。"①在维特根斯坦看来,即便我们发现语言实践存在不协调、不一致的方面,我们也不能对它加以修正,我们只需对它加以承认。达米特不接受语言整体论,他对语言整体论进行了有力的反驳。他认为,只要语言实践的各种形式之间出现了不协调的情况,我们就可以对之进行修正。

在对待系统的意义理论是否能够构造方面,达米特与维特根斯坦的看法也不同。在维特根斯坦看来,我们可以对语言的各种用法进行具体的、零散的描述,换言之,我们可以对我们遇到的每一种用法做个别的说明,但根本不可能系统地描述我们的语言实践,也不可能构造所谓系统的关于语言的理论。与之相反,达米特认为,虽然语言实践形式多种多样,但它们之间具有协调性和一致性,可以通过对一种语言实践形式的刻画来给出所有其他语言实践形式的全面刻画,因此可以构造一个关于语言的系统的意义理论。达米特关于意义理论系统性的要求是一贯的。达米特对于维特根斯坦的后期语言哲学思想是有所批评的。

综上所述,在批判性地吸收维特根斯坦后期语言哲学思想以及弗雷格意义理论的前提下,达米特创造性地提出了意义理论的基本框架。有国外学者认为,达米特意义理论是弗雷格与维特根斯语言哲学思想的辩证的统一,是对

---

① F.帕特陶特:《采访达米特》,《哲学译丛》1998 年第 2 期。

二者批判的继承与综合。①

二、弗雷格、塔尔斯基和奎因对戴维森意义理论的影响

（一）弗雷格对戴维森意义理论的影响

戴维森受弗雷格的思想影响很大。弗雷格对戴维森意义理论的影响，主要表现在以下几个方面。

首先，弗雷格的语义组合性原则，对于戴维森表征句子的意义具有重要的影响。戴维森认为，意义理论所取得的重要的进展，"在很大程度上要归功于弗雷格"②。弗雷格认识到一个语句的语义特征依赖于它的构成部分的语义特征，并提供了自己的解释。弗雷格认为，一个语句有涵义和指称，句子的涵义是思想，句子的指称是真值。句子的涵义由句子的组成部分的涵义组合而成，句子的真值由句子的组成部分的指称所决定。复合句的真值由构成子句的真值所决定。

戴维森提出了意义理论的构成性条件，认为有关某种自然语言的真之理论，必须能够解释一个语句的意义如何由语词的语义和语法结构的语义构成的。因此，"这种真之理论必须基于它的构成给出每个语句的真值条件（相对于它的表达的境况）"③。可见，弗雷格的意义的组合性原则，对于戴维森产生了重要的影响。

其次，弗雷格创立现代逻辑，为戴维森分析句子的真值条件提供了方法。运用现代逻辑，可以分析自然语言句子的逻辑形式，因而弗雷格为分析自然语

---

① Matar, A., *From Dummett's Philosophical Perspective*, Berlin: Walter de Gruyter, 1997, pp. 8-9.

② Davidson, D., "The Method of Truth in Metaphysics", in *Inquiries into Truth and Interpretation*, Second edition, Oxford: Clarendon Press, 2001, p.202.

③ Davidson, D., "The Method of Truth in Metaphysics", in *Inquiries into Truth and Interpretation*, Second edition, Oxford: Clarendon Press, 2001, p.202.

言中的语句的真值条件,提供了基本方法。弗雷格逻辑分析方法的核心是函数与自变元的思想。弗雷格反对传统哲学中对句子的主词—谓词的分析模式,提出了分析句子的函数—自变元的新模式。他把对象作为自变元,把概念界定为其值总是真值的函数,这样就把概念与真值联系在一起。在自然语言中,谓词和概念词表示概念,而专名表示对象。因此,可以借助函数—自变元的模式分析自然语言中的语句,进而刻画自然语言中各种语句的逻辑形式,揭示其真值条件。戴维森极力推崇弗雷格的现代逻辑对于意义理论的重要影响。

再次,弗雷格处理谓词的方法对戴维森刻画语句的语义产生了重要影响。戴维森对弗雷格关于把谓词处理为函数表达式的做法十分赞赏。在弗雷格看来,谓词可以看作是函数表达式,只不过它所表达的函数的值总是真值,因此,谓词的语义值是概念,或者说谓词表达概念。概念是不满足的,需要对象来补充,而专名表达的是对象,因此一个简单句所表达的逻辑关系就是一个对象处于一个概念之下。比如,"亚里士多德是逻辑学家"这个句子,从语言上分析,"亚里士多德"是专名,而"……是逻辑学家"是谓词。基于函数和自变元分析,"亚里士多德"是自变元符号,而"……是逻辑学家"是函数表达式。前者的意谓是对象,后者的意谓是概念。整个语句表达对象和概念之间的关系。"亚里士多德是逻辑学家"这个句子的真值条件在于:亚里士多德这个对象处于逻辑学家这个概念之下;或者简单地说:亚里士多德是逻辑学家。戴维森说:"弗雷格是惟一通过对谓词的处理而清晰地使句子成为语义单位的人。"[①]

最后,弗雷格真值条件意义理论对戴维森意义理论产生了重要的影响。弗雷格认为,真概念是基始的、不能定义的。思想是句子的涵义,是我们把握语句真值的条件。弗雷格的这一思想对于戴维森影响很大。弗雷格明确区别了语言和语言所表达的内容两个层次。对于各种语言形式,弗雷格都从涵义

---

① 戴维森:《真与谓述》,王路译,上海译文出版社 2007 年版,第 137 页。

和指称两个层次分析它们所表达的内容。弗雷格最为关注的语言形式就是语句,其所有关于其他语言形式的论述都是围绕语句的涵义和指称展开的。因此,揭示语句的涵义和指称,是弗雷格的语言哲学的主要任务。

戴维森重视弗雷格有关思想和真值的关系的观点。弗雷格认为,表达式的涵义是它的指称的识别方式。比如,"苏格拉底"(专名)具有"柏拉图的老师"这一涵义,我们可以凭借它来确定"苏格拉底"的指称。除了专名之外,谓词也是一种重要的表达式。例如"……是哲学家"这个谓词,它的涵义是由该谓词组成的句子的涵义的一部分;它的指称是概念,即哲学家这个概念。我们可以通过"……是哲学家"这个谓词的涵义去把握哲学家这个概念。

弗雷格认为,在表达式的涵义和指称二者中,指称更为重要。真值比思想更为重要,对于句子的思想的探讨,是为了探讨句子的真值。就一个句子而言,专名的涵义确定其指称(对象),谓词的涵义确定其指称(概念),而整个句子的涵义(思想),最终确定了句子的指称(真值)。一个简单句表达了对象和概念之间的关系。只有在一个对象真正处于一个概念之下时,它才为真。因此,句子所包含的思想,是确定它的真值的方式。把握了一个句子的涵义,即知道了它的真值条件。总之,戴维森以真值条件阐明意义,这明显受到了弗雷格的影响。

(二)塔尔斯基对戴维森意义理论的影响

戴维森提出了一种自然语言语义学的方案,即戴维森纲领。这个纲领的主要目标是为某种自然语言的每一个语句提供语义说明。戴维森纲领主要体现了戴维森关于意义理论的思想。塔尔斯基为形式语言提供了语义性真定义。他借助意义概念或翻译概念,为形式化的语言中的真概念提供了形式上正确、内容上适当的关于真的定义。戴维森却把它借用于意义理论的构造,从塔尔斯基的真之理论中找到了表述句子的真值条件的普遍形式。在戴维森看来,意义理论的任务就是为自然语言提供一个满足特定条件的真之理论①,而塔尔斯基的真之理论就为构造自然语言的真之理论提供了基本模式。

塔尔斯基对于戴维森意义理论的影响,首先在于他的语义性真定义模式提供了意义理论的基本形式。戴维森所谓的意义理论的形式即如何表述句子的真值条件的形式,而塔尔斯基的 T-模式,提供了简明地刻画句子真值条件的基本模式。塔尔斯基的 T-模式为:X 是真的当且仅当 p。当我们把某种自然语言中的一个语句代入 T-模式中的 p,把该语句的名称代入 X 时,则形成相应的 T-语句。戴维森认为,T-语句实质上提供了被代入句子的真值条件,而这种说明恰恰是给出了它的意义。因此,塔尔斯基的 T-模式是表达句子意义的恰当的普遍的形式。

戴维森使用塔尔斯基的真之理论作为意义表达的形式,主要基于以下原因。一是,塔尔斯基对于真概念的定义,采取了外延性的构造方法。塔尔斯基通过满足概念来定义真概念,避免了对内涵性东西的引入。戴维森反对通过内涵性的概念处理自然语言的语句的意义,而塔尔斯基真之理论的这一特征满足了这个要求。二是,戴维森意义理论要给出的是一个句子意义的说明,为了避免意义说明中的循环解释,他不能假定对于相关的语义学概念的理解。塔尔斯基的 T-语句的右边只有其真值条件被说明的对象语言的句子本身,或它在元语言中的翻译。而 T-模式只是假定了对于真概念的直观的理解,没有假定任何其他的语义概念,这样就避免了意义说明中的循环解释问题。

塔尔斯基对戴维森意义理论的影响,还在于戴维森运用塔尔斯基的真之理论来说明人们对于自然语言的理解和解释。在戴维森看来,意义理论必须是一个关于说话者表述的经验的理论,具有经验的内容,可以经受经验的检验。而塔尔斯基的 T 约定为这种真之理论的可接受性提供了检验的标准。塔尔斯基认为,在形式语言中,T-模式并未给出形式语言的真定义,但 T-模

---

① "theory of truth"一般有两种译法:一是译为"真理理论";二是译为"真之理论"。本书采取第二种译法。

式的实例 T-语句却给出了有关真的部分定义,所有 T-模式的实例构成了关于某种形式语言的真定义。因此,塔尔斯基给出了一个标准,以此判定一个形式语言的真定义是否适当,即 T 约定。戴维森把 T 约定作为一种自然语言的真之理论是否可接受的标准。他认为,一种自然语言的真之理论应该可以推出所有 T-模式的实例,而且这些实例都是真句子。戴维森运用塔尔斯基的真之理论去说明自然语言的理解和解释问题,把意义理论的探讨放在了更为广阔的视野之中。

(三)奎因对戴维森意义理论的影响

奎因是戴维森的老师,奎因对戴维森意义理论具有重要影响。这里简要论述奎因的彻底翻译思想对戴维森的彻底解释思想所产生的影响。

奎因认为,对于语言的意义的刻画,只能通过与语言表达相关的经验证据,包括与语言表达相关的说话者所遭受的刺激、说话者的言语行为倾向以及相应的具体的语言使用的境况来实现。彻底翻译指的是,对于一个陌生语言的翻译者来说,他没有任何可以凭借的通常翻译所需要的基本条件:包括针对被翻译的陌生语言的相应的词典、关于陌生语言的语言共同体的文化和知识背景,语言共同体所持有的一般信念等等。可以说,翻译者是在对陌生语言一无所知的基础上展开翻译活动的。因此,对于陌生语言,翻译者只能通过观察陌生语言使用者的言语行为,比如何时何地他们发出声音(翻译者把这些声音视为语言表达),发出声音时这些使用者所受到的经验刺激,以及与这些声音相伴的使用者的行为倾向等等,来对这些声音进行翻译,当然这些翻译都是猜测性的,需要翻译者进行反复测试,才能大体形成被翻译语言的表达和翻译语言中的表达的某种对应,从而形成翻译手册。

奎因的意义理论是"行为主义的语言意义理论"①,同时"奎因意义理论

---

① 陈波:《奎因哲学研究——从逻辑和语言的观点看》,生活·读书·新知三联书店 1998年版,第 55 页。

也是经验主义的"①。对于语言意义的说明,奎因采取的是行为主义和经验主义的方法,即通过对于陌生语言使用者的与语言表达相关的言语行为倾向,来刻画语言表达的意义。奎因认为,对于陌生语言使用者相同或类似的行为倾向,不同的翻译者基于各自的信念背景和知识背景,基于各自的经验证据,可以构造不同的翻译手册。这些翻译手册尽管都可以与经验证据相容,但它们之间可能存在不相容的情况。因此,翻译本身具有不确定性,我们对于陌生语言的意义的把握具有不确定性,根源在于与语言表达相关的经验证据不足以完全确定语言表达的意义。此外,奎因还提出了指称的不可测知性论题,认为从经验证据出发,也无法完全准确地确定表达式的指称,这也是翻译不确定性的一个原因。

为了实现彻底的翻译,奎因还提出了整体论的语言观和翻译中所应遵循的宽容原则。奎因认为,要能够构造翻译手册,就必须在被翻译语言使用者所做出的语言表达的意义和他们所持有的信念二者之间固定一个,从而可以解释另一个。奎因认为,翻译者只有假定被翻译语言使用者的基本信念与他的基本信念的大体一致性,才能进行翻译,因而必须遵循宽容原则。同时,奎因认为,任何彻底翻译的进行,必须在语言整体论语境中实现,因为语言是作为一个整体接受经验的验证和支持的。

奎因的彻底翻译思想,对戴维森影响很大。戴维森明确指出了奎因的彻底翻译思想和他的彻底解释思想的关联。他说:"采用'彻底的解释'这个术语旨在表明与蒯因的'彻底的翻译'有十分密切的关系。"②。

戴维森意义理论旨在对自然语言进行解释,构造自然语言的语义学,由此戴维森提出了彻底解释的思想。所谓彻底解释指的是,在对于一个陌生的自

---

① 陈波:《奎因哲学研究——从逻辑和语言的观点看》,生活·读书·新知三联书店 1998 年版,第 64 页。

② 戴维森:《对真理与解释的探究》,牟博、江怡译,中国人民大学出版社 2007 年版,第 169 页。

然语言完全无知的情况下,解释者对该语言的语句意义所进行的解释。在进行这种解释时,解释者不懂这种语言,不了解这种语言使用者的知识背景和信念背景,也没有任何关于该种语言的词典可供参考。在戴维森看来,这种语言对于解释者来说,就是迄今从未对其进行解释的语言,就是人们对该语言的意义一无所知的语言。戴维森认为,解释者就是在这种情况下,基于彻底解释的思想,就能够给出这种自然语言的意义的解释,给出该自然语言中的句子意义的说明。由此可见,戴维森的彻底解释所面对的情况,类似于奎因的彻底翻译所面对的情况。从这里也可以看出奎因对于戴维森的重要影响。

此外,戴维森认为,要为一个陌生的自然语言提供意义的说明,提出某种解释,就必须为其构造一个真之理论。换言之,就要为这种语言提供一个满足T约定的语义性真定义。而在这种真之理论的构造过程中,戴维森利用了奎因彻底翻译所应遵循的宽容原则,同时戴维森的真之理论的构造又是在整体论语境下,即整体论语言观下进行的。离开了宽容原则和整体论语言观,戴维森的解释理论就无法构造。

尽管戴维森的彻底解释的思想与奎因的彻底翻译的思想有着紧密的联系,但戴维森也提到二者的区别,他认为:"这种密切关系并非等同关系,用'解释'取代'翻译',它表明的差别之一是:更加强调前者中明确的语义性质。"①戴维森认为,他与奎因的一个差别涉及解释理论应当采取的形式。奎因主张解释理论应该采取翻译手册的形式,而戴维森认为:"为了使解释理论具有明确的语义性质,我实际上提出这样的建议,即解释理论应当采取塔尔斯基式的真之理论的形式。"②

总之,奎因的彻底翻译思想对于戴维森的彻底解释思想产生了重要的影

---

① 戴维森:《对真理与解释的探究》,牟博、江怡译,中国人民大学出版社2007年版,第169页。

② 戴维森:《对真理与解释的探究》,牟博、江怡译,中国人民大学出版社2007年版,第181页,译文有改动。

响,通过对奎因的语言哲学思想的继承和改进,戴维森提出了自己的意义理论。

综上所述,弗雷格意义理论对达米特和戴维森都产生了重要的影响。达米特和戴维森基于弗雷格意义理论,提出了不同的意义理论。达米特的意义理论旨在对于语言实践进行理论描述,解释语言运作的机制。语言实践是达米特意义理论的出发点。达米特框架建立在弗雷格关于涵义和意谓的理论基础上的,而弗雷格关于涵义和力量的区分,是达米特构造意义理论的方法论前提。戴维森的语义学方案,或者戴维森纲领,旨在给自然语言的句子提供系统的语义说明。而在他看来,给出句子的真值条件,就是给出句子的意义。因此,弗雷格关于意义概念和真概念之间关系的论述,弗雷格关于思想是句子的真值条件的论述,都对戴维森产生了重要的影响。句子的真值条件的分析需要借助于现代逻辑的方法。弗雷格的函数与自变元思想,弗雷格的概念文字,为戴维森分析自然语言的句子的逻辑形式和真值条件提供了基本的工具。弗雷格关于涵义的组合性原则以及关于句子的意谓由句子的构成部分的语义特征所决定的思想,对于戴维森关于句子意义的刻画提供了重要启示。塔尔斯基的真之理论为戴维森意义理论提供了形式表达模式,但弗雷格关于意义和真之间关系的论述,则成为戴维森真值条件意义理论的直接思想源泉。

第二章　达米特与戴维森意义理论构建原则和条件的比较

意义理论的构建需要遵循的基本原则,意义理论建构需要满足的基本条件问题,分别是达米特和戴维森高度关注的问题。达米特提出了意义理论构建必须遵守的三个基本原则,戴维森提出了意义理论构建必须具备的四个基本条件。达米特同意戴维森所提出的关于意义理论的基本条件的看法,但他认为戴维森的意义理论并未达到这些条件,并对此展开了批评。

第一节　达米特意义理论的构建原则

达米特认为,任何一个可行的意义理论,都必须满足显示性、全面性和分子性的基本要求。

一、显示性

显示性原则要求,意义理论不仅要说明一种语言的说话者懂得该种语言时他所具有的语言知识,它还必须说明这种语言知识体现在什么地方。达米特说:"意义理论不仅必须明确说明,一个人要知道任一给定表达式的意义他必须知道什么,而且它还必须说明,什么构成了具有那种知识。"①这个原则也称为"构成性限制"(the constitution constraint)②。

(一)语言知识的隐含性

达米特认为,说话者对于一个表达式的理解,就在于他具有关于该表达式的意义的知识。语言表达式的意义,就是说话者理解它时所获得的语言知识。因此,对意义的刻画是离不开对说话者的语言知识的刻画的。说话者关于一种语言的意义的知识,是一种隐含知识。

达米特分析了各种知识形态,论述了说话者的语言知识是一种隐含知识这一观点。说英语是一种能力,知道如何说英语,是关于一种能力的知识;会游泳是一种能力,知道如何游泳,是关于这种能力的知识。对于上述关于两种能力的知识,达米特做了比较。他认为,如果我们问一个人:"你会游泳吗?"他若答道:"我不知道我是否会游泳,我没有尝试过。"达米特认为这种回答没有问题。因为,一方面,某人可能并不知道游泳是怎么一回事,但出于本能,他却会游泳;另一方面,某人可能知道游泳是怎么一回事,他也可能知道其他人的行为是否是在游泳,但他可能不会游泳。由此可见,他知道如何游泳与他会游泳这一能力是脱节的。

但是,如果我们对某个人提出以下问题:"你会说英语吗?"如果他答道:"我不知道我是否会说英语,我从来没有尝试过。"达米特认为,上述回答就是荒谬的。因为,一方面,会说一种语言,是说话者具有的一种复杂的能力,是说话者的一种有意识的行为。假如某人不知道说英语是怎么一回事,他就不能说英语,他就不会知道其他的人是否在用英语进行交流。另一方面,假如某人

---

① Dummett,M.,"What is a Theory of Meaning？(Ⅰ)",in *The Seas of Language*,Oxford:Clarendon Press,1993,p.22.

② Gunson,D.,*Michael Dummett and the Theory of Meaning*,Aldershot:Ashgate Publishing Company,1998,p.24.

能说英语,那么他就必定会知道说英语是怎么一回事。某人关于英语这种语言的知识与他说英语这种语言能力是密不可分的。

达米特指出,虽然会游泳与说英语都是实际的能力,但人们关于它们的知识却具有根本的区别。它们的不同在于,人们关于二者的能力与他们具有的关于它们的知识的关系不同。对于前者来说,这种关系是可分离的;而对于后者来说,这种关系不可分离,离开知识就无所谓能力。

达米特由此更为普遍地分析了人们具有的某种能力与其关于这种能力的知识之间的关系问题。在他看来,某个人在完成一个技巧的操作(具备某种特殊的能力)时,会伴随不同程度的意识。上述关系可以大体分为三种类型:一是某人具有某种能力,但他关于这种能力的知识却一无所知。例如,某人也许出于天赋的身体条件,可以完成非常复杂的某种技能;但是如果我们问他关于这种技能的知识,比如询问他完成这种技能所需的要领或者方法,他可能感到非常茫然,不知道如何表述,甚至他本人也没有意识到这个问题。在这种情况下,某人对自己的实际能力的理解程度是很低的,他的能力和关于这种能力的知识的结合度是很低的。这是能力和知识脱节的一种极端的情形。

二是某人具有某种能力,同时他关于这种能力的知识十分明确,能够清晰地加以表述。比如,某人具有高超的玩国际象棋的能力,同时,他又具有丰富的国际象棋的知识。假如我们询问他获胜的原因,他会从头到尾把下每一步棋的理由告诉我们,他不仅熟悉国际象棋的规则,而且懂得玩国际象棋的策略。在这种情况下,某人的能力和知识的结合度是很高的,他关于这种能力的知识是非常明确的。这是能力和知识结合的另一种极端的情形。

达米特认为,在上述两种极端的能力和知识结合的类型之间,还有第三种类型,它居于其中,即某人具有某种能力,也对关于这种能力的知识具有某种程度的认识。假如我们问他有关这种能力的知识,他可能不知道如何全面、系统地加以表述,但一旦把有关能力的这种知识清晰地提供给他时,他会即刻承认正是这种知识描述了他的能力,他也正是在这种知识的指导下运用这种能力的。在这种情况下,某人的能力和知识的结合度处于中间状态。在达米特看来,在上述情况下,某人所具有的知识就是一种隐含的知识。

达米特认为,说话者具有的说一种语言的能力与他关于这种能力的知识之间的关系,大体就是第三种类型。在达米特看来,假如说话者具有了说某种语言的能力,那么他就必定具有关于这种语言的意义的知识,说话者正是具有了这种语言知识,他才能具有说该种语言的能力。按照意义理论是关于说话者的语言能力的表征这种看法,说话者具有的关于某种语言的知识,就是他具有的关于一种语言的意义理论的知识,而这种知识就是隐含的知识。也就是说,对于这种知识,说话者虽然不能加以明确地、全面地表述,但假如关于这种知识的表述呈现于说话者,说话者就能马上承认这就是他所具有的那种知识。

基于上述论述,达米特从关于意义理论的命题知识的隐含特征出发,深入论证了说话者的语言知识,即说话者关于意义理论的知识是一种隐含知识。达米特指出,构建意义理论的主要目的在于,通过说话者的关于意义理论的知识描述说话者对于某种语言的整体把握,从而描述说话者说一种语言的能力。达米特从以下两个方面对这种知识具有隐含特征进行了论证。

一方面,从说话者对语言知识掌握的实际情况看,他所具有的某种语言的意义理论的知识的确是一种隐含知识,一般来说并不具有关于该种语言的意义理论的明确的知识。这里所谓明确的知识,就是说话者能够明确地使用语言加以表述的知识。说话者不具有这种明确的知识表现于,每当我们要求说话者表述这种知识时,说话者往往不能明确地、全面地对此加以表述。比如,当我们问某个能够说某种语言的人有关该种语言的语法知识和使用方法时,他也许能够说出某个或某些零碎的片段的语法知识,却不能系统全面地对此加以表达。对于任何语言的说话者来说,这就是他们对语言知识的掌握的实际的情况,这种论证是基于说话者语言习得的实际情况的。

另一方面,构造意义理论以解决哲学上的问题这一要求,也决定了说话者关于意义理论的知识是隐含知识。意义理论必须解释说话者关于语言的意义的知识体现在说话者的何种语言行为中。这就要求,说话者关于意义理论的知识,不能是一种明显的可用语言表述的知识。

在我们的语言习得过程中,随着我们习得语言的进展,我们会进入语言学习的这样一个阶段,即我们可以凭借已经学会的语言知识来获得新的语言知识,可以凭借已经获得的语词和表达式的意义的知识,来掌握新的语词和表达式的意义。这是语言习得进步的表现。到了这样的阶段,我们就能够通过已知语言表达式和语词的意义来解释其他相关语词和表达式的意义。语词定义就是这样的一种解释新的语词意义的方式。比如,对于"姐夫"这个语词,我们就可以通过"姐姐"和"丈夫"这两个语词对它加以解释,即把它解释为"姐姐的丈夫"。这样,"姐夫"这个语词的意义,就是通过"姐姐的丈夫"这个语词的意义来解释的。因此,说话者关于"姐夫"这个语词的意义的知识,就是一种明显的知识,是一种能够使用语言加以表达的知识。我们对这种语词的理解在于,我们能够理解相关的其他语词,因此说话者关于这种语词的意义的知识就体现在他能够表达该语词的意义,具体来说,就是他能够使用其他语词来陈述它的意义。在达米特看来,我们在一些情况下,完全可以采取这种方式对语词和表达式的意义加以解释。说话者通过表达他关于语词和表达式的理解,就完成了解释说话者关于语词和表达式的意义的知识体现在什么地方这一任务,它就体现在说话者能够使用语言表述这个语词和表达式的意义这种能力上。①

总之,使用一种语言中的一些语词和表达式解释其他语词和表达式,这是语词定义的通常情况,也是我们学习语言的普遍现象。做到这一点,就必须预设对于语言中某些语词和表达式的理解,预设说话者已经获得了这些语词和表达式的意义的知识。

但达米特指出,这种关于说话者的语言知识的解释,不能完成意义理论的

---

① Dummett,M.,*The Logical Basis of Metaphysics*,Cambridge,Mass.:Harvard University Press,1991,p.150.

基本任务,也不能适用于语言中的所有语词和表达式的意义的解释。对于语言习得的最为初始的阶段,对于语言中的最为基本的语词和表达式,我们就不能采取语词定义的方式对它们加以解释。因为它们是我们最初学习的语词和表达式,我们在学习它们时,并没有学会任何其他语词和表达式,因而我们对于它们的理解,就不能依赖于对于其他语词和表达式的理解。对于这些语词和表达式的意义,意义理论不能对此加以陈述。

　　意义理论的主要任务在于,对说话者关于语言的掌握做出系统的描述。说话者掌握一种语言,表现为他能够使用这种语言,也就是说,他具有说这种语言的能力。从这种角度看,意义理论要对说话者的这种语言能力进行理论刻画。说话者正是由于具有了关于这种语言的意义的知识,他才能掌握这种语言,才能具有说这种语言的能力。因而,当我们使用说话者关于语言的意义理论的知识去刻画说话者的语言能力时,尤其是当这种语言能力是说这种语言的能力时,我们就不能把说话者关于语言的知识看作是可明确表达的知识,必须看作是隐含的知识。达米特认为,借助于说话者的关于某种语言的知识,可以解释说话者说这种语言的能力,说话者正是具有了这种知识,他才能说这种语言。但如果我们对说话者的该种语言知识的说明,又要借助于说话者说该种语言的能力,那么就会出现解释上的循环问题。达米特说:"当我们的任务恰恰是要解释一般来说对于一种语言的理解体现在什么地方时,它显然就是循环了。"①因此,要完成意义理论的任务,就不能预设说话者对于任何语言的意义的知识,就必须在上述条件下开展对说话者的意义知识的说明。因此,说话者关于意义理论的知识不能是明确的可表达的知识,它只能是隐含的知识。

---

　　① Dummett,M.,"What Do I Know when I Know a Language",in *The Seas of Language*,Oxford:Clarendon Press,1993,p.101.

（二）语言知识的隐含性与意义理论的构建

达米特论述了语言知识的隐含特征对于意义理论构建的重要意义。他说："仅仅陈述这种知识的内容，也就是陈述具有这种知识的某个人所知道的东西，我们永远不能给出说话者的知识的完全的刻画。"①说话者的语言知识是不能通过陈述这种知识的内容来刻画的，因为这种刻画不能全面地说明说话者的语言知识，因此，我们不能认为说话者的语言知识是显然的知识。意义理论要对说话者的语言知识做全面的刻画，它就必须把这种知识看作是隐含知识。

就说话者所具有的关于意义理论的知识而言，达米特说："认定说话者所具有的隐含的知识，必定在他们对语言的使用中表现出来。语言哲学的部分任务就是解释，一个说话者具有的意义理论的每一个特定部分的知识，体现在对语言的这种使用的什么具体特征上。"②达米特认为，说话者所具有的隐含的语言知识，只能显示在说话者运用语言的具体的实践中。

达米特探讨了基于说话者的语言知识，即意义理论的命题知识，来对说话者的实际能力进行说明这一问题。他说："在我们关注根据命题知识来刻画某个实际能力的地方，特别是在这里，那种实际能力恰恰是语言的掌握时，如果我们的说明是富有解释力的，那么我们义不容辞的责任就是，不仅要说明对某个人来说他要具有那种能力他必须知道什么，而且要说明他具有那种知识是怎么一回事，即我们把什么看作构成那种命题知识的一个显示；如果我们没有做到这一点，那么在理论刻画和理论意图刻画的实际能力之间就不能建立

① Dummett, M., *The Logical Basis of Metaphysics*, Cambridge, Mass.: Harvard University Press, 1991, p.104.

② Dummett, M., "What Do I Know When I Know a Language?", in *The Seas of Language*, Oxford: Clarendon Press, 1993, p.102.

联系。"①意义理论如果不遵循显示性原则,那么它就不能把说话者关于语言的知识与他的实际的能力结合起来,意义理论也就不能完成描述说话者的语言实际能力的任务。

达米特认为,隐含知识一般通过两种方式显示自身。一是语言使用者的实际能力把它显示出来;二是语言使用者随时认可他所面对的有关实际能力的某种说明而把它显示出来。达米特所说的第二种隐含知识的显示方式,本身也是一种实际能力的表现。达米特指出,我们根据说话者实际的语言行为来刻画他所具有的隐含的语言知识,不同的语言行为对应于不同的语言知识。这就确保了说话者的隐含知识的公共性和客观性;也正是由于这个原因,才能给出语言理解的合理说明。

总之,达米特论证了隐含知识在意义理论中的地位,同时也就论证了显示性原则在意义理论构造中的地位,二者是紧密结合在一起的。

(三)显示性原则的有关争论

关于显示性原则的争论,主要涉及对于"意义知识必定是完全可显示的"这个观点的理解。

普拉维茨(Prawitz,D.)认为,对此可以有两种不同的理解。一种理解是:"表达式意义的每一个成分必定是这样的,说话者关于它的知识能够由他对这个表达式的使用显示出来。按照这种说法,存在着一个支持它的独立的论证,这个论证是根据意义的可交流性来表达的。如果存在表达式意义的某个成分,它不能由这个表达式的使用显示出来,那么这个成分对交流就没有任何价值。"②

----

① Dummett,M.,"What is a Theory of Meaning？(I)",in *The Seas of Language*,Oxford:Clarendon Press,1993,p.21.

② Prawitz,D.,"Meaning Theory and Anti-Realism",in McGuinness,B.and Oliveri,G.(eds.),*The Philosophy of Michael Dummett*,Dordrecht:Kluwer Academic Publishers,1994,p.84.

另一种理解是："知道一个表达式的意义就是知道它在无限多的场合下是如何被使用的，因此我们似乎能合理地说，不存在有限的这种使用的集合，以此毫无疑问地表明一个人知道这个表达式的意义。在这种意义上，我们似乎能正确地说，这种意义知识是不能完全被显示的。"①普拉维茨由此提出了一个较弱的原则："把意义知识归属于一个人，应该意谓通过意义理论（以及其他依据情况所需要的理论），这个人只是表明在特定的情况下一个适当的行为；并非要求相反的东西，即存在着一个特定的行为，它意味着这个人知道这个意义。"②达米特显然会认可第一种理解，而不会认可第二种理解。

二、全面性

全面性原则③是构造意义理论的一个重要原则，是达米特对意义理论提出的一个必须满足的重要要求。该原则指的是，一个可行的意义理论必须能够解释说话者对于语言的初始表达式所表达的概念的把握。这个原则涉及意义理论的任务和作用。

关于意义理论所承担的哲学上的任务和所应发挥的作用，哲学家们有不同的看法，主要有以下两种看法：

一是，意义理论的作用在于，它能够解释说话者如何把他已掌握的概念与某种语言中特定的语词或表达式联系起来。我们知道，同一个概念，可以通过不同语言的语词或表达式表达。比如，对于真这个概念，可以用汉语"真"表

---

① Prawitz, D., "Meaning Theory and Anti-Realism", in McGuinness, B. and Oliveri, G. (eds.), *The Philosophy of Michael Dummett*, Dordrecht: Kluwer Academic Publishers, 1994, p.84.

② Prawitz, D., "Meaning Theory and Anti-Realism", in McGuinness, B. and Oliveri, G. (eds.), *The Philosophy of Michael Dummett*, Dordrecht: Kluwer Academic Publishers, 1994, p.84.

③ 该原则最初使用"彻底性"这一表述，参见张燕京：《达米特意义理论研究》，博士学位论文，中山大学，2003年，第54页。本书把"彻底性"改为"全面性"，旨在从另一个角度理解达米特关于这一原则的观点。

达,也可以用英语"truth"表达。说话者可以把同一个概念与不同语言中的语词和表达式相匹配、相联系。因此,意义理论对于说话者关于某种语言的语词或表达式的意义知识的说明,其实就是关于说话者把这些语词和表达式与相应的概念(它们所表达的概念)相对应、相联系的说明,以此表明语词或表达式所表达的是什么概念。

按照上述看法,意义理论只要解释说话者如何把某种语言中的语词或表达式与某个他已掌握的概念结合在一起,就完成了它的任务。换言之,意义理论并不解释说话者对某种语言的初始语词或表达式所表达的新概念的把握。意义理论所能够做的,就是解释已经掌握某个概念的人对表达该概念的语词或表达式的理解。持这种意见的人认为,要求意义理论通过对语言的意义的说明从而解释说话者掌握新的概念,这就为意义理论增添了它所不能完成的重负。

二是,意义理论的作用在于,它不仅能够解释说话者的语言知识、说话者对语言的语词和表达式的理解,而且同时还能够解释说话者对语言中的语词或表达式所表达的概念的新的掌握。

达米特持有上述看法,他认为,意义理论是一种有关说话者对于语言表达式的理解的理论。意义理论必须与说话者的知识,尤其是与说话者关于语言的知识结合起来,从说话者的知识角度构造意义理论,这是达米特特别强调的一个视角。在达米特看来,说话者掌握新概念的典型方式就是借助于对表达该概念的语词或表达式的理解,也就是说,借助于说话者把握了该语词或表达式的意义。因此,意义理论在解释说话者关于该语词或表达式的意义的知识时,同时也解释了说话者对由该语词或表达式所表达的概念的把握。这两种任务其实是可以通过同一个解释过程完成的。

达米特认为,第一种关于意义理论的任务和作用的看法不是全面的,它只是看到了意义理论所应承担的任务的一个方面,还是不太重要的方面。达米特把只是承担解释语词或表达式与相应的概念相联系的这种作用的意义理论,称作"适度的意义理论"(a modest theory of meaning)①。在他看来,戴维森就是这种看法的一个代表。戴维森对于意义理论的说明,其实是假定了对于诸如真值条件等概念的理解。戴维森认为,T-语句通过给出对象语言中的句子的真值条件而给出它的意义。由于该理论假定了说话者对真值条件的在先的把握,因此 T-语句的主要作用就在于把一个语句与其真值条件相结合。

与适度的意义理论相反,达米特主张第二种关于意义理论任务和作用的看法,他把能够完成既要解释说话者对语词或表达式的意义,又要解释说话者对相应的新概念的把握这一任务的意义理论,称为"全面的意义理论"(a full-blood theory)②。意义理论的构建,必须满足全面性要求。

由此可见,关于意义理论任务和作用的不同看法,引发了不同的意义理论的建构。有人认为,意义理论只能够向已经获得相应概念的说话者给出语言的解释,要求它向尚未获得这些概念的人解释新的概念,这是对意义理论提出过多的要求。达米特说:"让我们把完成这种有限任务的意义理论称为适度的意义理论,而把力图解释由语言的初始语词所表达的概念的意义理论称为全面的意义理论。"③

正是基于以上分析,达米特才反对任何形式的适度的意义理论。从意义理论的全面性原则出发,基于戴维森意义理论的适度性特征,达米特对戴维森意义理论展开了批评。

三、分子性

分子性原则要求:一个可行的意义理论的构建,应该基于分子论的语言

---

① Dummett,M.,"What is a Theory of Meaning？（Ⅰ）",in *The Seas of Language*,Oxford：Clarendon Press,1993,p.5.

② Dummett,M.,"What is a Theory of Meaning？（Ⅰ）",in *The Seas of Language*,Oxford：Clarendon Press,1993,p.5.

③ Dummett,M.,"What is a Theory of Meaning？（Ⅰ）",in *The Seas of Language*,Oxford：Clarendon Press,1993,p.5.

观。达米特论述了意义理论与语言观的关系问题,认为意义理论的构建与整体论的语言观是不相容的。基于分子论的语言观,可以构建可行的意义理论。

(一)分子论语言观

达米特认为,可以从具有意义的最小单元的角度,把语言观分为分子论、整体论和原子论三种。

整体论语言观考虑到语言表达式之间具有内在的关联,这种内在的关联是非常强的,以致于对于每一个语句的理解都依赖于对于所有其他语句的理解,对于每一个语词的理解都要依赖于对于其他语词(包括对于所有包含该语词的其他语句)的理解。整体论语言观认为,只有在语言整体的语境中,才能探讨其中一个语句的意义。戴维森就是整体主义语言观的代表。

按照这种语言观,对于任何语句的意义的说明,都要依赖于对于语言中其他语句的意义的说明。达米特说,一个以整体论语言观为基础的意义理论,无法说明说话者把一个特定的意义与一个句子结合起来的标准,"因此它并非旨在解释说话者关于某个语句的理解,而只是解释说话者关于整个语言的理解"①。因此,这种语言观下的意义理论不能说明一个句子的意义,对于一个句子的理解是建立在对于语言整体的理解基础之上的。

分子论的语言观认为,一个句子可以单独具有意义,而且这种意义可以被我们单独地加以表征。分子论语言观并非没有考虑到语言中语句之间的关联,但这种语言观认为,理解一个语句并非要求理解所有其他语句,只需要理解与该语句相关的部分语句即可。一种语言的部分语言片段就可以确定一个语句的意义。因此,我们可以通过语言的部分片段对一个语句的意义加以解释。达米特说:"对于一个人把一个特定的意义与一个句子结合,一个基于语

---

① Dummett, M., "What is a Theory of Meaning? (I)", in *The Seas of Language*, Oxford: Clarendon Press, 1993, p.19.

言分子论的意义理论能够给出一个明确的内容。"①也就是说,我们可以明确地说明一个句子的意义,说话者也可以理解一个语句的意义。在达米特看来,分子论语言观主张每一个语句都有其个别的内容,我们可以独立于语言整体对其进行刻画,每一个语句都有与其相关的语言片段,在这个语言片段中,每一个语句与其他语句具有内在的联系。"我们能根据句子复杂的程度来辨别它们,这样,任何句子意义的刻画永远不包含更加复杂的句子的意义的刻画。"②

原子论的语言观则认为,具有意义的最小单位是语词。一个语词具有其独立的意义。

达米特从意义理论的角度,对于分子论和原子论语言观做了说明。达米特认为,意义理论是对于说话者掌握语言整体这一实践的理论说明。意义理论是由各种命题构成的演绎系统,其中有支配个体词的公理,也有由公理推出的关于语句的定理。原子论的语言观力图给出支配个体词公理的一个解释,它把特定的能力与意义理论的公理相关联。分子论的语言观力图给出关于一个句子的定理的解释,说明说话者关于该语句的定理的知识如何与说话者的具体的语言行为结合起来。

达米特认为,整体论和分子论的区别在于对于一个语句的理解的条件上。前者认为,只有在语言整体的背景下才能理解一个语句;而后者认为,理解一个语句并非要理解整个语言,对于语言整体的某个部分的理解,就足以理解一个语句。它们的相同之处在于,都观照到语言之间的内在关联。③

总之,语言观的问题涉及什么类型的表达式具有独立意义的问题。整体

---

① Dummett,M.,"What is a Theory of Meaning？（Ⅰ）",in *The Seas of Language*,Oxford：Clarendon Press,1993,p.19.

② Dummett,M.,"The Justification of Deduction",in *Truth and Other Enigmas*,Cambridge,Mass.：Harvard University Press,1978,p.305.

③ 达米特:《什么是意义理论?（Ⅱ）》,《哲学译丛》1998 年第 2 期。

论语言观主张只有语言整体才有意义,强调语言理解的整体性。分子论语言观主张,一个语句具有独立的意义,借助于语言的某个片段就可以对它加以说明。原子论的语言观则主张语词是意义的最小单元。语言观直接影响到对意义理论的建构。

达米特对整体论语言观进行了反驳,认为基于这种语言观不可能构造任何适当的意义理论。达米特认为,原子论的语言观不能很好地说明我们的语言实践,只有分子论的语言观才是正确的语言观,任何可行的意义理论必须建基于分子论语言观基础之上。

(二)对整体论语言观的反驳

对于语言的整体论,达米特反驳的一个主要理由是,这种语言观不符合说话者的语言实践。

达米特认为,整体论语言观的问题在于,不能给出一个句子意义的说明。断言一个句子单独没有意义,这是主张整体论语言观的人经常犯的错误。因此,按照这种看法,"追问任意单个陈述的内容,或任一理论……的内容,都是不合理的;每一个陈述或每一个演绎上系统化的陈述集,与作为整体的我们语言的其他方面的陈述具有多种多样的、或远或近的关联,通过这种关联,该陈述的意义是可以修正的。因此,如果不理解整个语言,就没有理解这个陈述的适当方法。"①

达米特认为,语言的整体论否定句子具有独立的意义,不能孤立地解释一个句子的特定的内容,由此导致它关于语言的说明与语言使用者的语言实践不相符合。

首先,语言整体论与说话者的语言实践不相符合的表现在于,语言整体论对于说话者关于语言的习得不能给予合理的解释。整体论语言观否认一个句

---

① Dummett, M., "The Philosophical Basis of Intuitionistic Logic", in *Truth and Other Enigmas*, Cambridge, Mass.: Harvard University Press, 1978, p.218.

子具有确定的意义,认为一个句子的意义是由这个句子与语言中所有其他句子的关联决定的;只有把握整个语言中所有句子的意义,我们才能把握语言中的某个句子的意义。所以,一个人如果要知道某个句子的意义,他就必须同时知道所有其他句子的意义,而这与我们的语言习得的实际过程不相符合。达米特认为,我们的语言习得是一个从简单到复杂,从初始阶段到较高级阶段的过程。我们首先掌握语言中最为简单、最为基本的语词和表达式,然后由此习得更为复杂的语词和表达式。我们语言习得的阶段也由较为低级的阶段逐步发展到较为高级的阶段。无论对于语词的掌握还是关于语句的掌握,都有这样一个过程。因此,从复杂性的角度,语言中的语词和表达式各不相同。说话者习得语言的过程,是一个不断积累语言知识的过程。语言的整体论认为,理解一个语句必须要求同时理解所有其他语句,这是与说话者的语言习得实践不相符合的。

其次,语言整体论与说话者的语言实践不相符合的另一表现在于,语言整体论对于语言使用者之间的语言交流无法做出合理的说明。自然语言的主要功能在于进行交流。语言使用者之间的语言交流的前提是,进行语言交流的双方对于所使用的语句具有相同的或近似的理解。这就要求,不仅说话者说出的语句本身要具有单独的意义,而且说话者对于该语句的理解、说话者所具有的关于该语句的意义的知识,必须能够在其语言行为中表现出来。否则,如果语句本身没有意义,那么语言交流和理解就缺乏前提;如果说话者关于他说出的语句的意义的知识不能表现于他的言语行为中,那么听者也无法把特定的意义与该语句结合,从而无法理解该语句。

对于语言的整体论,达米特反驳的另一个主要理由是,基于这种语言观无法构造任何一个可行的意义理论。

首先,语言的整体论否定句子具有独立的意义,由此使得它不能遵循构造意义理论的显示性原则。任何可行的意义理论都必须满足这一原则的要求,而语言的整体论与对于这个原则的遵循是相悖的,因此导致基于它不能构造可行的意义理论。

构造意义理论的显示性原则要求,说话者关于语言的知识必须与他们的语言能力结合起来,必须在他们的语言实践中表现出来。任何可行的意义理论,都是对于语言实践的系统的描述,因此任何可行的意义理论都是由相关的命题构成的。说话者由于具有了有关意义理论的知识,具体而言,说话者具有了有关意义理论的命题的知识,他就能够说一种语言,就能够使用该语言进行交流。说话者关于一个句子的意义的知识,能够在他使用语言的相关能力中表现出来。但整体论否定一个句子单独具有意义,这样就无法说明说话者关于一个句子的理解,即说话者对于一个句子意义的把握是如何显示的。

对于构造意义的显示性原则这一要求,语言整体论的主张者通常会回应道,说话者关于语言的知识体现在他会说该种语言这一整体的能力上;而说话者关于一个句子的知识,却不能单独地加以表现。达米特认为,这种看法违背了在哲学研究上构造意义理论的任务和动机。在他看来,意义理论是对说话者关于语言的整体把握这一能力的系统的刻画。说话者说一种语言这种整体性能力,是一个复杂的、由许多更为具体的特别的能力构成的,它可以分解为各种各样具体的特别的能力。意义理论由各种各样的命题构成。因此,从总体上看,意义理论与语言能力之间有一个描述和被描述的关系,但从意义理论的显示性要求看,说话者关于任何一个意义理论的命题的知识,都必须展示于说话者使用语言的某个特别能力上。语言的整体论否定一个句子独自具有意义,因而它也不能说明说话者关于一个句子的理解究竟体现于什么地方,最终导致无法构造一个真正能够描述语言实践的意义理论。

其次,达米特认为,语言整体论否定关于句子的涵义和力量的区分,因此在它的基础上无法系统地描述语言实践。

在达米特看来,语言使用者的语言实践,即语言使用者对于语言的使用,是非常复杂的。语言使用者对于语言的使用主要在于对于语句的使用。语句具有各种各样的用法和使用特征,它们之间是内在协调的。所谓对于语言使用者的语言实践的刻画,其实就是对于语句的众多用法和使用特征的刻画。达米特认为,要实现这一点,就必须在句子的总体意义中区分涵义和力量两个部分,只有区分了句子的涵义和力量,才能对语言实践进行系统的描述和表征。意义理论首先刻画句子的涵义,即通常所谓的句子的意义,通过句子的涵义表征句子使用的某一用法或使用特征;然后在此基础上通过刻画句子的力量,进而表征句子的其他用法和使用特征,即各种各样的言语行为。这样,我们就能够完成对于说话者的语言使用的整体的系统表征这一任务。

整体论否定一个句子具有单独的意义,即具有单独的涵义。因此,它也就否定了在句子的总体意义中可区分为涵义和力量两个部分,因而无法实现对于句子的用法和使用特征的完全的表征。达米特说:"接受整体论将导致任何系统的意义理论都是不可能的结论。"①

(三)分子论语言观的合理性

达米特否定整体论语言观,不赞同原子论语言观,而主张分子论的语言观。分子论的语言观关注语言中的语句,重在对于句子意义的说明。它不仅关涉到了语言中语句之间的关联性,而且可以给出一个语句独自的意义的说明。

以句子为主要分析对象,分析句子的意义,这是语言哲学的传统。作为语言哲学的开创者,弗雷格的意义理论分析的主要对象是句子。在所有语言形式中,句子是分析的核心;澄清句子的涵义和意谓,揭示句子所包含的逻辑结构或逻辑形式,就是弗雷格语言哲学的主要任务。对于其他语言形式的分析,尤其是对于语词的意义的分析,是为了更好地分析句子。从这个方面看,达米特继承了语言哲学以分析句子的意义为中心这一传统。达米特所赞成的分子

① Dummett, M., "What is a Theory of Meaning? (I)", in *The Seas of Language*, Oxford: Clarendon Press, 1993, p.21.

论的语言观也体现了对于句子,尤其是对于句子的意义的关注。

在达米特看来,对于语言交流而言,句子是主要的表达形式,语言使用者主要通过句子的使用完成各种各样的言语行为。对于语言分析来说,句子是最为重要的分析单元。因此,如何刻画语句的意义,是语言哲学尤其是意义理论必须解决的问题。在探讨达米特对于整体论语言观的反驳中,我们已经论述了句子的意义的说明在构造意义理论中的重要性。语言实践主要是使用语句的实践,语言实践的描述主要是对于句子用法的描述。因此,意义理论作为对于语言使用者的语言能力的描述,就必须深入地分析句子的意义,给出关于句子意义的合理的解释。

达米特主张分子论语言观最为重要的理由在于,基于这种语言观,我们可以构造可行的意义理论。分子论语言观与意义理论构造的显示性原则是一致的。说话者关于句子的理解,关于句子意义的知识,可以通过他使用它的能力表现出来。显示性要求的满足,是基于句子层面的,是基于分子论语言观的。达米特不主张原子论语言观的根源也在于此,他指出,说话者关于语词的意义的理解,关于语词的意义的知识,是融入他对于包含该语词的语句的意义的理解之中的。说话者关于某个语词的理解无法独立地与说话者的某个使用语言的特别能力相结合。因此,意义理论的显示性要求不可能在语词层面得到满足。

第二节　戴维森意义理论的基本条件

戴维森认为,一种语言的意义理论要完成其任务,对于语言中的每一个句子给出意义的说明,就必须满足一些基本的条件。这些条件是一个完善的意义理论所必须具备的条件。缺乏这些条件,意义理论对于这种语言来说就是不适当的。适当的意义理论必须满足赋义性、构成性、可推演性和可检验性等基本条件。

一、赋义性

赋义性条件与意义理论的任务直接相关。在戴维森那里,"一种语言的意义理论""一种语言的真之理论""一种语言的解释理论""一种语言的形式语义学"等概念,是相同或相近的概念,可以说是从不同角度对于意义理论的说明。

"意义理论"这个概念,主要是从它旨在阐明一种语言中的每一个句子的意义这个角度说的,它主要解决一个句子具有它所具有的意义是怎么一回事这一问题。"真之理论"是从一种语言的意义理论应该采取的形式这个角度说的,即一种语言的意义理论应该采取塔尔斯基式的真之理论的形式,因此也可以说,一种语言的适当的真之理论就是它的意义理论。"解释理论"是从说话者对一种语言的理解和解释这个角度说的。意义理论是一种解释理论,它要对语言的运作方式做出解释,即要解释一种语言的说话者的表述的意义,它采取的形式仍然是真之理论的形式。"自然语言的形式语义学"是从语义学的角度说的,意义理论主要是就自然语言而言的,探讨的是某种具体的自然语言的意义理论,而一种语言的意义理论就是它的形式语义学,通过量化语言手段,对于自然语言的语句的句法和语义给出形式的刻画,从而给出该语言的语句的语义说明。

戴维森说:"意义理论的任务并不是改变、改进或改造一种语言,而是描述并理解这种语言。"[①]这里表明了戴维森对于自然语言的态度,以及意义理论与自然语言的关系。与许多语言哲学家贬低或排斥自然语言不同,戴维森认为,一方面,意义理论主要是描述自然语言,描述自然语言的用法,描述自然语言的句法,揭示自然语言的逻辑形式;另一方面,意义理论还要说明说话者对于自然语言的理解,揭示自然语言的语义结构,说明自然语言的意义。这里

---

① 戴维森:《对真理与解释的探究》,牟博、江怡译,中国人民大学出版社 2007 年版,第 41 页。

涉及同一个语言共同体的说话者之间的语言交流和理解问题,也涉及不同的语言共同体的说话者之间的语言交流和理解问题。

基于这种对于自然语言的态度,戴维森论述了意义理论的任务。戴维森基于不同的角度,对意义理论的任务做出了许多论述。但无论从什么角度出发,戴维森都提到了意义理论的赋义性条件。

戴维森论述了自然语言语义学的中心任务。他说:"语义学的中心任务是对语言中的每一个语句提出语义解释(给出意义)。"①这里,"语言"指的是自然语言,戴维森明显是从自然语言的形式语言学这一角度论述意义理论的任务的。语义学的中心任务是给出自然语言中的句子的语义解释,就是给出句子的意义,即赋予句子以意义。不仅如此,由于自然语言具有生成性和扩展性的特征,戴维森还要求,要给出某种自然语言中的现有的或潜在具有的句子的意义,即给出每一个句子的意义。这就要求赋义性须具有普遍性,不能遗漏对任何一个句子的意义的说明。

戴维森论述了意义理论的主要问题,即语词具有它们所具有的意义,这是怎么一回事。戴维森探讨了构造能够解答这一问题的意义理论所必须满足的两个条件,其中一个条件是语言理解的整体性条件。这个条件要求,可行的意义理论必然能够对说话者的所有的表述给出一种解释,而这种解释又基于语言理解的整体性。②

这里,戴维森是从自然语言的解释理论这一角度论述意义理论的任务的。戴维森认为,从某种含义上说,意义理论就是一种解释理论,它要对说话者的语言的意义进行解释,从而达到对说话者的语言的理解,对说话者的表述的理解。解释一个说话者的语言,其实就是在具体的语言交际过程中给出说话者

---

① 戴维森:《对真理与解释的探究》,牟博、江怡译,中国人民大学出版社 2007 年版,第33 页。

② Davidson, D., "Introduction", in *Inquiries into Truth and Interpretation*, Second edition, Oxford:Clarendon Press,2001,p.xv.

的表述的意义,也就是说,赋予说话者表述以具体的意义。这种解释可以适用于一个说话者的表述,也可以适用于一组说话者的表述;可以适用于说话者实际做出的表述,也可以适用于说话者尚未做出但潜在地可能做出的表述。对于说话者的表述的解释过程,就是在特定的条件下解释者对说话者的表述赋予意义的过程。

这样,戴维森就从解释理论的视角论述了意义理论的赋义性条件。戴维森认为,要实现意义理论的赋义性要求,必须持有整体论的语言观,必须持有整体论的意义观。在他看来,语言本身是一个由语句构成的系统,它具有内在的结构。每一个语句在整个语言的结构中处于不同的位置,与其他语句具有各种各样的联系;每个语词也处于不同的语句之中,与其他语词具有各种各样的联系。因此,对于作为整体的某种语言,说话者对于它的理解要从整体上进行。说话者并非能够孤立地理解一个语言中的某个语句或语词,关于一个语句的理解与关于整个语言中的其他语句的理解紧密相关。

戴维森从意义理论的形式——真之理论的角度,论述意义理论的任务。他说:"一种对语言理论相对严格的要求是,它能够对句子给出一种递归式的刻画。……一种真理论应该为句子'赋予意义'。"①这里所谓的"语言理论"即关于某种语言的意义理论,而真之理论是这种意义理论所采取的最好的形式。

戴维森认为,无论从语法上看,还是从语义上看,自然语言都具有递归的特征。意义理论要给出自然语言中的每一个句子的意义,必须采取塔尔斯基式的语义性真定义的形式。塔尔斯基的主要任务是给出一种形式语言的实质上适当、形式上正确的真定义,从而提出一种真之理论。他采取的方式是通过函项概念以及满足概念的递归定义,提出句子为真的定义。塔尔斯基关于形式语言中的语义性真定义的思路启发了戴维森。在戴维森看来,意义理论只

① 戴维森:《对真理与解释的探究》,牟博、江怡译,中国人民大学出版社 2007 年版,第 76 页。

有采取塔尔斯基式的真定义或真之理论的形式,才能完成对于所有语句给出意义说明的任务。因为真之理论的构造采用了递归的定义,从而可以基于语词的语义和语词的组合方式给出所有句子的语义的刻画。因此,为一种自然语言构造一种适当的真之理论,就是为其构造一种意义理论,这样就理解了戴维森对于意义理论的要求:某种语言的真之理论应该能够为该语言中的所有句子提供意义。

在《自然语言的语义学》一文中,戴维森探讨了真之理论要成为意义理论应该具有什么属性这一问题。戴维森认为,如果一种语言的真之理论具备了三个基本属性,那么它对于该语言就是适当的,从而它才能承担对该语言的意义加以说明的任务,它才能成为一种关于该语言的意义理论。戴维森说:"第二个自然的要求是,这种理论提供了能够决定任意句子的意义究竟是什么的方法。"①

在戴维森看来,一种真之理论应该提供一种普遍的方法,由此给出有待解释的语言中的任何句子的意义。而一种满足特定条件的塔尔斯基式的真之理论就能够做到这一点。塔尔斯基在构造语义性真定义时,给出了 T-模式:

(T) X 是真的,当且仅当 p。②

当我们使用自然语言(对象语言)中的语词"真的"所指称的一个句子代替 p 时,使用该语句的名称代替 X 时,由此可以形成(T)型等值式,戴维森称之为 T-语句。塔尔斯基认为,(T) 只是一个语句模式(a schema of a sentence),并非是一个语句;而其经过代入而形成的(T)型等值式是语句。每一个(T)型等值式可以看作是真的部分定义,而真的一般定义则是全部部分定义的逻辑合取。

---

① 戴维森:《对真理与解释的探究》,牟博、江怡译,中国人民大学出版社 2007 年版,第 72—73 页。

② Tarski, A., "The Semantic Conception of Truth and the Foundations of Semantics", in Martinich. A.P. (ed.), *The Philosophy of Language*, Oxford: Oxford University Press, 1990, p.50.

塔尔斯基认为,一个实质上适当的真定义,必须满足 T 约定,即对对象语言中的每一个句子,由 T-模式可以推出所有的相应的真的(T)型等值式。在戴维森看来,这实质上就给出了对象语言中的句子的意义。

戴维森认为,塔尔斯基的 T 约定确保了有关一种语言的真定义是对真谓词的一种限定,即要求这种真谓词只适用于特定语言的所有真语句,而不能适用于其他语句。作为承担意义理论任务的真之理论,对它所要求的恰恰是符合 T 约定这个条件的真谓词,即可从意义理论所要求的这种真之理论中,衍推出一切形如"s 是真的当且仅当 p"的语句。它们陈述了对象语言中的每个语句的真值条件,正是这种真值条件,说明了该语言中所有句子的意义。因此,以塔尔斯基式的真之理论表征的意义理论,提供了给出任何句子意义的一般方法,从而能够说明每一个语句的意义。

总之,无论是对语句提出语义解释,还是对说话者的所有表述提出解释,实际上都是对一种语言的意义理论提出了赋义性要求。

二、构成性

意义理论的构成性条件是指,一种语言的任何语句的意义由其组成部分的意义以及联结这些组成部分的语法手段组合而成。这就要求,对于一种语言而言,存在着有限的基本的词汇,存在着有限的基本的规则,通过对这些基本词汇和规则的反复使用,可以组成各种各样的句子。基于这些基本词汇的意义以及语法手段的意义,可以构成任何语句的意义。

在《论说出》一文中,戴维森谈到了一种看待语句的方式。他认为,关于语句的逻辑形式,我们应该提出一种适当的说明。这种说明应该按照以下这种方式看待语句:某种语言有一个满足语言整体需要的基本词汇表,这个词汇表是有限的、基本的;该语言也有满足语言整体需要的语法装置,这些语法装置也是有限的、基本的。任何语句都可以被看作是通过以下方式构成的,即通过有限次地对有限的词汇表中的词汇应用那些有限的语法手段而形成。这样,在戴维森看来,如果我们给出关于语句的逻辑形式的解释,那么必须"把语句的语义特征(它的真或假)看作是被归之于语句的构成方式"①。

由此可见,要说明语句的意义是由其构成部分的意义组成的,就必须建立在两个基础之上。一方面,从语法角度看,必须阐明语句的构成问题,阐明语句是如何由其组成部分构成的;这就是戴维森所谓的"语句性"的说明。意义理论首先必须说明语句的语法特征,以确定哪类表达式才能构成语句,哪类表达式是语句。戴维森认为,语句的构成部分可以分为两种,一种是"有限多的词汇",一种是"有限多的语法装置",基于上述两类语法层面的项目,就可以构成语言的任何一个语句。简而言之,从句法上看,语句是由词汇和语法规则构成的。

另一方面,从语义的角度看,意义理论必须阐明语句的语义特征如何由语句的构成部分的语义特征所确定。语句的语义特征是真值,即真或假。而作为其构成部分的语词的语义特征是,它对于出现于其中的语句的语义特征的贡献,即这些构成部分的指称。

戴维森探讨了关于个体词的意义问题,他指出,我们不能离开语句谈论个体词的意义问题,语词的意义在于其对语句的意义的作用。因此,只有从个体词对包含它们的语句的意义的系统影响这个角度上,我们才能讨论它们的意义。作为句子的一种构成部分,个体词的语义解释基于其对包含它们的句子的意义的作用。戴维森说:"把每个句子的意义都看做是这个句子的一些有限特征的一个函项。"②句子的有限特征即句子的有限部分,函项是由主目确定的,随着主目的变化而变化。这就是说,句子的意义由其组成部分(有限特

---

① 戴维森:《对真理与解释的探究》,牟博、江怡译,中国人民大学出版社2007年版,第117页。

② 戴维森:《对真理与解释的探究》,牟博、江怡译,中国人民大学出版社2007年版,第18页。

征)的意义所决定,通过对于其组成部分意义的把握,可以把握整个句子的意义。

在《自然语言的语义学》一文中,戴维森说:"一种令人满意的语义学也需要解释可重复的特征对出现于其中的句子意义所做的贡献。"①这里的"可重复的特征"指句子的"有限特征",即句子的有限的词汇。这些词汇的语义在构造任何包含它的语句的语义中发挥重要的作用。简而言之,从语义上看,语句的意义是可以由词汇的意义和语义规则构成的。

戴维森说:"令人满意的意义理论必须对语句的意义依赖语词的意义的方式提出一种解释。"②我们一般能够学会一种语言,主要表现于我们可以说一种语言,可以使用一种语言进行交流,我们也可以理解说这种语言的其他说话者的话语。这是一个基本事实。不仅如此,我们还可以说出以前语言共同体的成员从未说过的新的语句,我们也可以理解或解释以前语言共同体中的任何人从未说过的新的表述;而且,无论是自己造出或说出的新的语句,还是理解或解释他人的新的表述,从理论上说,它们在数量上都是潜在无穷的,一种语言可以由无数的语句所构成。

基于语言的这一特征,关于一种语言的意义理论,不仅要对我们现有的语句的意义进行解释,而且要能够说明将来可能被造出或说出的潜在无穷的语句。要是能够说明我们学会语言这一事实,意义理论就必须对语句的意义如何依赖语词的意义的方式进行解释,就必须假定,从句法和语义上语言具有递归性,语言具有有限的词汇和有限的规则。如果一种意义理论不能做到这一点,那么这种意义理论就不能说明学会一种语言这一事实,也不能解释语言理解现象。

---

① 戴维森:《对真理与解释的探究》,牟博、江怡译,中国人民大学出版社 2007 年版,第71 页。

② 戴维森:《对真理与解释的探究》,牟博、江怡译,中国人民大学出版社 2007 年版,第28 页。

戴维森还从具有有限能力的说话者的角度,论述了意义理论的作用。他认为,我们要完成对一种语言的解释,首先要发现该语言中基本的词汇,这些词汇是有限的。只有在这个基础上,我们才能对语句进行语义上的递归,基于有限的词汇和规则,通过递归定义,即把"潜在无限多的语句之语义特征归之于有限词汇的语义特征"①,从而说明语言中任何一个语句的意义。这样就能够把所有句子的意义的说明建立在有限词汇的意义基础之上。

在戴维森看来,一种语言的意义理论是语言使用者用来解释语言中的句子的意义的。每一个语言使用者所掌握的词汇和规则是有限的,也就是说,他的语言能力是有限的,他是一个具备有限语言能力的人。戴维森认为,意义理论是一种知识,说话者因具备了这种知识,才能够具有运用语言进行语言交流的能力。如果说话者所把握的意义理论满足了意义的构成性要求,那么一个具备有限的语言能力的说话者就拥有了无限的语言能力,即他能够说出理论上无限多的新的语句,他也能够理解其他人所说出的理论上无限的话语。在这种意义上说,意义理论对于语言使用者才是有用的。

戴维森认为,令人满意的解释理论"会揭示重要的语义结构"②。在他看来,对语言的表达的解释,就是给出该表达的意义。对于复杂语句的表达的解释,依赖于对于简单语句的表达的解释;而对于简单语句的表达的解释,则依赖于对于其中所包含词汇的表达的解释。语言的语义结构的基本特征是可构造性和递归性。可构造性是指,通过对基本的、有限的词汇的意义运用语义规则,就能构造简单语句的语义,再通过对简单语句的语义运用语义规则,可以构造复杂语句的语义。递归性是指,这种构造性是基于最为简单的、不加解释的词汇的语义的。

---

① 戴维森:《对真理与解释的探究》,牟博、江怡译,中国人民大学出版社 2007 年版,第 2 页。

② 戴维森:《对真理与解释的探究》,牟博、江怡译,中国人民大学出版社 2007 年版,第 158 页。

因此,戴维森认为,对于一种语言的意义理论来说,"它必定可以给出对这种语言中的句子意义的一种构造性说明"①。如果一种意义理论不能给出这种说明,该理论就不能成为一种关于自然语言的理论,它也就没有涉及语言概念中的核心内容。意义理论的构成性条件,其实关涉意义理论对于语言说明的普遍性问题。如果一种语言的意义理论没有满足构成性条件,那么它也无法满足赋义性条件。可以说,意义理论的赋义性条件是以构成性条件为基础的。

在戴维森看来,作为一种意义理论,基于塔尔斯基式的真之理论满足了意义理论的构成性条件。意义理论要满足构成性条件,这种意义理论就会要求真之理论的非逻辑公理的数量必须有限。因此,如果把遵守 T 约定而由 T-图式所推演出的每个事例(即每个 T-语句)都作为这种真之理论的公理,便会违背这一要求。

三、可推演性

意义理论的可推演性条件是,一个适当的意义理论必须能够由有限的公理合乎逻辑地衍推出 L 中的无穷的定理。

戴维森认为,意义理论的主要任务,是对于说话者所具有的"一种十分复杂的能力(讲一种语言并理解它的能力)"②的刻画。说话者的语言实践包括丰富的内容。讲一种语言即说话,就是使用一种语言进行表达;理解一种语言即听话,就是把握说话者话语的意义。说话和听话都是说话者的语言实践的重要组成部分。说话有关语言表达,听话有关语言理解。一个学会了一种语言的说话者具备基本的语言能力。意义理论就要说明,说话者具备了什么样

---

① 戴维森:《对真理与解释的探究》,牟博、江怡译,中国人民大学出版社 2007 年版,第 14 页。

② 戴维森:《对真理与解释的探究》,牟博、江怡译,中国人民大学出版社 2007 年版,第 37 页。

的语言知识,从而能够从事语言交流。

戴维森认为,表征说话者的语言实践的最好方式,就是对说话者的语言提出一个适当的真之理论,该理论采取了塔尔斯基式的真定义的形式。这个真之理论可以看作是由一组公理构成,其中所包含的非逻辑公理主要是关于词汇的公理。戴维森提出,我们规定"非逻辑公理在数量上是有限的"①。戴维森对于非逻辑公理的这一要求,与意义理论的构成性条件相关。在他看来,任何一种适当的真之理论,必须都能够说明句子的意义是如何依赖其组成部分的意义的。在一种语言中存在着有限的词汇,它们可以作为构成任何句子的基本单位,它们的语义可以构成任何句子的语义。当然,这样做的前提是存在着有限的规则,从而通过对有限的词汇运用有限的规则,由此说明所有句子的语义。因此,为了做到这一点,与词汇相关的非逻辑公理在数量上必须是有限的。此外,戴维森认为,如果一个真之理论把所有形如"s 是真的当且仅当 p"的 T-语句看作是公理,那么这种真之理论就缺乏一种表征语言结构的能力,无法说明意义理论的构成性条件。

戴维森认为,一种适当的真之理论必须能够从有限数量的公理通过逻辑推导出无穷的定理。塔尔斯基式的真之理论就做到了这一点。它通过 T 约定,由 T-模式:X 是真的当且仅当 p,可以推出任何相应的 T-语句。而每一个 T-语句,正是陈述了对象语言中的一个句子的真值条件。每一个 T-语句,就是真之理论中的定理。T-图式可以看作是真之理论中的公理之一。

总之,戴维森认为,一种满足 T 约定的真之理论,就可以满足意义理论的可推演性条件。

四、可检验性

意义理论的可检验性条件是,一个适当的意义理论必须能够经受经验的

① Davidson, D., "Truth and Meaning", in *Inquiries into Truth and Interpretation*, Second edition, Oxford:Clarendon Press, 2001, p.56.

检验,它是一种经验理论。

一种采取塔尔斯基式的真定义形式的意义理论,如何能够从经验上得到检验,这是戴维森有关意义理论的主要问题之一。戴维森认为,意义理论是关于自然语言的理论,它要说明一种自然语言中的每个句子的意义。同时,意义理论也是关于自然语言的解释理论,它要解释一种自然语言的说话者所做出的每一个表述的意义。因此,在戴维森看来,意义理论是一种有关语言使用者使用语言的经验理论,它必须能够经受经验的检验。意义理论"也可以通过把它的某些结论同事实进行对比而得到检验"①。

戴维森认为,作为一种经验理论,意义理论能够说明自然语言的工作方式、自然语言的功能。所谓自然语言的工作方式,其实就是人们对自然语言的使用方式,它体现在人们使用自然语言的日常的具体的语言交流中。在戴维森看来,意义理论由于采取了塔尔斯基式的真之理论的形式,因此它的证实就变得十分简单。戴维森说:"证实 T-语句是真的,就足以证明一种真之理论在经验上是正确的。"②

根据 T 约定,对于一种自然语言中的任何一个句子,从 T-图式可以推出一个它的实例,即 T-语句,该语句陈述了对象语言中的句子的真值条件。由于自然语言可以生成的句子是潜在无穷的,因此由 T-图式可以推出无穷的T-语句。按照塔尔斯基的要求,任何满足 T 约定的真之理论就是实质上适当的理论。因此,要证明一种自然语言的真之理论,我们只需证明其推出的每一个 T-语句都是真的。换言之,在一些典型的情形下,我们只需要追问,被真之理论所陈述的、作为语句的真值条件的东西是否真正存在。如果这种条件存在,则相应的 T-语句为真。

---

① 戴维森:《对真理与解释的探究》,牟博、江怡译,中国人民大学出版社 2007 年版,第37 页。

② Davidson,D.,"Radical Interpretation",in *Inquiries into Truth and Interpretation*,Second edition,Oxford:Clarendon Press,2001,p.133.

在戴维森看来,基于对象语言的不同,对于真之理论的验证会出现不同的情况。一种情况是,为其表征真之理论的对象语言包含在元语言之中。就为其表征真概念的对象语言是由表征者所使用和理解的语言而言,在这种情况下,对象语言包含在元语言之中,元语言是对象语言的扩张。在由 T-图式推出 T-语句的过程中,真之理论的构造者会利用已有的关于对象语言的理解,保证对于每一个对象语言中的句子都能够匹配一个与其等价的句子,从而保证后者是前一个句子本身,或者是前一个句子的翻译。例如,对于"草是绿的"这个句子而言,可以推导出相应的 T-语句:"'草是绿的'是真的,当且仅当草是绿的。"戴维森认为,一种典型的经验检验的情形,就是仅仅包括对这个 T-语句的断定,即证明它是真的。

在戴维森看来,在这种情况下,真之理论的构造者由 T-图式推导出这种 T-语句,不是很困难的事情。对于真之理论的经验的证明,也是不足道的。

另一种情况是,为其表征真之理论的对象语言并非包含在元语言之中,元语言与对象语言不同。如果作为对象语言的自然语言,是一种真之理论的构造者所不熟悉的外来语言,那么,对于该语言的真之理论的经验证明,就会出现较为复杂的情况。戴维森认为,在这种情况下,"对这种理论的正确性的经验检验不再是不足道的"①。

戴维森认为,一种语言的说话者为外来语言构造真之理论,其面临的情况是,意义理论的构造者不熟悉说话者的语言。在这种情况下,他要构造的理论的目标在于,给出说话者所说的话语的意义的解释。而要做到这一点,真之理论的构造者应该在外来语言中的真语句与构造者所使用语言中的真语句进行匹配,建立起某种关联。为了达到两种语言中的真语句的相互匹配,理论构造者就必须在对于外来语言毫无理解的基础上,识别出外来语言的说话者认为什么样的语句为真。这就是说,识别出外来语言的说话者对于一个语句为真

① Davidson, D., "Truth and Meaning", in *Inquiries into Truth and Interpretation*, Second edition, Oxford: Clarendon Press, 2001, p.27.

的态度,理论构造者就可以把他在其语言中认为真的某个语句,与外来语言说话者认为真的语句进行匹配,从而通过前者给出后者的意义的一种解释。其实质是,对于外来语言中的一个句子,理论构造者由 T-图式衍推出的一个对应的 T-语句,而 T-语句中的双向条件式的右边,即是理论构造者所匹配的语句,给出了外来语言的那个句子的真值条件。在戴维森看来,一种关于外来语言的真之理论所表征的意义理论,主要是寻求外来语言中的真句子和理论构造者的语言(元语言)中的真句子的匹配关系,如果这种匹配关系不完美,就会出现错误解释的情况。

那么在这种情况下,如何保证真之理论所推导出的 T-语句为真呢?对此,戴维森论述了如何避免错误解释的问题。为了保证 T-语句为真,解释者在解释的过程中要遵循某种特定的原则,即解释理论中的宽容原则。

戴维森说:"在解释其他人的语词和思想时持宽容态度。"[①]他认为,要理解他人的语言和思想,我们不仅必须在信念上最大程度地与他人保持一致;而且我们还必须认为他人的信念是自我相容的。在解释他人的语词时持宽容态度,主要表现于做到两个"最大限度":一是我们必须求得与他人最大限度的一致。这里主要指,我们必须认为我们与他人的信念基本上是一致的,我们认为真的语句,他人也认为真,反之亦然。而且,外来语言的说话者与我们一样,他们所持有的大多数信念都是真的。这种解释者与被解释者在信念上的最大一致性,保证了解释的可行性。如果我们在解释时不持有这种态度,不遵循宽容原则,那么我们就无法达到对于被解释者的话语的理解,更谈不上与被解释者交流了。戴维森认为,甚至我们与外来语言的说话者的有关分歧,也必须建立在广泛的信念一致的基础上。没有这样的基础,无法讨论双方的分歧问题。

二是我们必须最大限度地把自我相容性归于被解释者。这就是说,与我们一样,被解释者具有融贯的信念,他们的信念体系是协调的;他们是有理性

---

① 戴维森:《对真理与解释的探究》,牟博、江怡译,中国人民大学出版社 2007 年版,第39 页。

的人；他们遵循基本的逻辑规律，比如同一律、矛盾律、排中律，等等。如果解释者不采取这一宽容态度，那么解释者就无法把握被解释者的信念和思想。戴维森认为，只有遵循了宽容原则，根据关于外来语言的真之理论，解释者才能把外来语言的说话者认为真的语句与自己认为真的语句相匹配，这样才能通过外来语言说话者认为真的语句，以及说话者说出该语句的相关事实，给出该语句的真值条件。

从意义理论是解释理论这一视角，戴维森对于意义理论的可检验性条件进行了更为深入和全面的论述。

戴维森论述了关于解释理论的一般性要求。他提到了两个要求：其一，我们必须以有限的形式表述，解释者如果能够理解某种语言的说话者说出的潜在无穷多的任何一个语句他所必须具有的知识。这就是说，根本不存在所谓的关于一般语言的普遍的解释方法。任何解释理论都是关于说某种语言的说话者的表述的理论，都是针对具体的个别的语言的理论。

其二，"一个解释者可以合乎情理地获得的证据能够支持或证实它"①。这里就涉及解释理论的经验检验问题。戴维森认为，如果被解释语言是解释者所了解的语言，那么，因为解释理论适用于被解释语言中的理论上来说无穷多的表达，因而就会将解释理论的证据本身，认作是被识别的正确的特定解释的个例。比如，对于英语而言，对于"Snow is white"这个语句，由于解释者理解有待解释的这个语句，因此解释者将非常容易地给出该语句的一个解释，即根据适用于英语的真之理论，推导出："'Snow is white' is true if and only if snow is white"。该 T-语句本身是某个解释的个例，该个例可以作为验证真之理论正确的证据。这就是戴维森所谓的样本解释。

但是，对于解释者根本不了解的语言来说，这就进入戴维森所谓的彻底解释的语境中。戴维森认为，在彻底解释的情况下，解释理论不能假定解释者对

---

① 戴维森：《对真理与解释的探究》，牟博、江怡译，中国人民大学出版社 2007 年版，第157 页。

将被解释的语言中的某个表达的理解,证明解释者所提出的解释理论的证据就不能以样本解释的形式出现。由此,戴维森论述了彻底解释情况下用来证明解释理论正确的证据的性质问题。在他看来,作为检验一种语言的真之理论的证据应是这样的证据,即必须是解释者在尚未具有对于被解释的语言的表达的理解的前提下,可以合理地获得的证据;而且对这些证据来说,"它们在没有必须使用诸如意义、解释和同义性等语言学概念情况下就能够被加以陈述"①。这样就避免了循环论证问题。

戴维森认为,作为检验一种语言的真之理论的证据,不能本身使用意义概念或同义概念来表达。因为真之理论的任务就是对说话者的表述进行解释,给出说话者表述的意义。具体说来,真之理论给出一个说话者的某个表述的解释,其实就是给出说话者的某个表述的真值条件,即给出一个与该表述对应的 T-语句。在这种情况下,如果我们证明 T-语句为真的证据假定了同义概念或者意义概念,那么我们的解释就会出现循环解释问题。因此,不能假定解释者知道被解释者的表述的意义,因为这正是解释理论需要完成的任务。

在戴维森看来,不仅说话者所说的话语的意义,而且说话者通过表述所具有的信念,都不能成为解释者解释说话者所说的话语的证据。关于信念和意义的关系,戴维森认为,信念和意义不能分别加以解释,不能先解释一个概念,再以此为基础解释另一个概念,必须对于这一对概念整体地同时加以解释。被解释者所相信的东西和他所意谓的东西,是无法分别探讨的。② 因此,解释者要对有待解释的语言中的表述进行解释,给出其意义,就不能建立在对说话者的信念的把握的基础之上。总之,在彻底的解释中,解释者用来证明解释理论正确的证据,既不能基于对被解释的说话者表述的意义的理解,也不能基于

---

① Davidson, D., "Radical Interpretation", in *Inquiries into Truth and Interpretation*, Second edition, Oxford: Clarendon Press, 2001, p.128.

② Davidson, D., "Truth and Meaning", in *Inquiries into Truth and Interpretation*, Second edition, Oxford: Clarendon Press, 2001, p.27.

对和说话者表述相关的说话者的信念的把握。

那么,用来证明解释理论的证据应该是什么证据呢? 戴维森认为,用来证明解释理论的证据应该是不依赖于任何对有待解释语言的理解就能够获得的证据,是说话者在语言交流中可合理地获得的证据。这种证据就是:"我们有时能断定一个人会同意我们所不理解的句子"①。

在戴维森看来,我们要证明一种真之理论在经验上是正确的,其实就是要证明由真之理论所推导出来的 T-语句是真的。T-语句提到的是被解释语言的闭语句,因此,与被解释者的语句的表述相关的事实——具体来说,这些事实涉及被解释者的行为和态度——就可以作为真之理论的有力证据。说话者与所说出的语句有关的行为和态度,是探讨相关证据的出发点。因此,只能从说话者对于其用来做出表述的语句的最为简单的态度出发,这个态度就是说话者认为语句为真、接受语句为真的态度。解释者能够在不理解说话者的表述的情况下,通过对于语言交流的环境的把握,对于与语言交流相关的事实的观察,就能够识别出说话者的这个态度。

在戴维森看来,认为一个语句为真这种态度虽然也是一种信念,但它是最为简单的态度,是可适用于一切语句的单一态度。换言之,说话者对于一切语句都可以认为其为真。因此,认为语句为真,就是探讨可合理地获得的证据的出发点。戴维森论述了这种证据如何用来支持真之理论这一问题。比如库特在周日上午 8 点于家中说出了以下这个句子:"Es regnet"。由此与之对应的T-语句为:"库特在周日上午 8 点于家中说出的'Es regnet'这个句子是真的,当且仅当周日上午 8 点在库克家附近天在下雨。"而证明以上 T-语句为真的证据,就是与该语句的表述相关的事实:包括库特会讲德语,他认为"Es regnet"这句话在周日上午 8 点为真,并且周日上午 8 点在库特家附近天在下雨,等等。

---

① 戴维森:《对真理与解释的探究》,牟博、江怡译,中国人民大学出版社 2007 年版,第40 页。

在上述关于 T-语句的证明中,所给出的证据是一些与说话者的表述相关的行为、态度以及事实。我们可以看到,从中对于真值条件的推出,解释者所持的宽容态度起到了关键的作用。在天下雨时,我们认为"天在下雨"这个句子为真。当这个句子被有待解释语言的说话者在下雨时说出时,尽管我们其时还不理解该语句的意义,但我们可以认为,说话者也持有与我们相同的信念,即认为"天在下雨"这个句子为真。我们先确定说话者认为该语句为真的态度,进而通过相关事实的把握以及宽容原则的运用,给出说话者所说话语的真值条件。

总之,戴维森认为,用塔尔斯基式的真之理论来表征意义理论,这就使意义理论成为可通过经验检验的,即通过它的某些结论与事实进行对比而得到检验。因为这个理论被表征为可以通过 T-图式,对于对象语言中的每一个语句都可以生成对应的 T-语句。要证明真之理论是正确的,只需证明每个 T-语句是真的,换言之,只需证明被 T-语句表述的对象语言中的相应的句子的真值条件真正存在。戴维森认为,我们借助于与说话者所说话语相关的行为、态度以及事实,可以有理由断定真值条件的存在,可以断定相应的 T-语句的真。以真之理论所表征的意义理论,满足了意义理论的可检验性条件。

综上所述,意义理论能够做如下事情:一是能够给出每一个语句的意义的说明,这是意义理论的赋义性条件;二是能够揭示语言的语义结构,揭示句子意义的构成,这是意义理论的构成性条件;三是能够由该理论的公理逻辑地推出所有定理,能够推出所有符合真谓词要求的 T-语句,这是意义理论的可推演性条件;四是能够通过经验得到证明,这是意义理论的可检验性条件。其中,意义理论的构成性条件和可推演性条件是根本的条件,基于它们,意义理论的赋义性条件和可检验性条件才有了基础。戴维森认为,意义理论采取塔尔斯基式的真之理论,就可以满足以上四个基本条件。塔尔斯基式的真之理论内含其采用递归方法构造真定义的方式,这直接可以满足意义理论的构成性条件;而塔尔斯基所要求的 T 约定,则保证了意义理论的可推演性条件的满足。从意义理论的基本条件可以看出,戴维森采取塔尔斯基式的真之理论的内在根源。

这里需要说明的是,戴维森意义理论的前提是对真概念的假定,他是在假定真概念的基础上提出自己的意义理论的。一门语言的说话者在知道该门语言的真概念的基础上,就能从戴维森的T-图式推出任何句子意义的说明。这恰恰与塔尔斯基关于真概念的研究方向相反。塔尔斯基是在假定对语言中句子意义理解的基础上来探讨真概念,给出真定义的。比如,对于对象语言中的句子"雪是白的"而言,相应的T-语句为:"'雪是白的'是真的当且仅当雪是白的"。我们是在已经知道"雪是白的"这个句子意义的基础上才来定义这个句子的真,即我们首先理解元语言,然后才来探讨对象语言的真概念。但戴维森与他不同,对于句子"'雪是白的'是真的当且仅当雪是白的"而言,他假定语言说话者在已经知道真概念,已经理解"是真的"这个谓词的基础上,来探讨"雪是白的"这个句子的意义。戴维森对于句子的真值条件的假定,关于真概念这个语义概念的假定,是达米特批评的焦点。

第三节　达米特与戴维森意义理论
构建原则和条件的比较

达米特提出了构造可行的意义理论所必须遵守的显示性、完全性和分子性原则。戴维森论提出了意义理论所必须满足的赋义性、构成性、可推演性和可检验性条件。从某种意义上说,达米特基本认可戴维森关于意义理论的基本条件的看法。但他认为,戴维森的意义理论并未满足这些条件,并对此展开了批评。

一、达米特对戴维森意义理论适度性的批评

意义理论的完全性原则要求,可行的意义理论应该能够解释说话者对于语言的初始表达式所表达的概念的把握。达米特认为,戴维森的真之理论只

是解释语言中的表达式与其所表达的概念的联系,并未解释说话者对于概念的把握。

在达米特看来,意义理论必须说明说话者对于语言的理解,必须阐明说话者所具有的关于语言的知识。说话者理解一个句子,其实就是说话者知道该语句的知识,说话者由于具有该语句的知识而表现为使用该语句的能力。达米特认为,任何不是理解理论的意义理论,或者任何不能产生理解理论的意义理论,都不是真正的意义理论,都无法解决意义理论的基本问题。

达米特探讨了意义理论应该承担的任务,其中涉及了意义理论与说话者对于语言所表达的概念的把握问题,即意义理论能否说明一个说话者对于概念的把握。在日常语言实践中,我们把握概念的基本的原初的形式,是理解表达概念的语词或表达式。我们理解了语词或表达式,我们就把握了它们所表达的概念。众所周知,一个概念与语词或表达式的关系不是一一对应的关系,同一个概念在同一个语言中可以被不同的语词或表达式所表达,同一个概念也可以为不同的语言中的语词或表达式所表达。因此,说话者在使用概念时可以把不同的语词或表达式与它结合起来。说话者如果已经理解了一个概念,在学习新的语言时,他可以把这个概念与语言中的某个或某些语词或表达式结合起来。

达米特认为,意义理论要描述说话者的语言知识,这种语言知识不仅要包括说话者如何把语言中的语词与某个他已经掌握的概念结合起来的知识,而且要包括说话者是如何最初获得那个概念的知识。因而意义理论的任务包含以下两个方面:一是说明说话者把语言中的某个语词和他已经掌握的某个概念结合起来;二是说明说话者关于概念的把握。

达米特说:"如果一个意义理论给出了一个与其有关的语言运作的说明,那么它看来必定包含一个有关在该语言中可表达的所有概念,至少是由单一的表达式所表达的概念的解释。……承认以下这一点就足够了:把握某个概念的原型的情境就是,这种把握在于对某种语言中的某个语词或表达式,或一系列表达式的理解。因此,正如我已经断言,如果意义理论是理解理论,那么似乎可以推论出：……它必须说明具有借助那种语言可表达的概念意味着什么。"①达米特的论述有以下几层涵义：一是，意义理论在说明语言如何工作的时候，同时就给出了关于该语言所表达的概念的解释。二是，把握概念的最基本的方式，就是理解语言的语词或表达式。意义理论需要说明说话者对于语言的理解，同时就是说明说话者对于概念的把握。三是，意义理论是理解理论这一要求，导致意义理论必须给出说话者具有语言所表达的概念的说明。

当然，达米特还谈到了意义理论的另一任务，他说："意义理论……显然不能只是说明语言中可表达的概念，……意义理论必须也把概念与语言中的语词结合起来——表明或者表述哪些概念是通过哪些语词来表达的。"②达米特认为，戴维森的意义理论只是完成说明说话者把语言中的语词与相应的概念结合起来的任务。它假设了说话者关于概念的在先的理解，对于说话者关于概念的把握本身不做任何说明。

戴维森意义理论的核心是真之理论，真之理论是按照塔尔斯基关于形式化语言中的真定义的模型构造的。在戴维森看来，这种真之理论并未对真概念本身做出解释，而是预设真概念是说话者已知的，从而借助真概念来给出对象语言的解释，给出对象语言中每一个句子和语词的意义的说明。真之理论中的公理主要涉及对于语词的意义的解释，包括支配初始语词的公理和支配句子构造的公理。基于真之理论的公理，借助于塔尔斯基关于真定义的 T-模式，即可推演出对应于对象语言中每一个语句的定理，即 T-语句，也即是，一个其左边是一个形如"语句 s 是真的"的双条件句，或者是一个其左边是一个形如"由说话者 x 在时刻 t 做出的语句 s 的表达是真的"的全称量化的双条件句。每一个定理给出了对象语言中句子的意义的解释。在真之理论中，翻译

---

① Dummett, M., "What is a Theory of Meaning？（Ⅰ）", in *The Seas of Language*, Oxford：Clarendon Press, 1993, p.4.

② Dummett, M., "What is a Theory of Meaning？（Ⅰ）", in *The Seas of Language*, Oxford：Clarendon Press, 1993, pp.4-5.

的概念并未被诉诸来判断这个理论所产生的 T-语句是否是正确的;相反,戴维森提出了真之理论所必须满足的条件,即 T 约定。存在着 T-语句被接受所必须满足的限制条件,它们与语言的说话者认为真的语句相关。大体上说,真之理论所推导出的任何一个 T-语句,在联结词"当且仅当"的右边陈述了说话者事实上认为处于它左边的被命名的那个语句为真的条件。

按照戴维森意义理论的构想,真之理论的公理构成了某种语言的意义理论的一个部分,它陈述专名的指称,给出初始谓词所满足的条件。比如,就"月亮"这个名称而言,与其对应的是"'月亮'指称月亮"这个真之理论的公理,它表述了"月亮"的指称,给出了语词"月亮"的意义的说明。但达米特认为,上述真之理论的公理只是把语词"月亮"与月亮这个概念结合起来,并未对月亮这个概念加以说明,而是预设了说话者对于它的把握。因为一个知道"月亮"是名称,并且知道"指称"这个语词的一般用法的人,他就会知道"'月亮'指称月亮"这个公理是真的,但是,他可能并不知道"月亮"的意义是什么、"月亮"所表达的概念是什么。

同样,对于"是明亮的"这个谓词,真之理论关于它的公理是:"'x 是明亮的'是真的当且仅当 x 是明亮的。"在戴维森看来,这个公理给出了"是明亮的"这个谓词的意义的说明。但达米特认为,一个说话者知道"是明亮的"这个谓词,并且知道"是真的当且仅当"这个短语的一般用法,他就会知道这个公理是真的,但他可能不知道"是明亮的"这个谓词的意义是什么,这个谓词表达的概念是什么。戴维森假定了说话者关于该谓词所表达的概念的把握。达米特说:"如果语言的初始谓词表达了某个概念,声称这种意义理论尤其是支配那个谓词的真之理论的公理提供了那个概念的说明,这看来是不合适的。相反,仅仅对于已经把握这个概念的人来说,这个理论才是容易理解的。戴维森的意义理论是一种适度的理论。"①

---

① Dummett,M.,"What is a Theory of Meaning?（Ⅰ）",in *The Seas of Language*,Oxford:Clarendon Press,1993,pp.5-6.

在戴维森看来,真之理论包含关于个体词的公理、关于谓词的公理。语言使用者理解真之理论中这些公理的前提,是他们已经把握了由这些表达式所表达的概念。戴维森的真之理论假定了语言使用者对于相应概念的把握,它本身不对此加以解释,它只是在语言使用者把握了这些概念的情况下,把对象语言中的某个表达式与相对应的概念结合起来。因此,戴维森意义理论表现出适度性的特征。

达米特还从戴维森关于句子意义的解释的角度,对其展开了批评。对于对象语言中的一个句子,戴维森的真之理论都能够推导出一个相应的T-语句,作为真之理论的定理,该T-语句陈述了该语句的意义。比如,对于"月亮是明亮的"这个句子,由真之理论就可以推演出如下的定理:"'月亮是明亮的'是真的当且仅当月亮是明亮的。"它解释了"月亮是明亮的"这个句子的意义。为什么这样的T-语句能够给出对象语言中的句子意义的说明呢?戴维森认为,之所以如此,是因为该双条件句右边陈述的正是满足特定限制条件下该语句为真的条件,而给出该语句的真值条件就是给出了该语句的意义。

达米特认为,虽然在T-语句中,处于联结词"当且仅当"右边的部分陈述的是处于该联结词左边部分的对象语言中的句子为真的条件,但这并未给出处于T-语句中联结词左边部分的对象语言的句子的意义。我们理解T-语句的前提,是知道它所表达的关于对象语言中的那个语句的真值条件,但在戴维森意义理论中,真值条件的概念是预设的,它并没有对此加以解释和说明。达米特说:"为了获得对对象语言的解释,我们必须认定能够使用真之理论的任何人都具有对元语言的在先的理解。当我们认为他意识到真之理论满足所要求的限制条件时,这一点就更加明显,因为这些限制条件提到T-语句右边所陈述的条件,该条件是我们不能通过形式理论说明,而只能预先假定关于它的解释这样一个概念。因而,这种类型的意义理论只是表明,通过对另一门语言的理解获得对一门语言的解释意味着什么,……它并没有说明,不依赖任何其他语言的知识而掌握一门语言(例如某人的母语)意味着什么。"①达米特认为,戴维森的真之理论假定了说话者关于真概念的理解、关于真值条件概念的理解,从而借助于真值条件的概念来说明对象语言中句子的意义。而假定了真值条件的概念,其实就是假定了对于元语言(包括其是对象语言的扩展的元语言)的理解。这样实质上就没有解释说话者关于句子的意义的知识体现在什么地方。因此达米特说:"如果一个由戴维森所提出的有关意义理论应该采取的形式的著名构想是可接受的,那么我认为,这种构想必定会坚持认为,一个适度的意义理论是我们有权去追问的全部内容。"②戴维森的意义理论是一种适度的意义理论。

总之,从意义理论的完全性原则出发,达米特对戴维森的以真之理论表征的意义理论进行了反驳。达米特的反驳表明,戴维森意义理论的适度性本质,决定了它并不能给出一门语言中每一个句子意义的适当的说明。

二、达米特对戴维森意义理论缺乏解释性的批评

意义理论的显示性原则要求,可行的意义理论不仅要解释说话者关于语言的知识是什么,而且要表明说话者的语言知识与他的实际的语言行为的关联。在达米特看来,戴维森的真之理论不能满足意义理论的显示性要求。它并未从说话者的知识角度来解释意义,而是基于与人的认识无关的真值条件,因此它无法说明说话者对于语言的理解体现在什么地方。也就是说,戴维森的真之理论没有说明说话者关于句子的真值条件的知识,无法解释说话者具有句子的真值条件意味着什么。达米特从以下两个方面对此加以论证。

① Dummett, M., "What is a Theory of Meaning？(I)", in *The Seas of Language*, Oxford：Clarendon Press, 1993, p.15.

② Dummett, M., "What is a Theory of Meaning？(I)", in *The Seas of Language*, Oxford：Clarendon Press, 1993, p.5.

（一）奎因的翻译手册与戴维森的真之理论

为了更为清楚地把握戴维森意义理论的本质,达米特论述了奎因关于翻译手册的思想,并把它与戴维森意义理论做了比较。

在当代语言哲学研究中,奎因的彻底翻译思想具有重要的影响。其中他关于翻译手册的探讨涉及两种语言中的两个语句或表达式的同义性问题,也引发了意义理论是否应该采取翻译手册这种形式的讨论。达米特与戴维森对奎因的观点都有论述,二者都不同意意义理论应该采取翻译手册的形式,认为奎因关于翻译手册的看法无助于解决意义理论本身的问题。在达米特看来,戴维森的意义理论并未比奎因的翻译手册更能解决意义理论的问题,在某种意义上说,二者没有实质的区别。

为了进一步澄清戴维森意义理论的本质,达米特把戴维森意义理论与奎因关于翻译手册的观点进行了比较。奎因提出了翻译手册的概念。奎因不使用“意义”这个概念,而使用“具有相同的意义”这一概念。他不探讨意义理论构建的原则,他的关注点在于彻底翻译问题,因此他的主要工作是探讨翻译手册的构建原则。在奎因看来,翻译手册包含一系列有效的规则,基于这些规则,语言的使用者能够从事翻译工作,即把被翻译语言的语句映射到翻译所使用的语言的语句上去。奎因面对的主要问题是,如何获得体现在那样一个翻译手册中的翻译系统,以及那样一个翻译系统可以被接受所必须满足的条件。而所有这些都基于“两个语句是同义的”或“两个表达式是同义的”这些概念。

在奎因看来,要给出被翻译语言的任何一个表达式的意义,就必须在被翻译语言和翻译所使用的语言之间建立某种关系,即前一种语言中的语句和后一种语言中的语句之间的对应关系。这种对应关系反映了它们之间的同义性关系。两种不同语言中的两个句子具有相同的意义,这是编制翻译手册的前提。翻译得以进行,正是根据一种语言中的某个语句与另一种语言中的某个语句之间的同义性关系。因此,翻译手册并未说明被翻译语言中的句子的意义,它是建立在对翻译所使用语言的理解基础之上的。

达米特探讨了翻译手册对于意义理论研究的影响问题。他认为,奎因关于翻译手册的探讨的缺点在于,"虽然那样一种探究的目的必定在于给意义概念提供某些说明,但我们不能确定这种有关翻译的探究对于意义概念具有什么影响或什么结果"[1]。在达米特看来,奎因关于彻底翻译的思想,关于翻译手册的探讨,虽然涉及句子的同义性关系的探讨,但实质上与意义理论的探讨无关,并非是力图解决意义理论的基本问题,也不能满足达米特所提出的有关意义理论的基本要求。

关于意义理论,达米特说:"掌握表达式的意义就是理解它在语言中的作用;因此,一门语言的完全的意义理论是该语言作为语言如何运作(function)的完全的理论。我们对作为一般概念的'意义'的兴趣是对语言如何工作的兴趣。"[2]也就是说,意义理论关注的是意义概念本身的问题,它要说明语言中的每一个句子和表达式的意义。而解决这一问题的方式就是直接面对我们的语言运作,直接描述语言的工作方式,描述我们的语言实践,阐明当某个人在不借助于任何其他语言的情况下学习一门语言时他所必须学习的一切知识。

在达米特看来,翻译手册"本身不可能声称自己是意义理论"[3]。可行的意义理论应该直接描述语言运作的方式,而翻译手册仅仅把一种语言投射到另一种语言,在两种语言之间构建映射关系。假如翻译是实际有用的,那么投射其中的语言,即翻译所使用的语言的功能必定被看作是为翻译者已知的,也就是说,翻译手册既没有对被翻译语言的实际的工作加以描述,也没有对翻译所使用的语言的实际工作加以描述,它根本不关心语言的实际运作问题,因此

---

① Dummett, M., "What is a Theory of Meaning? (I)", in *The Seas of Language*, Oxford: Clarendon Press, 1993, p.2.

② Dummett, M., "What is a Theory of Meaning? (I)", in *The Seas of Language*, Oxford: Clarendon Press, 1993, p.2.

③ Dummett, M., "What is a Theory of Meaning? (I)", in *The Seas of Language*, Oxford: Clarendon Press, 1993, p.6.

它不关心意义理论的主要问题。总之，翻译手册不关心一种语言的句子和表达式的意义问题，只关心在两种语言中的各自的句子或表达式是否对应、是否同义的问题。达米特认为，对翻译的研究是无助于解决语言的意义问题的。

戴维森同样认为，意义理论不能采取翻译手册的形式，它不能满足关于一个适当的意义理论的基本要求。翻译手册只是表明了两种语言的表达式之间的同义性，但并未告诉我们任何一种语言的表达式的意义是什么。真正的意义理论是一种自然语言语义学理论，它的根本目的在于赋予每个表达式以意义，在于给出每个表达式的意义的解释。

达米特认为戴维森关于奎因翻译手册的看法是正确的，他说："［戴维森］这种反对把一个翻译手册看作意义理论的意见显然是正当的。"①但是令达米特感到困惑的是，当戴维森声称真之理论是适度的理论而不是完全的理论时，他"为何要这么强调一个翻译手册与一个意义理论的区别"②。在达米特看来，从满足意义理论的全面性要求看，奎因翻译手册和戴维森的真之理论并没有实质的区别。

达米特认为，奎因的翻译手册与戴维森的真之理论同样都预设了对于某种语言在先的理解，而对于该种语言本身未做任何解释和说明。翻译手册借助于翻译所用的语言说明关于被翻译语言的理解，但假定了对翻译所用的语言本身的理解。因此，如果要理解被翻译语言，必须理解翻译所用的语言，必须对翻译所用的语言本身加以说明。

达米特举例说明这个问题。就"La terra si muove"这个意大利语句而言，如果我们使用英语对其进行翻译，那么通过翻译手册，我们可以在意大利语中的句子"La terra si muove"与英语中的句子"The Earth moves"之间建构一个映

① Dummett, M., "What is a Theory of Meaning？（I）", in *The Seas of Language*, Oxford：Clarendon Press, 1993, p.6.

② Dummett, M., "What is a Theory of Meaning？（I）", in *The Seas of Language*, Oxford：Clarendon Press, 1993, p.6.

射,基于"La terra si muove"与"The Earth moves"具有相同的意义,我们可以把"La terra si muove"翻译为"The Earth moves"。我们可以在不知道两个句子中任何一个句子的意义的情况下,仅根据翻译手册就可以进行上述翻译。

但达米特认为,为了能够从知道"La terra si muove"与"The Earth moves"具有相同意义这一点推出"La terra si muove"的意义,我们就必须知道"The Earth moves"的意义。换言之,除了知道上述两个句子是同义之外,为了能够知道那个意大利语句意谓地球是运动的,我们必须知道的就是那个英语语句的意义。由此推出,假如我们认为关于那个意大利语句"La terra si muove"的意义的知识在于知道它意谓地球是运动的,那么我们也必须认为,知道那个英语句子"The Earth moves"的意义在于知道它意谓地球是运动的。而对于"The Earth moves"这个英语的句子的意义,翻译手册假定它是已知的,而不做任何说明。

达米特认为,戴维森的意义理论采取了真之理论的形式。对于对象语言中的任何一个语句,基于真之理论中那些支配语词和句子形成的公理,可以推演出一个 T-语句。比如,如果元语言是对象语言的扩展,那么对于对象语言中的"The Earth moves"这个语句,我们可以推导出相应的 T-语句:"'The Earth moves' is true if and only if the Earth moves"("'地球是运动的'是真的,当且仅当地球是运动的")。戴维森认为,T-语句中的联结词"if and only if"的右边实质上给出了对象语言"The Earth moves"这个语句的真值条件,而给出这个语句的真值条件,就是给出了该语句的意义。我们理解了"'The Earth moves' is true if and only if the Earth moves",我们也就获得了有关"the Earth moves"这个语句的意义的知识。如果我们使用"mean that"("意谓")这个语词替代"is true if and only if"("是真的,当且仅当")这个短语,那么我们就会形成一个相应的 M-语句:"'The Earth moves' means that the Earth moves"。达米特认为,对于对象语言中的语句,比如"the Earth moves",所形成的 M-语句"'The Earth moves' means that the Earth moves",它"似乎是完全没有解释力的,因为这里它没有提供任何新的信息"①。

如果对象语言与元语言是不相交的,即元语言不是对象语言的扩展,那么对于对象语言(意大利语)中的"La terra si muove"这个语句,我们可以推导出相应的 T-语句:"'La terra si muove' is true if and only the Earth moves"("'La terra si muove'是真的,当且仅当 the Earth moves")。按照戴维森的观点,T-语句中的联结词的右边实质上同样给出了意大利语中的"La terra si muove"这个语句的真值条件,在戴维森看来,这也就是给出了该语句的意义。我们理解了"'La terra si muove' is true if and only the Earth moves",我们也就获得了有关"La terra si muove"这个语句的意义的知识。如果我们使用"means that"这个语词替代"is true if and only"这个短语,那么我们就会形成一个相应的 M-语句:"'La terra si muove' means that the Earth moves"。在这种情况下,M-语句并非没有提供任何信息。但如果我们要知道意大利语句"La terra si muove"的意义,我们就必须知道英语句子"the Earth moves"的意义。

因此,达米特认为,戴维森给出的关于句子的意义的说明,实质上也是预设了对于某种其他语言的理解。戴维森对于意义理论的任务有自己的理解。他认为,以真之理论所表达的意义理论是适度的意义理论,它本身并未解释说话者对于某种语言的初始表达式所表达的概念的把握,而是假定了说话者对于这些概念已经理解了,意义理论的任务或作用就是把说话者所理解的这些概念分别与相应的语词结合起来。比如,就真之理论的公理而言,对于个体词"太阳",相应的支配该语词的公理是:"'太阳'指称太阳"。对于"太阳"这个概念本身不做解释,只是把语词"太阳"与它结合起来。对于从真之理论的公理推演出的真之理论的定理而言,例如对于"太阳是火热的"这个语句,相应的定理是一个 T-语句:"'太阳是火热的'是真的,当且仅当太阳是火热的"。

---

① Dummett, M., "What is a Theory of Meaning? (Ⅰ)", in *The Seas of Language*, Oxford: Clarendon Press, 1993, p.8.

该 T-语句中"当且仅当"右边给出了它左边这个语句的真值条件。但对于这个真值条件概念,戴维森只是做了假定,假定说话者是理解这个真值条件概念的。

达米特说:"我们把握一个概念最好的模型——在许多情况下我们唯一的模型——就是由我们掌握了某个语言中的某个表达式或一系列表达式所提供。"①因此,对于某个概念把握的假定,就是对于某种语言的理解的假定。他认为,戴维森对于某种语言意义的说明,同样假定了说话者对某种元语言的理解。戴维森借助句子的真值条件来解释句子的意义,但对真值条件这个概念不做任何解释,换言之,对于用来解释句子意义的真概念不做任何解释,只是假定了说话者对于它的直觉的把握。而对于真值条件概念把握的前提,是说话者对于某种表达该概念的语言的理解。因此,戴维森的真之理论预设了说话者对某种语言的理解。

由于戴维森的真之理论做出了以上假定,因此它不能合理地解释说话者关于真值条件的知识具体体现于什么地方,它不能把说话者关于真之理论的知识与其相关的言语行为联系在一起。达米特认为,适度的意义理论并未对某种语言中的初始语词所表达的概念做出说明,而是在假定对这些概念理解的基础上解释语言的意义,因而导致它不能完全解释说话者关于该种语言的理解。

总之,达米特认为,翻译手册不是意义理论应该采取的形式,它不能满足关于意义理论的基本要求。戴维森的真之理论的适度性导致了它并未解决意义理论的基本问题,同样也不能满足意义理论的显示性要求。戴维森的意义理论并不比翻译手册更能解决意义理论的问题,它们本质上都是假定了对于某种语言的理解。达米特说:"因此,翻译手册预设了对于某种其他语言的掌握——翻译所使用的语言——如果我们想从它推导出对于被翻译语言的理解;但是,一个适度的意义理论预设了关于某种(尽管尚不明确)的语言的掌

---

① Dummett, M., "What is a Theory of Meaning？（Ⅰ）", in *The Seas of Language*, Oxford: Clarendon Press, 1993, p.6.

握,如果我们从它推导出关于对象语言的理解。"①奎因的翻译手册预设了某种特定的语言的理解,而戴维森的真之理论预设了某种并非明确的语言的理解。就预设对于某种语言的理解而言,二者是相同的。

在达米特看来,与奎因的翻译手册和戴维森的意义理论不同,全面的意义理论不仅能够说明某种语言的语句的意义,能够阐明该语言的表达式所表达的概念,而且它并不假定对于任何概念的在先的把握。正因为如此,这种意义理论不仅能够说明说话者懂一种语言时他所获得的知识,而且能够表明这种知识与说话者的言语行为的关联。

达米特认为,翻译手册只是对某种特定的语言的理解做出预设,而适度的意义理论只是对某种不确定的语言的理解做出预设,二者实质上都对语言的理解做出了预设,而"全面的意义理论根本不包含任何这种[对语言理解的]预设"②。这是它与前面二者的主要区别。对于说话者理解某种语言做出预设还是不做出预设,将会对意义理论的构建产生很大的影响。

全面的意义理论不假定说话者对于任何概念的把握,因而不预设说话者对于任何语言的理解。在这样的前提下,全面的意义理论要给出说话者关于语言的意义的知识的说明,要求说明说话者关于语句意义的知识如何与他使用语句的特定能力联系在一起,前者如何通过后者显示出来。

(二)以规范方法推出的语言知识

达米特分析了"知识"这一概念。他认为,应该区分两种情况下对于"知识"的理解。一是通常情况下,人们常常把"知识"与"认识到"等同起来,例如,人们认识到某种事实。二是在较为严格的语境中,"知识"不能等同于"认

---

① Dummett, M., "What is a Theory of Meaning? (I)", in *The Seas of Language*, Oxford:Clarendon Press, 1993, p.6.

② Dummett, M., "What is a Theory of Meaning? (I)", in *The Seas of Language*, Oxford:Clarendon Press, 1993, p.6.

识到",例如,人们不仅要认识到某个事实,而且要能够解释某种事实是如何通过规范的方式推导出来的。① 在达米特看来,严格意义上的关于某个事实的知识,不只是认识到这个事实,不只是认识到一个知识的对象,而是要经过某种推演过程。

基于以上对知识概念的分析,达米特认为,说话者能够讲某种语言,具有使用该语言进行交流的能力,我们可以认为他具有关于某种语言的特定的知识。任何可行的意义理论不仅要说明说话者所具有的知识是什么,即知识的对象是什么,而且要解释说话者获得那种知识的规范的方式。如果意义理论只是表明说话者使用语言的能力在于他具有某种特定的知识,那么这种理论对于说话者的语言能力的描述就不是适当的。② 达米特认为,戴维森的意义理论就只是对于说话者的语言知识是什么做出说明,并未进一步阐明获得这种知识的推导过程。

按照戴维森的看法,说话者具有关于一种语言的任一语句的意义的知识,在于他知道与之相对应的 M-语句。达米特已经论证,对于 M-语句,我们可以知道它是真的,但可能并不知道它所表达的命题。退一步说,即便承认戴维森意义理论所认为的知道 M-语句就是知道 M-语句所表达的命题,那么在达米特看来,这也仅仅是表明了说话者的知识对象是什么,即它是 M-语句所表达的命题,但并未对这种命题知识加以深入地说明。按照达米特的要求,戴维森的意义理论还须说明,说话者关于 M-语句所表达的命题的知识体现在什么地方,它与说话者的实际的语言能力的关联。因此,戴维森的真之理论无法合理地解释说话者的实际的语言能力。

关于这个问题,一种关于戴维森意义理论的可能的辩护是,既然按照达米

① 参见 Dummett,M.,"What is a Theory of Meaning？（I）",in *The Seas of Language*,Oxford：Clarendon Press,1993,p.10.

② 参见 Dummett,M.,"What is a Theory of Meaning？（I）",in *The Seas of Language*,Oxford：Clarendon Press,1993,pp.10-11.

特的观点,"意义理论全部的要旨在于它要展示由此 M-语句可被推导出的规范方法:只有能够如此推导的人才能够被说是在严格的意义上知道了它,……才能够说知道了它所表达的命题"①,那么,只要表明戴维森意义理论,尤其是 M-语句是以规范的方法被推导出来的,就可以论证 M-语句提供了真正的语言知识,给出了对象语言中的语句的意义。

这种辩护论证说,为了搞清楚按照戴维森的说明关于一个句子的意义的知识在于什么,我们必须关注与它相关的 M-语句在意义理论中被推导出的方法。M-语句是通过用"means that"替代相应的 T-语句中的"is true if and only if"而得到的;T-语句又是从支配该语句的构成词的真之理论的公理以及支配句子形成方式的真之理论的公理推导出来的。这一点表明,戴维森真之理论是满足构成性条件的:一个句子的意义是由构成语词的意义和它们的组合方式构成的,因此,说话者能够从他关于构成一个语句的语词以及语词的组合方式的理解中推导出关于该语句的理解。因而从根本上说,M-语句是从真之理论的公理推导出来的。就"'月亮是明亮的'意谓月亮是明亮的"这个 M-语句来说,它是从支配语词"月亮"和支配谓词"是明亮的"的公理推导出来的。

达米特说:"在戴维森式的意义理论中,承担着关于一个语词意义的把握作用的是关于支配这些语词的公理的知识。"②说话者关于一个语词的意义的知识在于他关于支配该语词的公理的知识。关于一个语词的公理给出了该语词的意义。例如,我们关于语词"太阳"的意义的把握,在于我们知道了真之理论中支配该语词的公理:"'太阳'指称太阳。"真之理论中那些支配语词的公理给出了语词的意义。

---

① Dummett, M., "What is a Theory of Meaning? (I)", in *The Seas of Language*, Oxford: Clarendon Press, 1993, p.11.

② Dummett, M., "What is a Theory of Meaning? (I)", in *The Seas of Language*, Oxford: Clarendon Press, 1993, p.11.

戴维森认为，真之理论所推导出的 M-语句，给出了相应的对象语言中的句子的意义。我们知道 M-语句的意义，我们也就知道相应的对象语言中的句子的意义。比如，我们知道"'月亮是明亮的'意谓月亮是明亮的"这个 M-语句，我们就知道"月亮是明亮的"这个对象语言中的句子的意义。但达米特已经论证，我们可以知道这个句子的真，而不知道它所表达的命题，即它所表达的意义。很显然，某人仅知道与之相关的 M-语句是真的，对于某人知道语句"月亮是明亮的"的意义是不充分的。因此，一个自然的表征已知 M-语句为真的人为了知道它表达的命题所必须知道什么的方法是，把握该语句的构成词的意义。为了说明说话者知道 M-语句所表达的命题，必须从说话者关于有关支配语词的真之理论公理的知识入手。

达米特认为，与我们关于 M-语句的知识一样，我们关于真之理论的公理的知识同样会遇到以下问题：我们是仅仅知道这些公理是真的，还是知道它们所表达的命题？哪一个对我们理解表达该公理的句子来说是充分的呢？在达米特看来，我们仅仅知道相应的真之理论的公理是真的，对于我们理解语词的意义显然是不充分的。他反驳道，任何人如果知道语词"指称"的用法，并且知道"月亮"是一个单称词项，他就能够知道"'月亮'指称月亮"这个公理是真的，即使他并不知道语词"月亮"的意义，即它指称什么。在达米特看来，试图通过对支配语词的公理的理解获得语词意义的知识，继而达到关于 M-语句的理解，即把握 M-语句所表达的命题，从而获得 M-语句所给出的对象语言中的语句的意义，这一方法显然是行不通的。总之，达米特认为，上述有关戴维森意义理论的辩护是不成立的。

戴维森意义理论存在的问题最终归结为，如何表征说话者对于真之理论的公理所表达的命题的理解。尽管我们可以揭示 M-语句的推导过程，但这种推导是不彻底的，关键在于我们没有给出有关真之理论的公理为真这一认识的推导过程。达米特认为，戴维森意义理论因为承认语言的整体论，因此它把一种语言的掌握表征为并非孤立的而是演绎上相互关联的命题的知识，它

承认关于某个语句的理解包含有某种推导过程,比如,刚才我们所讨论的
M-语句的推导。但是,"那种意义理论(戴维森意义理论——引者注)并不诉
诸推导过程的地方,自然就在于对那些公理为真的认识。然而,坚持认为那样
一种认识就等同于严格意义上的知识,就会暗暗地诉诸一个有关那些公理为
真由此推出的过程,该理论没有明确地阐明这个推导过程。"①从根本上说,戴
维森的意义理论把关于真之理论的公理为真的认识,等同于关于它们的真正
意义上的知识,它只是表明这些公理是真的,而并未说明它们的真是如何被推
出的。

达米特通过一个例子对此加以说明。按照戴维森的意义理论,我们对
于名称"伦敦"的理解,就在于有关"'伦敦'指称伦敦"这个真之理论的公
理是真的这一知识;而具有认识到该公理为真这种知识的条件恰恰是,说话
者对该名称的用法的精确的把握。达米特认为,意义理论所探究的就是名
称"伦敦"意谓什么,即它的意义是什么;换言之,那个名称的意义就是有关
那个名称的精确的用法本身。因此,戴维森这种关于名称意义的探讨,就导
致了循环解释,不能说明名称的意义。戴维森所谓的关于公理的知识,不是
达米特在严格意义上的语言的知识,不能通过它给出语言表达式意义的
说明。

总之,从对于知识概念的严格理解看,戴维森的真之理论只是给出了关于
句子意义的知识是什么的说明,即关于知识对象的说明。由于未把说话者关
于真之理论的公理和定理所表达的命题知识与说话者关于语言的使用能力联
系起来,因此它无法合理地解释说话者关于真之理论的知识,关于语句的真值
条件的知识,由此也无法通过说话者关于真之理论的知识来完成意义理论表
征说话者的语言能力的目的。它没有满足意义理论构造的显示性要求。

---

① Dummett, M., "What is a Theory of Meaning?（Ⅰ)", in *The Seas of Language*, Oxford: Clarendon Press, 1993, p.13.

三、达米特对戴维森整体论的意义理论的批评

意义理论的分子论原则要求,语句的意义是意义理论主要说明的对象,意义理论应该基于分子论语言观加以建构。

戴维森的意义理论是基于整体论语言观构建的,他称之为"某种整体论的意义观"①。戴维森认为,语言是由语句和语词构成的内在关联的系统,它有特定的结构,每个语句和语词都处于这个语言结构之中。戴维森说:"如果语句依赖于它们的结构(对于它们的意义来说),并且我们把这种结构里的每个词项的意义理解为从该词项作为其中成分的那些语句的整体中抽取出来的东西,那么,我们只有通过给出那种语言中的每个语句(和语词)的意义才能给出任何一个语句(和语词)的意义。"②上述论断有两层涵义:其一,戴维森承认语句依赖于它们的结构,即语言的意义是由语词的意义和它们的组合方式构成的,这就是戴维森所谓的意义理论的构成性条件。真之理论的公理给出每个语词的意义,而真之理论的定理则给出语句的意义。其二,戴维森认为,只有理解了整个语言,才能理解语言中的每一个句子,从而理解语言中的语词。而对于语言中的句子的意义的把握,是依赖于对于全部语言或者语言中的所有句子的意义的把握的。

戴维森从整体论的语言观出发论述了关于语词的意义。他认为,只有从语词对它出现于其中的语句的意义具有系统的影响这个视角,才能讨论它的意义。在真之理论中,语词的意义在于对包含该语词的语句的真值条件的影响。真之理论要说明,语句的真值条件依赖于语词的指称的方式。

达米特论述了戴维森的整体论语言观的特征。整体论主张不懂得整个语

---

① 戴维森:《对真理与解释的探究》,牟博、江怡译,中国人民大学出版社 2007 年版,第 34 页。

② 戴维森:《对真理与解释的探究》,牟博、江怡译,中国人民大学出版社 2007 年版,第 34 页。

言就不能理解语言中的任何一个句子。这是因为,在戴维森看来,语句之间在语义上的这种依赖关系是对称的,即相互依赖关系对任何两个语句来说都是存在的。说话者对于语言的关系是,要么根本一点不懂这种语言,要么就完全懂这种语言。离开整个语言,整体论语言观不能单独地给出任何个别语句的意义。

戴维森虽然主张整体论的语言观,但他的真之理论似乎又给出了关于句子和语词的意义的说明,表现为分子论或原子论的特征。达米特分析了戴维森意义理论构想中的分子论或原子论的因素。按照戴维森的意义理论,对于对象语言中的每一个句子,真之理论都能从有限的支配个体词和结构的公理,推导出一个 T-语句,该语句陈述了对象语言中的每一个句子的真值条件。支配个体词的公理给出了语词尤其是初始表达式的意义,而每一个 T-语句都给出了一个句子的意义。这似乎表明,戴维森的意义理论实现了一种语言的原子论或分子论的构想,即每一个语词都有个别的意义,每一个语句都有个别的意义。

达米特指出,戴维森这种关于意义的构想与他所给出的有关真之理论的整体论限制条件是直接相关的。他说:"在那种[意义的]构想和语言的整体论之间的关联在于以下事实:对于这些公理表达的命题的知识,或者由 T-语句表达的命题的知识在于什么,并没有做出任何说明。对于该理论唯一的限制条件是整体论的限制,与作为整体的语言有关。按照这样的说明,关于什么构成说话者对任何语词或句子的理解这个问题不存在任何解答:一个人只能说全部真之理论的知识体现在说这门语言的能力上,在于在大体上对应于由 T-语句所陈述的这些条件下认识到它的句子为真的倾向。"①

达米特认为,由于真之理论是基于整体论语言观建立的,真之理论是作为整体受到外部的限制条件制约的,因此,虽然真之理论给出了公理和定理,以

---

① Dummett, M., "What is a Theory of Meaning ? (I)", in *The Seas of Language*, Oxford: Clarendon Press, 1993, p.16.

此声称给出了关于语词和语句的意义的说明，但其实并未给出它们所表达的命题的知识的说明。真之理论实质上无法给出关于句子理解的说明。对于整体论的意义理论而言，它不必解答并且它也没有能力解答什么构成说话者对任何语词或句子的理解这个问题，它只需解答关于整个真之理论的理解在于什么这个问题。

具体而言，戴维森的真之理论所推出的 T-语句并未给出对象语言中的句子的意义的说明。我们可以知道 T-语句是真的，而不知道 T-语句所表达的命题；而不知道它所表达的命题的知识，就不知道 T-语句所要给出其真值条件的对象语言中的那个语句的意义。戴维森没有从语言使用者对于语句的使用的角度，说明他关于句子的意义的知识。因此，真之理论也不想给出关于什么构成说话者对任何语词或句子的理解这个问题的任何解答。既然不能给出任何句子或语词的理解的说明，当然也无法回答这一问题。

对于达米特的反驳，存在着某种关于真之理论满足显示性要求的辩护。这种辩护主张，真之理论可以整体地回答关于真之理论的理解体现在什么地方，关于真之理论的知识体现在什么地方，即它就体现在说话者说这门语言的能力上，体现于说话者关于某种整体语言的把握。具体来说，它尤其体现于当存在大体上符合由 T-语句所陈述的这些事态的条件下，说话者认识到 T-语句是真的这种倾向上。这是对达米特的批评的回应。

按照戴维森的看法，我们是从整体论语言观的视角来对句子的意义加以说明的。我们不能独立地看待真之理论中的每个公理和定理，我们也不能逐一地对于它们所表达的命题的知识加以说明。说话者关于真之理论的知识与他的语言实践之间的关系是整体性的关系，前者整体上体现于说话者使用并理解该语言的能力上。从某种意义上说，戴维森意义理论总体上达到了显示性的要求。

达米特对此反驳道，关于真之理论的外部的整体限制条件，只是作为在他关于真之理论整体的知识与他关于整个语言的把握之间的一个中介。诉诸真之理论整体满足外部的限制条件这种知识,无助于说明说话者关于任何个别语词或语句的理解,无助于缩小在他知道真之理论的一个公理或定理是真的与他知道由它所表达的命题之间的间隙。

戴维森一方面持有整体论的信念,另一方面他又借助构成词的意义来说明包含它的句子的意义。因此似乎表明,戴维森的意义理论并不反对对于语言的系统描述。但达米特认为,这只是一种假象。他说:"戴维森意义理论的诱惑在于,它似乎是反对语言整体论必定是反系统的这个质疑。……然而这种表面的现象是一个幻觉。"①戴维森意义理论的问题在于,它不能对把握语言整体的能力进行分析,因此,它也无法说明说话者关于一个句子的命题知识具体体现在什么特别的语言行为上。因而,它最终无法给出我们的语言实践总体的系统的理论表征。

达米特认为,我们要对说话者关于语言整体的把握进行系统的理论描述。这种系统的理论描述构成了一个演绎上相互联系的命题的系统。如果要系统描述语言整体的把握,我们必须要把关于语言整体的把握这一总体的能力,分解为许许多多的不同的构成性的能力。

达米特认为,任何可行的意义理论构造的主旨在于,能够分解说话者讲一种语言的能力,能够把它分解为许许多多相互联系的个别的能力。而意义理论的单个的命题又必须与个别的实际能力联系起来,由此表明,具有个别的能力就构成了关于单个的命题的知识。说话者具有的关于意义理论的知识,由一个一个个别的命题的知识所构成。说话者的每一个个别的语言方面的能力都与一个个别的命题的知识相对应,前者构成了后者,后者借助前者体现出来。说话者关于句子意义的知识,即关于这些命题的知识,体现于相应的使用该语句的特别的语言能力上。

在达米特看来,关于语句的理解在于说话者对于语句的使用。在这样的

---

① Dummett, M., "What is a Theory of Meaning？（Ⅰ）", in *The Seas of Language*, Oxford：Clarendon Press, 1993, p.16.

情况下,我们才能构造一个系统的意义理论,才能实现对于意义理论的哲学上的诉求。但整体论的语言观否定对于把握语言整体这一能力的分解,也无法表征说话者关于语言的理解体现在什么地方。也就是说,戴维森的意义理论并未对把握语言整体的能力加以系统地描述,并未实现其所提出的有关意义理论的构想。达米特认为,当戴维森的意义理论以整体论的方式加以解释时,"在这种情况下,它断言给出了语言掌握的系统的说明就是错误的,因为一个整体论的语言观排除了任何那种说明的可能性"①。总之,戴维森的真之理论由于采取了整体论的语言观,对于语言的意义采取了整体论的说明,因此不能给出语言把握的系统的说明。

总之,由于整体论不能对把握语言整体的能力进行分析,不能说明说话者关于一个句子的意义的知识如何显示这一问题,因而不能满足达米特提出的意义理论构造的分子论原则的要求。

综上所述,达米特从构造意义理论的三个基本原则出发,反驳了戴维森以真之理论表征的意义理论,揭示了戴维森意义理论的适度性的本质,澄清了戴维森意义理论不能遵循显示性原则的根源,驳斥了对戴维森意义理论的整体论辩护。通过上述对戴维森意义理论的批评,达米特彻底否定了戴维森自称的意义理论满足了适当的意义理论所必须具备的四个基本条件的论断。

---

① Dummett, M., "What is a Theory of Meaning？（I）", in *The Seas of Language*, Oxford: Clarendon Press, 1993, p.20.

第三章　达米特与戴维森
真理观的比较

　　真概念是重要的语言哲学概念。关于真概念的看法,直接关系到关于意义理论和形而上学的看法。对于真概念,达米特和戴维森都提出了自己独到的看法,并且围绕真概念展开了争论。比较二者的真理观①,对于深入理解当代语言哲学中的真之理论具有重要的理论意义。

第一节　达米特的真理观

　　达米特从语言实践出发,深入分析了真概念的起源,论证了真概念产生的合理性和它必然带有的局限性,从根本上揭示了实在论真概念的本质,并结合断定的语言行为,从认知的角度提出了反实在论的真概念。

一、真概念的起源

　　达米特从日常语言习得以及日常语言的实践出发,基于真概念在日常语言使用中的作用,探讨了真概念的起源问题。他认为,真概念是一个直觉的概

---

　　①　此处的"真理观",指对"truth"的看法和观点。

念,与可辩护性概念具有内在的关联。

(一)真概念的成因

语言使用的主体是人,人们通过对语言的使用进行交流,说话者所说出的话称作表述。达米特对于表述按照功能进行了分类。达米特认为,日常的表述可以分为两类:一类是能够提供认知内容的表述;一类是不能够提供认知内容的表述。前者如"今天天气很好",后者如"偷窃是不道德的"。提供认知内容的表述涉及认知的信息,比如有关天气的情况;而不提供认知内容的表述只是表达了一种态度,比如对于偷窃行为的态度。

在达米特看来,就提供认知内容的表述而言,其功能还可以细分为以下两种:一种是有关断言的表达,即当一个说话者说出一个句子时,他实际上表达了一个断言。一种是有关陈述的断定,即当一个说话者说出一个句子时,他实际上是对一个陈述加以断定。

达米特说:"即使我们同意经典的看法,即存在着构成带有确定的真值条件的陈述的断定的一大类表述,我们仍须承认并非所有能提供认知内容的表述都属于那个集合。其他能提供认知内容的表述不能被归为关于陈述的断定,而应被归为断言的表达:陈述可以用真的或假的来评价,而断言则可以用可辩护的或不可辩护的来评价。"[①]达米特在提供认知信息的表述中对于断言和陈述做了区分。对于断言,我们可以认为它是可辩护的、合理的,或者它是不可辩护的,不合理的;而对于陈述,我们可以认为它是真的,或者它是假的。

那么断言和陈述的关系如何呢? 换言之,可辩护性概念和真概念的关系如何呢? 以上问题又与以下这个问题相关:我们是如何在我们的语言实践中获得真概念的? 真概念对于我们的语言实践具有什么理论意义? 从语言使用者使用语言的角度,从语言习得的角度,达米特对上述问题进行了深入的

---

① Dummett, M., "The Source of the Concept of Truth", in *The Seas of Language*, Oxford: Clarendon Press, 1993, pp.190-191.

探讨。

达米特从说话者的语言习得的历史出发探讨真概念的起源问题。达米特说:"我一直坚持的观点是,对于语言实践的最简单部分的掌握而言,我们不需要把握真概念(尽管这种把握是隐含的),我们只需要把握粗糙的可辩护性概念;但是为了掌握从简单句形成复合句的一些方式的用法,我们需要更加精致的概念。问题在于力图理解一些语言构造的用法是如何迫使我们对可辩护性的概念加以精致化,从而获得真概念的。……真概念的隐含把握,对把一些表述解释为关于陈述的断定而非解释为仅仅是断言的表达来说才是需要的。"①

达米特上述论述表明:其一,在语言习得的初期,说话者学习一些简单的关于语句的用法,掌握语言中较为简单的部分。在这个时期,对于说话者所做出的表述而言,所需要的概念是可辩护性概念,即一个表述是否是可辩护的,是否是合理的。人们关注说话者的表述的理由和根据,并基于此可以理解说话者的表述的意义。在这个时期,我们解释语言的使用不需要真概念,只需要可辩护性概念。其二,随着语言习得的深入,随着学习由简单句构造复合句等更为复杂的语言的用法,人们隐含地掌握了真概念,复合语句的用法的解释需要真概念加以说明。

达米特分析了有关析取语句的用法,认为人们关于析取语句的用法并非导致我们形成真概念。他认为,我们是分阶段习得日常的语言实践的。在我们学习语言的初期,我们只是隐含地具有了可辩护性概念,而没有真概念。我们学习日常语言中联结词"或者"的用法,我们关于联结词"或者"的用法的知识,使得我们足以能够在特定的语境下适当地说出一个析取语句;同时,我们也足以对于其他人对析取语句的使用做出适当的反应。在这个阶段,"我们需要的只是自然语言的'或者'的用法的不完善的掌握,它的不完善性对于我

---

① Dummett, M., "The Source of the Concept of Truth", in *The Seas of Language*, Oxford: Clarendon Press, 1993, p.195.

们来说尚不是明显的。"①也就是说,我们对于"或者"的用法的把握是不完善的,对于它的意义的理解也不是全面的,但是我们并未明确地意识到这一点。

达米特认为,在语言学习的较高阶段,我们隐含地掌握了真概念。达米特说:"只有在我们已经掌握了真和假的概念之后,我们才能完善关于联结词'或者'的惯例用法的知识;尽管在早期的阶段我们的相关知识是不完善的,但并不是我们引入析取句的用法才迫使我们形成真这个概念。"②在达米特看来,一旦我们有了真假概念,我们就可以把"或者"解释为真值函项语句联结词,从而接受与该联结词的解释相关的经典逻辑中的逻辑规律。与此同时,我们还可以认为,这样做其实本身就是有关支配自然语言中的"或者"这个联结词用法的语言实践的一个部分。但达米特认为,"或者"这个联结词的用法,由此对于析取语句的构造,并非是产生真概念的原因。

达米特说:"促使我们这样作的(指形成真概念——引者注)是条件句的使用。尽管的确存在着一种我们理解条件句的方式,它是基于可辩护性而不是真来加以说明的,但它并未能够产生一个接近于自然语言中的条件句的实际用法的合理的说明;而那就是条件句的使用迫使我们形成真概念的原因。"③以直陈条件句为例,达米特分析了真概念的来源。

在达米特看来,当我们使用一个简单语句做出一个断言时,我们只需关于断言的可辩护性概念。对于直陈条件句来说,当说话者使用它做出一个表述时,我们仍然可以通过该表述的可辩护性的条件、说话者做出该表述的理由和根据等来把握该表述的意义,从而说明该表述。但是这里出现的问题在于,一个直陈条件句表述的可辩护性条件具有其特殊性,即它的可辩护性条件在于

---

① Dummett, M., "The Source of the Concept of Truth", in *The Seas of Language*, Oxford: Clarendon Press, 1993, p.195.

② Dummett, M., "The Source of the Concept of Truth", in *The Seas of Language*, Oxford: Clarendon Press, 1993, p.195.

③ Dummett, M., "The Source of the Concept of Truth", in *The Seas of Language*, Oxford: Clarendon Press, 1993, p.195.

它是为直陈条件句的后件提供了一个附带条件的辩护,而那个附带条件不是前件的可辩护性,而是它的真值。

直陈条件句一般是由两个语句构成的复合语句,最为简单的直陈条件句的前件和后件都是简单句。对于直陈条件句的可辩护性条件的刻画具有如下特点:即不能根据直陈条件句的构成性子句的可辩护性条件来完全刻画它的可辩护性条件,而是根据它的前件为真的条件来加以刻画。在这种情况下,关于直陈条件句的理解,我们不仅需要它的可辩护性条件,而且需要它的前件为真的条件。

达米特认为,我们运用简单句做出一个表述时,表达了一个断言。我们理解这个表述,只需要知道该表述的可辩护性条件,即该表述是否被证明是合理的。但当一个简单句作为一个复合句的构成部分使用时,我们就把它看成是一个陈述,就需要考虑它为真的条件。我们学习使用简单句构造复合句的语言用法,尤其是构造直陈条件句时,才促使我们默默地掌握了真概念。因此,真概念产生于我们语言实践的需要,它的产生具有实践的必然性。

关于直陈条件句,达米特发现了一个值得注意的现象。语言哲学家对于直陈条件句的理解不存在任何问题,但对于它的真值条件却产生较大分歧,并且争论不休。主要看法有:(1)直陈条件句为真,仅当与之对应的实质条件句为真。(2)分两种情况:其一,当直陈条件句的前件为真时,它的真假由它的后件的真假所确定,后件真它则真,后件假它则假。其二,当直陈条件句的前件为假时,它的真假根据与之对应的反事实条件句的真假来确定。(3)承认(2)的前一种情况;但认为在第二种情况下,直陈条件句既不真也不假。(4)直陈条件句的真要求在前件与后件之间存在某种联系,无论它的前件是真的还是假的。

达米特认为,语言哲学家关于直陈条件句的真值情况分歧的原因在于:在我们的语言习得中,在我们学习关于直陈条件句的使用时,我们从未具有把直陈条件句作为一个更复杂的直陈条件句的前件这种语言用法。具体来说,我们学会对于"如果 A,那么 B"这种形式的句子的用法,但在日常语言实践中,我们从来没有对"如果,如果 A,那么 B;那么 C"这种形式的句子的使用。这种形式的句子在我们的语言交流中一般不会出现。

达米特说:"现在这一点变得很清楚了:即为何哲学家能非常好地理解自然语言中使用的直陈条件句,但发现他们陷于关于它们何时被适当地称为'真'的争论之中。其原因在于我们不具有对于直陈条件句的直觉性的真概念。而对此的理由是,在我们关于那种形式的句子的实际使用中,没有什么东西能迫使我们形成那样一个概念。"①达米特还说:"真概念完全不是理论家的构造物。哲学家们争论这个概念应该如何应用于自然语言的直陈条件句,这是一种理论探讨。恰恰是因为我们没有关于真概念如何应用于它们的直觉性的概念,才会产生关于这个问题的争论。"②

通过对真概念起源问题的分析,达米特提出了关于真概念的以下观点:其一,真概念是我们在语言习得的过程中隐含地把握的直觉性概念,它产生于可辩护性概念。其二,真概念不是由理论家构造的,它是前理论概念,在我们的语言习得与运用中具有实际的作用。其三,真概念并非适用于所有句子的意义的说明。有些句子算子不能够用真概念来解释,有些语句的意义不能用真概念来说明。

达米特认为,虽然真概念是在我们语言实践的发展过程中隐含掌握的一个概念,但一旦它被明确地引入我们关于语言实践的说明中,一旦它被引入关于我们的语言实践的描述中,它就在我们的概念框架中居于重要的位置。达米特说:"如果前述有关真概念起源的说明是正确的,那么由此可以推出什么结论呢? 这个说明并不关注真这个概念明确的引入:它也与谈论自然语言中

---

① Dummett, M., "The Source of the Concept of Truth", in *The Seas of Language*, Oxford: Clarendon Press, 1993, p.196.

② Dummett, M., "The Source of the Concept of Truth", in *The Seas of Language*, Oxford: Clarendon Press, 1993, p.192.

'真'这个词的用法毫无关联。相反,它只关注对这个概念先验的隐含的把握,也就是说,它只关注真概念所占有的那个位置的创建。按照这个说明,我们对用来传递信息的语言的使用最初始方面的掌握,甚至都不需要对真概念的隐含的把握,它可以借助那个在先的可辩护性概念完全地加以描述。但是,相对而言更加精致的语言演算,尤其是复合时态与条件句的使用,加之为了掌握它们的用法,要求含蓄地诉诸客观的真这个概念;因此一旦真概念被明确地引入,在我们的概念架构中就有了一个适合于那个概念的位置。"①

(二)真与可辩护性

达米特认为,在我们的语言习得的初期,在语言实践的较低阶段,我们使用隐含地把握的可辩护性概念来解释语句的用法,说明句子的意义。在那个时期和阶段,我们对于语句的使用,主要在于通过它的表达做出某种断言。对于断言而言,我们只需要可辩护性概念就可以加以说明。我们理解了一个做出断言的理由和根据,就理解了断言的意义。随着我们的语言习得进入较高的层次和较高的阶段,我们学会了使用简单语句构造复杂语句的方法,这时就会出现对于由此形成的一些复杂语句的可辩护性条件,不能仅仅根据构成它的子句的可辩护性条件来加以说明,而是必须根据这些子句的真值条件加以说明。在这种情况下,这些子句就不能表达断言,而只能作为陈述使用。对于陈述而言,我们不仅仅关心它的可辩护性条件,而是要关注它的真值条件。因此,从语言习得的历史来看,从断言到陈述,从可辩护性概念到真概念,体现了人类使用语言的发展过程。因此,达米特认为,可辩护性概念是源概念,是比真概念更为基本的概念。达米特说:"真概念产生于一个更加基本的概念,对此我们尚没有一个明确的术语表示它,我们也许可以用'可辩护性'这个术语

---

① Dummett,M.,"The Source of the Concept of Truth", in *The Seas of Language*,Oxford:Clarendon Press,1993,p.199.

来表示它。"①

达米特探讨了可辩护性概念与真概念二者之间的关系,论述了从可辩护性概念过渡到真概念所导致的问题。

首先,达米特探讨了真概念与可辩护性概念二者之间的联系。二者的联系表现为:一是,前者起源于后者,后者是前者的源概念。可辩护性概念是一个粗糙的概念,一般为语言使用者在语言习得的早期阶段所隐含地掌握,而真概念是一个较为精致的概念,为语言使用者在语言习得的中后期所暗暗地把握。二是,真概念的使用并未导致放弃可辩护性概念,相反,一旦前者形成,就可以更加准确地分析和说明后者。达米特说:"只有当说话者有能力知道,或者有足够的理由相信被断定的陈述为真时,一个断定才被看作是可辩护的。"②

其次,达米特论述了真概念和可辩护性概念二者之间的区别。二者的区别在于,后者是一个与说话者的认知状态和能力相关的概念。语言使用者通过可辩护性概念来说明断言的表达,一个断言是可被辩护的,当且仅当说话者具有做出这个断言的充分的理由和根据。这些理由和根据是说话者可以认识到的,因而与之相关的可辩护性条件是与说话者的认识能力和认识状态直接相关的概念。相反,真概念与语言使用者的认知状态和认知能力无关。达米特说:"真概念的本质是,一个陈述由于一个客观存在的实在而被认为是真的或是其他情况,这不依赖于说话者的认知状态和一般而言人类的认识。"③以上达米特关于真概念的说明,显然是针对实在论的真概念。按照实在论的观点,一个语句是真的,在于其与某个客观存在的实在的符合,它与实在是否符

---

① Dummett,M.,"The Source of the Concept of Truth",in *The Seas of Language*,Oxford:Clarendon Press,1993,p.190.

② Dummett,M.,"The Source of the Concept of Truth",in *The Seas of Language*,Oxford:Clarendon Press,1993,p.198.

③ Dummett,M.,"The Source of the Concept of Truth",in *The Seas of Language*,Oxford:Clarendon Press,1993,p.199.

合都是客观的,它是否为真也是客观的,与人们是否认识到它为真毫无关联。因此,这种真概念与人对于语言的用法无关。与此相关,一个语句的真值条件也与说话者的认识状态和认识能力无关,也是客观的,并且在许多情况下,它是说话者不能认识和把握到的条件。这就是说,无论这个真值条件是否满足,说话者都可能无法认识到这一点。

达米特探讨了从可辩护性概念到真概念的过渡问题。达米特说:"我们的语言实践不可能基于可辩护性概念被加以完全地描述,因而在掌握它的时候,我们似乎是被迫采纳这个构想,即我们语言中的大多数提供信息的语句都与它们为真的确定的条件相关联,而这些条件的满足不依赖于我们的知识和能力。"[①]在达米特看来,从可辩护性概念到真概念,必定产生一个"概念的跳跃":从与人的认识和能力有关的条件跳跃到与人的认识和能力无关的条件。这种"概念的跳跃"从"人"跳跃到"超人",从"认识主体"跳跃到"客观存在"。它体现了真概念的实在论的特征。

关于真概念,达米特得出了以下重要的结论:其一,真概念是我们从事语言实践的过程中隐含地把握的直觉性概念,它具有语言实践上的根据。真概念满足了我们解释较为复杂的语句的用法的需要。真概念本来就存在于我们对于语言的解释之中,它不是语言哲学家为了解释语言的需要特意构造出来的理论概念。关于真概念的这种认识具有非常重要的意义。

达米特认为,一旦我们的语言理解发展到一定的阶段,一旦我们明确地意识到我们所隐含把握的真概念及其在我们语言描述中的重要地位,我们就可以在理论构造中明确地把它加以引进,把它引进到逻辑系统的构造中,引进到意义理论的构造中。如果我们这样做了,真概念就会在我们的理论框架和思维框架中占有重要的位置,发挥重要的作用。达米特说:"真概念深深地嵌入于我们对语言用法的隐含的掌握中:无可否认,不是嵌入于对语言的最初始部

---

① Dummett, M., "The Source of the Concept of Truth", in *The Seas of Language*, Oxford: Clarendon Press, 1993, p.200.

分的用法的把握之中,而是融入于在一个相对较早的阶段所习得的各种表达式的用法的把握之中。这远在我们明确地把理论概念应用于我们的语言或使用语言的实践之前。"[①]在达米特看来,真概念根植于我们的语言实践,真概念在我们的思维框架中具有重要的位置。这从另一个角度解释了哲学家通常使用真概念来解释语言的意义的原因。

其二,由于从可辩护性概念产生,由此导致的概念的跳跃使得真概念具有了实在论的特征。这一点表明,真概念是可以加以批评的。所谓概念的跳跃,指的就是从可辩护性概念到真概念,其间发生的一个重要变化是,真概念成为了一个与我们的认识无关的,不能由我们对于语言的使用来把握的概念。真概念脱离了我们的认识,它就不能说明所有的语言实践。因此,我们可以对它加以修正。

二、真概念的主旨和事态的划分

(一)真概念的主旨与句子的真值

达米特从句子的使用的角度,分析了真概念的主旨,探讨了使用"真""假"语词对句子的真值情况进行划分的合理性问题。

达米特论述了关于概念的说明的问题。一般认为,要说明一个概念,我们只是说明在什么情况下我们能够使用表达该概念的语词,在什么情况下我们不能使用表达该概念的语词,即通过描述与概念相关的语词的用法来对概念加以说明。达米特反对这种说明概念的方式。他认为,以上这种方式对于概念的说明当然是必要的,但它还远远不够,甚至没有解释概念的本质。这种说明方式的主要问题在于,它遗漏了有关概念的一个重要的方面,即我们使用概念的主旨,它没有同时给出有关概念的主旨的说明(an account of the point of

---

① Dummett, M., "The Source of the Concept of Truth", in *The Seas of Language*, Oxford: Clarendon Press, 1993, pp.199-200.

the concept）。概念的主旨涉及使用概念的目的和动机。要说明一个概念的主旨,就必须说明我们使用它的目的和动机何在,这其实是为什么我们使用那个概念的问题。达米特说:"我们一般不能认为,通过描述我们使用或不使用相关语词的状况,通过描述语词的用法而给出真正的有关一个概念的说明;我们必须也给出那个概念的主旨的说明,并解释我们使用该语词的目的。"①

真和假是重要的语义学概念,也是意义理论的重要概念。达米特关注的焦点在于,我们使用真概念和假概念的主旨是什么,我们为什么把语句分为真语句和假语句,或者既不真也不假的语句。达米特认为,如果我们不清楚使用真概念和假概念的主旨,我们就不清楚对于语句的分类的合理性。

为了搞清楚真假概念,达米特通过游戏的赢输概念加以说明。就一个仅论输赢的游戏而言,关于赢得或输掉一个游戏的说明,可以通过游戏的相应规则来确定,游戏规则规定了游戏进行到哪一步就算赢了,进行到哪一步就算输了。游戏的玩家按照规则玩游戏,按照规则定输赢。但达米特认为,只是描述游戏的玩法,还不能准确地说明赢得游戏的概念,它遗漏了玩家想赢这一玩游戏的动机。因为对于游戏来说,决定其本质的是玩家力图赢得游戏。对于同一种游戏,如果玩家玩游戏的动机发生改变,例如玩家不是力图赢而是力图输,那么我们就会认为,玩家不是在玩原来的那种游戏,而是在玩另一种新的游戏。玩家力图赢或输,即玩家玩游戏的动机或主旨决定了游戏的本质,也决定了赢得一种游戏的本质。达米特说:"玩家计划赢得游戏(a player plays to win),是赢得游戏这一概念的一个部分,而赢得游戏概念的这一部分,并未通过把最终的结局分为赢得游戏与输掉游戏而表达出来。"②

同样,达米特认为,我们描述在什么情况下一个陈述是真的,在什么情况

---

① Dummett, M., "Truth", in *Truth and Other Enigmas*, Cambridge, Mass.: Harvard University Press, 1978, p.3.

② Dummett, M., "Truth", in *Truth and Other Enigmas*, Cambridge, Mass.: Harvard University Press, 1978, p.2.

下一个陈述是假的,在什么情况下一个陈述既不真也不假。但仅仅这种描述,尚不能完全说明真概念和假概念,也不能给出我们关于陈述的真值划分的意义。对于真概念来说,一个本质的部分就是每当我们做出一个陈述时,我们总是想要做出真的陈述,换言之,我们认为我们做出的陈述是真的。达米特说:"我们旨在作出真的陈述(we aim at making true statement),是真概念的一个部分;而弗雷格的真和假作为语句指称的理论,并未对真概念的这一特征作出说明。"①在达米特看来,如果要对真概念的这一特征做出说明,就必须结合断定这一语言行为,通过对断定行为的分析,才能给出真概念的合理的解释。弗雷格关于真概念的说明,没有揭示旨在做出真的陈述这一主旨。

在达米特看来,任何分类并非是凭空存在的,它总是与我们的兴趣和目的相关。我们对于事物按照某种方式进行分类,总是希望这种分类的后果与我们的兴趣和目的是一致的。对于语句的真值情况而言,我们可以把一个语句分为真的和假的两种情况;或者我们可以把一个语句分为真的、假的、既不真也不假三种情况。如果我们不理解隐藏于上述分类背后的做出这种分类的目的和动机,那么我们就不知道做出上述分类的意义何在。

例如,就单称陈述来说,如果它所包含的单称词没有指称,那么对于这种句子的真值情况就会有两种看法:一种认为它是假的;一种认为它没有真值,既不真也不假。罗素主张前一种看法,弗雷格主张后一种看法。那么关于真概念,需要追问的是:为什么有的逻辑学家认为包含没有指称的单称词的单称陈述为假,为什么有的逻辑学家则认为它既不真也不假呢?这种不同的看法会导致什么样的后果?这些后果又与逻辑学家的什么目的和动机相关呢?达米特说:"除非我们具有一个有关把语句分为真和假的一般主旨的说明,否则我们就不知道说某些陈述既不真也不假的目的何在;除非我们具有陈述的真值条件如何确定它的意义的说明,否则通过陈述的真值条件对它的意义的描

① Dummett, M., "Truth", in *Truth and Other Enigmas*, Cambridge, Mass.: Harvard University Press, 1978, p.2.

述就没有任何价值。"①

达米特认为:"做出一个陈述本身只有一种后果。"②他设想了一种语言,其中包含着条件陈述,但这些条件陈述不具有反事实的形式。关于条件陈述在该语言中的用法,可以具有不同的看法:其一,条件陈述被用来有条件地做出陈述;其二,条件陈述代表了实质条件句。因此,关于条件陈述在该语言中的使用,我们也有两种不同的说明。按照第一种说明,如果条件陈述的前件满足了,那么整个条件陈述的真假由后件的真假来决定;如果条件陈述的前件没有满足,那么人们使用条件陈述并未做出任何陈述,它既不真也不假。而按照第二种说明,当条件陈述的前件没有满足时,那么整个条件陈述就是真的。达米特问道:我们如何能够确定这两个说明中的哪一个是正确的呢?

达米特认为,追问使用那种语言的人是否表明某个做出一个条件陈述的人(该条件陈述的前件最终证明是假的)说了真的某个东西,或者他关于真或假什么也没有说,这是没有任何意义的,因为他们甚至都没有与我们的"真""假"相对应的语词。即便他们也有与我们的"真""假"对应的语词,我们也无法确信这种对应是否恰当。在达米特看来,假如他们对于"真""假"语词的使用哪怕有一点意义,那么伴随他们使用"真"或者"既不真也不假"行为中,必定存在某种区别。在使用那种语言的人所做的事情中,没有任何东西可以区分上述两种关于条件陈述的不同的说明。因此在上述两种说明之间的区别是空洞的。

前面已经提到,人们关于一个陈述的真值情况可以有不同的看法。对于一个单称陈述,主要分歧在于:当它所包含的单称词没有指称的时候,一种看法认为它是假的,一种看法认为它既不真也不假。对于条件陈述,主要分歧在

① Dummett, M.,"Truth", in *Truth and Other Enigmas*, Cambridge, Mass.: Harvard University Press, 1978, p.4.

② Dummett, M.,"Truth", in *Truth and Other Enigmas*, Cambridge, Mass.: Harvard University Press, 1978, p.10.

于：当它的前件为假的时候，一种看法认为它是真的，一种看法认为它既不真也不假。对于以上的争论，达米特质问："现在这些说明告诉我们这两种类型的句子的涵义了吗？——也就是说，它们告诉我们，这些陈述是如何被使用的吗？做出这些形式的陈述究竟做了些什么吗？一点都没有。因为这些陈述的使用的一个本质特征尚未被规定。"①

达米特认为，我们旨在做出真的陈述，是真概念的一个部分。任何人做出一个陈述，都旨在做出一个真陈述。就一个人做出一个条件陈述而言，他旨在做出一个真的陈述。他断定前件与后件具有条件关系，他排斥前件与后件不具有条件关系这种情况。他根本不会去想前件最终是真的还是假的，他通过做出这个陈述所断定的，只是排除了这种可能性，即他被人们认为说出了假的东西的情况：前件真而后件假。在其他情况下，该条件陈述都是真的。因此，当条件陈述前件假时，说它既不真也不假就没有任何意义。就一个人做出一个单称陈述而言，他也旨在做出一个真陈述。通过单称陈述所断定的比条件陈述多，他不仅要排除该陈述为假的情况，即单称词没有指称的情况，而且要承诺它的真。

达米特说："为了确定一个表达的涵义，我们不必做出两个单独的决定——何时说已做出了一个真陈述，何时说已做出了一个假陈述；相反，在其中任何被看做它为假的情形的东西都没有满足的情境，就可以被认为是它为真的情形。"②

（二）基于真值概念对事态的分类

达米特探讨了陈述的真值情况以及与之相关的事态问题。对于一个陈述

① Dummett, M., "Truth", in *Truth and Other Enigmas*, Cambridge, Mass.: Harvard University Press, 1978, p.11.

② Dummett, M., "Truth", in *Truth and Other Enigmas*, Cambridge, Mass.: Harvard University Press, 1978, pp.10-11.

来说,有人把它的真值情况分为两种:真和假。按照这种关于"真""假"使用的看法,相应的事态可以分为两种:陈述在其下为真的事态,陈述在其下为假的事态。有人不同意上述关于陈述的真值的看法,不同意关于事态的二重划分。他们把陈述的真值情况分为三种:真,假,既不真也不假。与这种关于"真""假"使用的看法相对应,可以把事态也分为三种:使得陈述为真的事态,使得陈述为假的事态,使得陈述既不真也不假的事态。

举例来说,对于单称陈述,它断定了某个对象具有某种性质。当单称陈述所断定的对象存在,并且单称陈述的谓词所表达的性质适用于该对象时,它为真;当单称陈述所断定的对象存在,并且单称陈述的谓词所表达的性质不适用于该对象时,它为假;以上两种情况都是基于单称陈述所包含的单称词具有指称的情况,人们的看法不会产生分歧。但当单称陈述所包含的单称词缺乏指称时,人们对于它的真值情况可以具有两种不同的看法。一种看法认为,这种陈述没有真值,既不真也不假,弗雷格就持有这种看法;一种看法则认为,这种陈述是假的。

达米特关心的是,对于单称词没有指称的情况,我们如何使用"真"和"假"这些语词呢?对于这种单称陈述,我们是采用二重的事态的划分呢?还是采用三重的事态划分呢?

对于条件陈述,也存在这种问题。条件陈述断定了前件是后件的充分条件。当前件真,后件真时,它为真;当前件真,后件假时,它为假;人们对于以上情况下条件陈述的真值不存在分歧。但当前件假时,人们对于条件陈述的真值的看法就会产生分歧:一种看法认为,当前件假时,无论后件是否为真或为假,条件陈述都是真的;这是实质蕴涵的看法。按照这种看法,与条件陈述对应的事态可以采取二重划分:条件陈述在一种事态下为真,在其他事态下为假。另一种认为,当前件假时,无论后件是否真假,条件陈述都没有真值,既不真也不假。因此,按照这种看法,我们应该对与条件陈述对应的事态采取三重划分:条件陈述在一种事态下为真,在一种事态下为假,在其他一些事态下既不真也不假。

达米特认为,在我们使用"真""假"这些语词时,称一个陈述既不真也不假,没有任何实际的意义。因此,对于事态的三重划分没有意义,它与我们对于句子的使用无关。达米特赞同对于事态的二重划分。他说:"只要一个陈述不是模糊的或有歧义的,它就把所有可能的事态只分为两类。对于一个给定的事态,或者这个陈述以这种方式被使用,以至于一个断定它,但把这个事态设想为一个可能性的人,被认为是误导地说话或者这个陈述的断定不被看作是表达说话者对这种可能性的排除。如果第一种事态获得了,那么这个陈述是假的;如果所有实际的事态都是第二种,那么它是真的。因此,对于任何陈述而言,说在如此如此的事态下它是既不真也不假,是没有意义的。"①

按照达米特关于事态的二重划分的看法,对于一个陈述而言,存在着两种事态,在一种事态下陈述为真,在另一种事态下陈述为假。一个人做出一个陈述的断定,总是旨在断定该陈述是真的。对于任何一个给定的事态,一个人断定一个陈述,如果他只要设想这种事态是一种可能性,人们就会认为他对于陈述的断定或者是误用该陈述,或者误导听众;那么如果这种事态获得了,那个人就做出了假的断定,在这种事态下该陈述为假。

例如,对于单称陈述而言,一个人断定"荷马是诗人"这个陈述,他断定该陈述是真的。如果在做出这种断定时,他只要设想荷马不存在这种事态是一种可能性,他就会被人们认为是误用该陈述或者误导听众;如果这个事态获得了,即事实上荷马不存在,那么该陈述在这种事态下就是假的。当然,对于这个单称陈述,还存在着一种使之为假的事态。对于荷马不是诗人这种事态,如果一个人断定"荷马是诗人"这个陈述的同时又设想这个事态是一种可能性,即荷马不是诗人这种情况是可能的,那么人们就会认为他在误用该陈述或者误导听众。如果事实上荷马不是诗人这一事态获得了,那么那个人就做出了

---

① Dummett, M., "Truth", in *Truth and Other Enigmas*, Cambridge, Mass.: Harvard University Press, 1978, p.8.

假的断定,该陈述在这种事态下为假。

总之,在以上两种事态中,只要一个人在对于"荷马是诗人"做出断定,他就做出了假的陈述。在其他实际的事态下,比如在荷马存在并且他是诗人的情况下,该陈述是真的。以上是基于对于陈述的真值情况的二重划分讨论的。

当然,我们还可以在对于陈述的真值的三重划分的情况下,讨论"荷马是诗人"这个单称陈述。弗雷格讨论了这种情况,他认为,在荷马不存在即单称词没有指称的情况下,该语句就没有真值,它既不是真的也不是假的。但达米特认为,基于对真概念的使用的主旨,我们只需区分使得一个陈述为真和为假的事态,没有必要区分使得单称陈述为假和使得它既不真也不假的事态。达米特把它们看作使得单称陈述为假的不同的事态。

达米特探讨了条件陈述的情况。一个人做出一个条件陈述,比如"如果天下雨,那么地湿",他当然自认为是在做出一个真的断定,即他认为该条件陈述是真的。换言之,他断定了"天下雨"是"地湿"的条件。假如他在做出这个断定时,只要他设想"天下雨,地不湿"这一事态是可能的,人们就会认为他是在误用这个陈述或者误导听众。因此,如果这个事态获得了,那么这个事态就是使得该陈述为假的事态。在其他所有的实际的事态下,该条件陈述都为真。例如,对于前件为假的事态,达米特认为条件陈述在该事态下为真。因为,当我们使用条件陈述的时候,我们根本不关心前件最终是真的还是假的。一个人断定了陈述"如果天下雨,那么地湿",同时他设想天不下雨这种事态是可能的,人们并不会认为他是在误用该陈述或者误导听众,因此,如果事实上该事态获得了,那么该事态就是使得条件陈述为真的事态。

达米特认为,对于条件陈述,我们关心使它为假的事态。使得条件陈述为假的事态,即前件真后件假,是人们断定一个条件陈述时所排除的事态。在其他实际的事态下,条件陈述都是真的。说话者在做出条件陈述的断定时,他排除了前件真后件假这种为假的可能性。

当然,与单称陈述的情况一样,我们还可以在对于陈述的真值的三重划分的情况下,讨论"如果天下雨,那么地湿"这个条件陈述。有人可能会认为,在前件为假的情况下,无论该条件陈述的后件是否为真,它都既不真也不假。这样,使得一个条件陈述为真的事态是:前件为真,后件为真。使得一个条件陈述为假的事态是:前件真,后件假。而使得一个条件陈述既不真也不假的事态是:前件假,后件真;前件假,后件假。但达米特认为,基于对于真概念的使用的主旨,我们只需区分使得一个条件陈述为真和为假的事态,没有必要区分使得条件陈述为真与使得它既不真也不假的事态。他把这两种事态看作是使得一个条件陈述为真的不同的事态。

达米特探讨了单称陈述和条件陈述之间的区别。单称陈述与条件陈述不同,关于条件陈述的断定与关于单称陈述的断定也不同。他说:"通过说出条件陈述说话者所要表达的全部内容是,他排除了这种情况出现的可能性,即在这种情况下据说他说了假话,即前件真而后件假。但就单称陈述而言是不同的。在这里,如果某人把它设想为一种可能性,即会出现他所说的被说成是既不真也不假的情况,也就是单称词没有指称,那么他就是在误用这种形式的陈述或误导他的听众。他通过作出这个陈述,不仅传达了他排除它为假的可能性,而且传达其他的东西;他承诺了它是真的。"①

达米特总结说:"我们需要把这些事态,即如果说话者想象它们是可能的,他就被认为误用了这个陈述或者误导了听众,与情况并非如此的这些事态区分出来:一种使用语词'真'与'假'的方式是,把前一种事态称为这个陈述在其中为假的事态,把其他的事态称为这个陈述在其中为真的事态。对于我们的条件陈述而言,这个区分在于这个陈述被说成是假的事态与我们说它为真或者既不真也不假的事态之间。就单称陈述而言,这个区分存在于我们说这个陈述是假的或者既不真也不假的这些事态与它为真的事态之间。对掌握这些形式的陈述的涵义或使用来说,二重分类是足够的;我们开始时所涉及的

---

① Dummett,M.,"Truth", in *Truth and Other Enigmas*, Cambridge, Mass.: Harvard University Press,1978,p.11.

三重分类是与此无关的。因此,按照一种使用语词'真'与'假'的方式,我们不在这个条件陈述为真与它是既不真也不假之间作出区分,而是在它能够为真的两种不同方式之间作出区分;我们也不在单称陈述为假与它既不真也不假之间作出区分,而是在它能够为假的两种不同方式之间作出区分。"①

达米特分析了基于对事态分类的使用真与假的方式的主旨。他说:"这给我们一个关于解释在确定一个陈述的涵义中真与假所起作用的方式的暗示。我们仍不明白在一个陈述为真的不同的方式之间,或在它为假的不同的方式之间,或……在真与假的程度之间所做出的区分中存在着什么主旨。这种区分的主旨不在于与陈述的涵义本身有关的任何事情,而在于与它进入复合陈述的方式有关的事情。"②

达米特举了几个例子,对此加以论证。达米特首先分析了某种语言中的"并非"(not)这个符号。假设有一种语言,可以在一个陈述前面加上"并非"符号,从而形成另一个陈述。比如,在一个条件陈述"如果 P,那么 Q"前面加上"并非",就可以形成一个复杂的陈述:"并非'如果 P,那么 Q'",其中条件陈述是该陈述的一个部分。该陈述的用法类似于"如果 P,那么非 Q"。假如我们借助于关于事态的二重分类来描述条件句的使用,那么我们就不能给出关于"并非"这个符号的真值函项的说明。这一点可由以下这个表列看出:

P	Q	如果 P,那么 Q	并非"如果 P,那么 Q"
T	T	T	F
T	F	F	T
F	T	T	T
F	F	T	T

---

① Dummett,M.,"Truth", in *Truth and Other Enigmas*, Cambridge, Mass.：Harvard University Press,1978,pp.11-12.

② Dummett,M.,"Truth", in *Truth and Other Enigmas*, Cambridge, Mass.：Harvard University Press,1978,p.12.

上述真值表中,第三行和第四行表明,符号"并非"不是真值函项联结词。

达米特指出,假如我们借助于关于事态的三重分类,并且由 X 标明陈述"既不真也不假"的事态。那么就会形成如下表列:

P	Q	如果 P,那么 Q	并非"如果 P,那么 Q"
T	T	T	F
T	F	F	T
F	T	X	X
F	F	X	X

由此可以通过以下真值表给出"并非"的说明:

R	并非 R
T	F
X	X
F	T

在上述真值表中,我们可以用 T 代表真,用 F 代表假,用 X 代表既不真也不假。按照上述解释,我们就可以认为"并非"是一个否定符号,因为"并非 P"是真当且仅当 P 是假的,而"并非 P"是假的当且仅当 P 是真的。

达米特认为,通过对所假设语言中的语词"并非"的用法的分析可以看出,如果我们采用对于事态的二重分类,那么"并非"就不是真值函项联结词,它就不能被解释为我们通常认为的否定符号。而如果我们采取对于事态的三重分类,那么"并非"就是真值函项联结词,就可以被解释为否定符号。我们想对"并非"符号做出真值函项的分析,因此就区分了一个陈述为真的事态和它既不真也不假的事态。

达米特还分析了把语词"并非"置于一个单称陈述 S 之前的情况。"并非"的用法类似于否定符号。假设由此形成的陈述"并非 S"具有如下的用法:它的表达仍然使说话者承诺单称词所表示的对象存在;那么,我们可以区分这个单称陈述为假的两种情况:一种是单称词有指称,但谓词并不适合于它;一

种是单称词没有指称。我们使用 Y 表示单称词没有指称的情况,可以构造以下这个表列:

S 并非 S

T F

Y Y

F T

在上表中,我们可以用 T 表示真,用 F 代表假,用 Y 代表既不真也不假。通过对于事态的三重分类,就可以把符号"并非"处理为真值函项联结词。

达米特指出,从逻辑的角度看,在上述两个关于"并非"的真值表的分析中,可以把 T 和 X 看作是"特指值",而把 Y 和 F 看作是"非特指值"。

达米特说:"需要指出的要点如下:(1)一个句子的涵义完全由知道它具有一个特指值的情况与知道它具有一个非特指值的各种情况确定的。(2)仅当我们需要它们是为了给出由算子所形成的复合陈述的真值函项的说明时,……在不同的特指值之间或非特指值之间的更细微的区分才得以辩护。(3)在大多数关于真与假的哲学讨论中,我们心中实际想的是在一个特指值与一个非特指值之间的区分,因此选择真与假来分别代表特定的特指值与非特指值只能模糊这个问题。(4)说在某些境况下一个陈述既不真也不假,并不能确定这个陈述是否处于被算作具有一个非特指值或一个特指值的情况下,即断定这个陈述的某个人是否被认为或不被认为排除了那种情况满足的可能性。"①

总之,达米特认为,区分一个陈述为真的各种情况以及区分一个陈述为假的各种情况,其主旨在于该陈述作为构成部分在一个更为复杂的语句中的方式。

---

① Dummett, M., "Truth", in *Truth and Other Enigmas*, Cambridge, Mass.: Harvard University Press, 1978, p.14.

第二节　戴维森的真理观

戴维森关于真的看法,主要是围绕塔尔斯基的形式语义性真定义展开的。戴维森对基于事实概念的真之符合论进行了反驳,论证了塔尔斯基利用满足概念的真之理论具有符合论的特征,并且论述了绝对真之理论的基本内容及其在意义理论构建中的作用。

一、塔尔斯基的利用满足概念的真之符合论

（一）戴维森对基于事实概念的真之符合论的批评

真之符合论具有悠久的传统。一种较为流行的符合论是基于事实概念的符合论,它的主要观点是:一个陈述是真的在于它符合于事实。按照这种观点,对于真的解释是通过陈述与事实的符合关系实现的。

戴维森对基于事实概念的符合论进行了分析。他认为,我们可以用以下这种句子形式来表述陈述和事实的关系:

　　陈述 p 符合事实 q。

以上这个语句形式设定了个体事实的存在,由此表明对一个陈述为真的说明是较为简单的事情,即,如果一个陈述符合一个事实,那么该陈述就是真的。问题在于,就"陈述 p 符合事实 q"这个语句形式而言,对其中的"p"和"q"进行怎样的代入所形成的实例才是真的呢?在戴维森看来,如果我们使用同一个语句替换其中的"p"和"q",那么所形成的代入特例就是真语句。例如,我们用"柏拉图是哲学家"这个语句进行替换,就会形成如下语句:陈述"柏拉图是哲学家"符合事实"柏拉图是哲学家",显然这个语句是真的。

戴维森认为,如果我们允许以上这种替换,就会产生关于事实概念的难解的问题。例如,对于"巴黎在里昂之北"这个陈述而言,它符合"巴黎在里昂之

北"这个事实。同时,该陈述也符合"里昂在巴黎之南"这个事实。此外它还可以符合以下事实:"巴黎在法国第二大城市之北"这个事实,"法国的首都在里昂之北"这个事实,等等。按照这种分析,人们就会怀疑,一个陈述如果符合一个事实,那么它就会符合所有事实。换言之,如果一个陈述是真的,那么它就符合所有事实,而这一点显然是不能接受的。

戴维森上述分析的前提是基于弗雷格关于语句和表达式的指称的观点。弗雷格认为,专名的指称是对象,概念词或谓词的指称是概念,句子的指称是真值。按照这种关于指称的看法,所有的真句子都有相同的指称——真,而所有的假句子也具有相同的指称——假。戴维森认为,通过遵循某些基于弗雷格指称观点的替换原则,就可以推出以下结论:如果一个陈述符合由"事实 p"所描述的事实,那么它就符合由"事实 q"所描述的事实。这些原则包括:(1)替换"p"和"q"的语句在逻辑上是等值的,即它们的真值相同。(2)替换"p"和"q"所形成的语句具有这样的关系:一个语句是通过使用某个单称词替换另一个语句的单称词而形成的,并且两个单称词的指称相同。规则(2)其实是保证句子的组成部分的替换不改变原有语句的真值。

因此,基于"陈述 p 符合事实 q"这种语句形式,本来是可以通过一个陈述符合一个事实来解释真的,即一个陈述是真的在于它符合一个事实;但经过戴维森的分析,如果陈述 p 符合某个事实 q,那么它就可以符合任何事实。因此基于事实概念的符合论就无法解释一个真陈述究竟符合的是哪一个具体的事实。既然没有一个个体的事实是与陈述 p 一一对应的,那么使用事实概念来解释真概念这种符合论也就不能成立了。

戴维森认为,基于事实概念的符合论还存在一个问题,即事实概念其实必须根据真概念来加以说明。因此使用事实概念对于真概念加以解释,就会出现解释上的循环问题。

关于事实的一个主要问题是,我们如何对个体的事实进行精确的区分。戴维森认为,我们可以通过陈述和真来界定事实,通过区分陈述来区分事实。

戴维森说:"并非每个陈述都符合事实,只有真的陈述才会如此。但如果这样的话,除非我们可以找到分辨事实的其他方式,否则我们就无法希望求助于事实而解释真。"①也就是说,由于找不到任何其他能够分辨事实的方式,因此基于事实的符合论观点就不能成立。通过事实概念(包括陈述概念)来解释真概念这一路径就是行不通的,会导致解释上的循环。相反,我们应该通过陈述和真来解释事实,"对事实的谈论就还原为⋯⋯对真的谓述"②。

例如,"陈述 p 符合事实"或"陈述 p 是一个事实"这种表达,就可以转化为"陈述 p 是真的"这种表达。这里,所谓"符合事实"或"是一个事实",就可以为"是真的"所替换。就"'巴黎在里昂之北'这个陈述符合事实"而言,其实它所表达的就是:"'巴黎在里昂之北'这个陈述是真的。"戴维森认为,事实概念只有通过真概念和陈述概念,换言之,通过真陈述的概念才能加以说明。戴维森把这个观点称之为"关于事实的冗余论"③。通过上述分析,事实这一概念就可以消去,有关事实的本体论问题也就可以不予考虑了。

总之,戴维森从事实无法分辨和事实的说明基于真两个角度,对基于事实概念的符合论进行了批评。

(二)戴维森对塔尔斯基真之理论符合论特征的论证

戴维森不仅反驳了基于事实概念的真之符合论,而且论证了塔尔斯基式的真之理论是一种符合论。塔尔斯基为某种形式语言构造了语义性真定义,而他对语义性真的定义是基于满足概念的。塔尔斯基递归地界定了满足关系,刻画了满足概念。他认为,满足是一种语义关系,是语句和函项之间的一

---

① 戴维森:《对真理与解释的探究》,牟博、江怡译,中国人民大学出版社 2007 年版,第58—59 页,译文有改动。

② Davidson, D., "True to Facts", in *Inquiries into Truth and Interpretation*, Second edition, Oxford: Clarendon Press, 2001, p.43.

③ 戴维森:《对真理与解释的探究》,牟博、江怡译,中国人民大学出版社 2007 年版,第59 页。

种关系。这里,语句包括开语句和闭语句。开语句包含自由变元,而闭语句不包含自由变元,是真正的句子。在满足关系中,语句(包括闭语句)是被满足者,而满足语句的是函项。函项是一种映射,它把对象语言中的每一个自由变元都映射到这些变元所作用的对象上,即对象语言论域中的对象上。

一个函项 f 满足带有 n 个不同自由变元的 n 位谓词,如果该 n 位谓词适用于由该函项 f 对 n 个变元所指派的对象构成的有序对。就简单的开语句"x 是逻辑学的创始人"来说,如果某个函项 f 满足它,那么该函项 f 对变元"x"所指派的实体,换言之,函项 f 把变元"x"映射到论域中的那个个体,是逻辑学的创始人。就"x 是 y 的老师"这个包含两个不同的变元的开语句而言,如果函项 f 满足它,那么该函项对变元"x"所指派的实体就是该函项对"y"所指派的实体的老师。换言之,函项 f 把变元"x"和"y"映射到论域中的两个对象而形成的有序对,如果使得"x 是 y 的老师"为真,那么函项 f 满足它。

塔尔斯基对于满足关系进行了递归性定义。他先定义简单语句的满足关系,然后基于此递归地定义复杂语句的满足关系,从而对所有语句的满足关系加以定义。例如,对于语句 s 和 t 的合取的满足的刻画,就基于对于构成该合取语句的子句 s 和 t 的满足的刻画:一个函项 f 满足"语句 s 和 t 的合取"("s 并且 t"),当且仅当它满足 s 并且满足 t。对于语句 s 和 t 的析取的满足的刻画,就基于对于构成该析取语句的子句 s 和 t 的满足的刻画:一个函项 f 满足"语句 s 和 t 的析取"("s 或者 t"),当且仅当它满足 s 或者满足 t。按照这种方法,塔尔斯基就可以基于对简单语句的满足关系的刻画达到对复杂语句的满足关系的刻画。

在对满足关系的刻画和满足概念的界定的基础上,塔尔斯基利用满足概念对真概念加以界定。开语句包含自由变元,而闭语句即真正的语句不包含任何自由变元,并且闭语句可以通过开语句来构造。塔尔斯基把闭语句看作开语句的特殊情况,即自由变元的个数为 0 的情况。这样,对于一个闭语句而言,函项与它的关系只有两种:要么所有函项都满足它,要么所有函项都不满足它。按照塔尔斯基的说法，一个特殊的函项是否满足一个句子，完全取决于它把论域中的什么对象指派给这个句子的自由变元。因此，如果一个闭语句为所有函项满足，那么它就是真的；如果它不为任何一个函项所满足，那么它就是假的。由此，塔尔斯基通过满足关系对于闭语句的真假进行了定义。

戴维森认为："由塔尔斯基发展的语义性真概念，应当被称作一种符合论。"①戴维森称之为"利用满足概念的符合论"②。之所以把塔尔斯基的真之理论称为符合论，主要的理由在于满足概念在其中发挥了重要的作用，通过满足概念定义了真概念，而这种对于语句的真的定义表明了以下这个观点：真的性质是由语言与其他东西之间的关系来解释的。满足关系就是语句和函项对语句中的自由变元所指派的对象之间的关系。

戴维森指出，塔尔斯基基于满足概念的符合论与基于事实概念的符合论具有根本的区别。在塔尔斯基的真之理论中，满足关系与直观上理解的符合关系不同，"而用于满足的函项或序列也不可能是就像事实之类的东西"③。二者的不同可以通过变项的特征表现出来：自由变项不具体指向具体的个体，因此满足就会任意地把实体指派给变项或函项。

戴维森认为，通过对于没有自由变项的句子的分析，可以更好地理解基于满足概念的符合论和基于事实概念的符合论之间的区别。在塔尔斯基的真之理论中，闭语句的满足可以通过开语句和闭语句的满足来进行解释。开语句可以通过函项把实体指派给变项而得到满足，而闭语句是由开语句构造出来的。因此对于不同的句子来说，它们可以基于语义学的方法从不同的路径获得真。换言之，我们可以通过塔尔斯基的真之理论把一个句子为真的整个过

---

① Davidson, D., "True to Facts", in *Inquiries into Truth and Interpretation*, Second edition, Oxford: Clarendon Press, 2001, p.48.

② 戴维森：《对真理与解释的探究》，牟博、江怡译，中国人民大学出版社 2007 年版，第64 页。

③ 戴维森：《对真理与解释的探究》，牟博、江怡译，中国人民大学出版社 2007 年版，第64 页。

程描述出来。相反,基于事实的符合论无法做到这一点。按照这种符合论,所有的真句子都对事实具有相同的关系,即符合关系,因此就不可能基于对其他语句的关系而对某个句子的真加以解释。

戴维森分析了基于事实的符合论不能成立的根源。他说:"基于事实概念的真之符合论的失败,回溯到了一种共同的来源:即渴望以实体包括一个真句子所符合的东西。"①这种实体既包括真句子所谈论的对象,也包括该语句所说的一切内容。因此,一方面,基于事实的符合论无法对事实本身加以清晰地界定和说明,因为"我们很难描述证实了句子的事实,除非使用这个句子本身"②。事实本来用于说明语句的真,但它本身却要用语句来说明。另一方面,基于事实的符合论又把符合关系简单化了,似乎符合关系仅仅直接用于最简单的对象,这样显然就无法解释复杂语句的真。

总之,戴维森认为,基于事实的符合论是不能成立的,塔尔斯基的真之理论由于基于满足关系刻画句子的真,因而是一种基于满足关系的符合论。

二、结合语境的新的真之理论的刻画

戴维森认为,关于真概念的探讨,谈论陈述的真,都不能离开语言和世界的关系,离开对于句子的真的探讨。戴维森说:"陈述为真为假,是由于在做出陈述时所使用的语词,而正是语词才与世界有着有趣的、详尽的和约定性的联系。因而,任何严肃的真理论都要处理这些联系。"③语言和世界具有紧密的联系,作为某种语言的真之理论,就必须能够处理语言和世界的关系。在戴维森看来,语句才是真之载体,我们可以直接谈论语句的真,而且必须结合世

---

① 戴维森:《对真理与解释的探究》,牟博、江怡译,中国人民大学出版社 2007 年版,第64—65 页,译文有改动。

② 戴维森:《对真理与解释的探究》,牟博、江怡译,中国人民大学出版社 2007 年版,第65 页。

③ 戴维森:《对真理与解释的探究》,牟博、江怡译,中国人民大学出版社 2007 年版,第59 页。

界谈论语句的真。

人们反对语句为真之载体，一般的理由如下：对于同一个语句，当它被不同的人说出时，它的真值不确定，有时真，有时假；同一个人在不同的时间说出同一个语句，它的真值也不确定，有时为真，有时为假。戴维森认为，上述理由并不能使我们得出语句不是真之载体的结论。我们仍然可以谈论语句的真，只是需要结合语句被说出的语境因素，具体来说，在谈论语句的真时需要考虑说出该语句的说话者和它被说出的时间。戴维森说："（在一给定的自然语言中的）真不是句子的性质，它是句子、说话者和时间之间的关系。"①就是说，一个语句单独不能被说成是真的或假的，只有结合该语句的使用者和被说出的时间，它才能是真的或是假的。真不是对一个句子的性质的刻画，而是对句子、说话者和时间之间的关系的刻画。换言之，谈论一个句子的真必须结合它被使用的语境因素。

戴维森指出，上述关于语句和真的关系的看法，为我们构造一种新的真之理论提供了启发。既然只有结合语境才能谈论句子的真，因此对于自然语言中句子的真的刻画，必须考虑语句被使用的语境，主要包括说话者和说出的时间。戴维森说："真理论必须刻画或确定一种三位谓词'T s,u,t'。"②在三位谓词"T s,u,t"中，"s"指语句，"u"指说话者，"t"指语句被说出的时间。该三位谓词可读作："（作为英语的）句子 s 对说话者 u 在时间 t 是真的"。它还可以读作："由说话者 u 在时间 t 说出的（作为英语的）句子 s 表达的陈述是真的"。戴维森主张第一种表述，认为第二种表述把陈述作为真之载体，假定了陈述这一实体，而对于真的探讨，我们完全可以不需要陈述。

戴维森的观点直接与其对于真之理论的看法有关。戴维森认为，真之理

---

① Davidson, D., "True to Facts", in *Inquiries into Truth and Interpretation*, Second edition, Oxford: Clarendon Press, 2001, p.43.

② 戴维森：《对真理与解释的探究》，牟博、江怡译，中国人民大学出版社 2007 年版，第59 页。

论是关于某种自然语言的,我们是为某种自然语言构造真之理论。自然语言的交流主要是通过句子的使用进行的,它会涉及两个方面的内容:一是语句的字面意义;一是说话者通过说出该语句所意谓的东西,其中包括说话者的意向。语言交流主要就是语句的字面意义的交流,意义理论所主要刻画的就是语句的字面意义。因此,作为意义理论的恰当的形式,"真之理论处理的就是字面意义"①。

就对自然语言中的句子的真的刻画,戴维森给出了一种普遍的形式:

(作为英语的)句子 s 对说话者 u 在时间 t 是真的,当且仅当 p。

其中,"s"可为英语中的一个句子的描述替换,"p"为给出被描述的句子的真值条件的句子替换,"u"为某个说话者的名称替换,"t"为某个表示时间的具体的语词替换,那么,如此替换所形成的英语中的语句都是真语句。换言之,对于英语中的每一个语句,都存在着一个具有上述形式的真语句,而所有这些真句子(代入特例)就唯一地确定了三位谓词"T s,u,t"的外延。戴维森把这种三位谓词称为"相对化的真谓词"②,即相对于说话者和时间的真谓词。

三位谓词"T s,u,t"与谓词"T"之间的区别主要在于前者引入了语境因素,具体来说,引入了索引词。塔尔斯基的语义性真定义是针对形式语言的,他所提出的 T-模式无须考虑语境因素。戴维森借鉴塔尔斯基的 T-模式最初提出 T-图式,主要是针对自然语言的,是为自然语言构造真之理论,从而为自然语言建构意义理论。在 T-图式的基础上,戴维森进而深入探讨了自然语言中的真概念的特征,三位谓词"T s,u,t"就是基于对自然语言的索引词的情况提出的。

戴维森指出,句子模式"(作为英语的)句子 s 对说话者 u 在时间 t 是真

① Davidson, D., "True to Facts", in *Inquiries into Truth and Interpretation*, Second edition, Oxford:Clarendon Press, 2001, p.45.

② Davidson, D., "True to the Facts", in *Inquiries into Truth and Interpretation*, Second edition, Oxford:Clarendon Press, 2001, p.46.

的,当且仅当 p"本身不是真之理论,而是真之理论的组成部分。它的作用在于检验一种真之理论在内容上的适当性。如果一个真之理论不能通过它推衍出所有真的句子,那么这个理论就没有真正刻画自然语言中的真谓词的外延。

三、绝对真之理论

(一)对意义说明的"堆积木理论"的反驳

戴维森认为:"无论一种意义理论包括其他什么内容,它都必须包括对真做出解释,即陈述语言中的任意一个语句的成真条件。"[①]因此,意义理论必须说明句子的真值条件。

传统上解决意义理论这一问题,一般采取的是基于指称的理论。一般做法是,首先说明简单语句的真值条件,然后基于它们说明由它们构成的复合语句的真值条件。简单语句由名称、谓词等构成,因此,简单语句的真值条件,或简单语句的语义,要依赖于其构成部分的语义特征和这些构成部分的组合方式的语义特征来加以说明。这样看来,"真显然依赖于构成部分的语义特征"[②]。就简单语句而言,当其构成部分为名称和谓词时,名称和谓词的语义特征就是它们的指称,即它们所指称的对象。名称的指称为对象,谓词的指称为性质或概念。因此,简单语句的真依赖于其构成部分的语义特征,依赖于构成部分的指称。这种说明方式表明,"每个语句的真值条件如何是在有限的基本词汇中的词项的语义特征之函项"[③]。由此,说明语句的真值条件问题的关键,在于对构成语言的基本词汇的语义特征的解释。

按照通常的理解,一种可能的处理语句的构成部分(语词)的语义特征的

---

① 戴维森:《对真理与解释的探究》,牟博、江怡译,中国人民大学出版社 2007 年版,第259—260 页,译文有改动。

② Davidson, D., "Reality without Reference", in *Inquiries into Truth and Interpretation*, Second edition, Oxford: Clarendon Press, 2001, p.216.

③ 戴维森:《对真理与解释的探究》,牟博、江怡译,中国人民大学出版社 2007 年版,第260 页。

方法是,"要求基本词汇必须是有限的"①。也就是说,某种语言中专名的数量是有限的,谓词的数量也是有限的。这里所谓的专名是指非构造的简单的单称词项,而谓词也是指简单的非构造的谓词。基于这种要求,语言中的简单名称和简单谓词进行适当匹配,就会构成简单语句,因而简单语句的数量也是有限的,换言之,我们可以把语言中所有的简单语句都排列出来。在这种情况下,可以把每一个简单语句作为一个公理,以此能够从关于该语言的真之理论中推衍出相应的 T-语句。比如,我们可以以"亚里士多德是哲学家"这个简单语句为公理,基于 T-图式,可以推出相应的 T-语句:"'亚里士多德是哲学家'是真的当且仅当亚里士多德是哲学家。"

戴维森认为,由于语言一般不可能只包含简单的名称和谓词,上述处理语句构成部分的语义的方式就不可行。就简单谓词而言,它可以与其他联结词和变元构成更为复杂的谓词,因此必须处理这些复杂度很高的谓词的语义问题。同样,除了非构造性的简单名称之外,还有许多构造性的单称常项(constant singular terms),它们是复杂的词项,具有内部的结构,也需要对这些词项进行语义说明。

就谓词来说,有人可能会认为,我们可以按照塔尔斯基的方式处理谓词的语义。在给某种形式语言提供语义性真定义时,塔尔斯基以递归的方式,采用满足概念来处理谓词。满足关系可以表征谓词与该谓词对之为真的 n 元实体之间的关系。可以首先刻画简单命题函项的满足关系,进而刻画由简单命题函项和联结词等构成的复杂命题函项的满足关系。所谓的命题函项就是谓词。在戴维森看来,满足概念概括了类似于谓词的指称概念,我们也许会把一个谓词的指称对象定义为满足这个谓词的那些实体。这样,似乎可以通过满足概念来说明指称概念,基于满足概念的递归定义,从而可以处理复杂谓词的

---

① 戴维森:《对真理与解释的探究》,牟博、江怡译,中国人民大学出版社 2007 年版,第261 页。

语义问题。

但戴维森认为："一种绝对的真之理论并没有真正阐明满足关系。"①可以想象一种语言，我们为这种语言增加一个新的谓词。那么，我们对这种语言已做出的对真和满足的解释，并不能处理增加的那个新谓词。在戴维森看来，塔尔斯基明确了满足概念的使用范围，把它限制于确定的数量有限的谓词以及由这些谓词构成的复合词上。因此，即便满足概念适用于某种语言，它也不适用于在该种语言中增加新谓词所形成的语言，因为满足概念无法对新增加的谓词进行说明。

就复合的因而是复杂的单称常项而言，情况也大体如此，我们必须采用递归性规定来说明类似指称的关系。比如，就"亚里士多德的父亲"这个单称常项而言，它由"亚里士多德"这个简单名称和短语"……的父亲"组成。我们先确定"亚里士多德"的指称，再确定"亚里士多德的父亲"的指称。更一般的说，就 a 这个名称而言，"a 的父亲"指称"a"所指称的那个人的父亲。但由于塔尔斯基的处理方式是列举的方式，对于潜在的新的单称常项的语义或指称，我们仍然没有一般的方式来处理。

戴维森指出，传统的研究语义学，或者说明语句的真值条件的方式，是一种类似堆积木的游戏，所形成的理论是一种"堆积木理论"（Buliding-Block theory）。这种理论的核心概念是指称概念。其基本方式是：首先，解释简单专名和简单谓词的语义，即给出它们的指称；进而以此为基础，解释复杂的单称词项和复杂谓词的语义，即给出它们的指称。其次，使用指称概念来说明满足概念，把满足关系刻画为语词和它们的指称之间的关系。最后，利用满足概念来定义语句的语义，即语句的真或真语句，从而给出语句的语义，即语句的真值条件。戴维森说："这幅如何研究语义学的图景是（抛开细节不谈）一幅

---

① Davidson, D., "Reality without Reference", in *Inquiries into Truth and Interpretation*, Second edition, Oxford: Clarendon Press, 2001, p.217.

古老而又自然的图景。人们常常称之为堆积木理论。"①戴维森指出,对于这种构建语义理论的方式,由于其貌似是一种可行的自然的方式,因此人们从古至今一直在不断尝试。戴维森认为,由于这种理论存在着无法解决的问题,它是不可能构建的。

总之,有关意义的"推积木理论"的主要问题在于,以对语词的语义解释为起点,而语词的语义解释又基于指称概念;由于语句的语义解释(语句的真值条件)以语词的语义解释为基础,因此这种理论的核心概念是指称,以指称概念来说明真概念。而在戴维森看来,无法给出语词的语义解释。

(二)绝对真之理论和前分析的真概念

在意义理论的建构中,一个主要问题是给出语句的真值条件的说明。如果不以指称概念来说明语句的真,不以语词的语义(语词的指称)来说明语句的语义(语句的真),那么就必须寻找另外的解释方式。

戴维森认为,可以通过给某种特定的语言提供一个真之理论的方式,从而给出语句的真值条件的说明。戴维森所谓的真之理论是基于塔尔斯基真之理论的。戴维森说:"我所说的真之理论,意指满足某种类似于塔尔斯基 T 约定的东西的理论。"②具体来说,就某种具体的语言 L 来说,其真之理论可以基于塔尔斯基的 T-模式和 T 约定来构造。基于 T-模式,戴维森提出了 T-图式:"s 是真的当且仅当 p",通过使用语言 L 中的某个语句的规范描述替换 s,使用元语言中的能够给出该语句的真值条件的语句替换 p,由此可以形成相应的 T-语句。按照这种方式,对于对象语言 L 中的任何一个语句,真之理论都可以推衍出一个相应的 T-语句;而根据 T 约定,真之理论所推衍出的所有

---

① 戴维森:《对真理与解释的探究》,牟博、江怡译,中国人民大学出版社 2007 年版,第264 页。

② Davidson, D., "Reality without Reference", in *Inquiries into Truth and Interpretation*, Second edition, Oxford: Clarendon Press, 2001, p.215.

T-语句都是真的。这就表明,T-语句中处于联结词"当且仅当"右边的语句,为处于它左边的 L 中的语句给出了真值条件,而且所给出的真值条件是正确的,因为 T-语句是真的。

关于真之理论,戴维森进行了深入分析,认为以上述方式构造的真之理论是一种绝对的真之理论,与相对的真之理论具有不同的特征。戴维森说:"我仍然把这类理论称为绝对的真之理论,以区别于那些使真相对于一个解释、一个模型、一个可能世界或一个论域的真之理论。"①

在戴维森看来,绝对的真之理论具有如下特征:其一,"真之理论预设了一个一般性的、前分析的真概念"②。此外,真之理论还预设了我们对这个前分析的真概念的直观的部分的理解。真之理论不对真谓词下定义,而是把"是真的"这个谓词看作一个初始表达式。也就是说,前分析的真概念是一个初始概念,对它不加定义。"'是真的'这个表达式……被独立地理解。"③戴维森认为,这一点是由 T 约定确保的。

在塔尔斯基看来,T 约定是某种形式语言的语义性真定义实质上或内容上适当的标准,遵循 T 约定表明,某种语义性真定义与我们关于真概念的直观的理解相符合。而在戴维森看来,T 约定是真之理论正确的标准,是我们接受真之理论的标准。T 约定要求,所有基于 T 图式推衍出的 T-语句都是真的。正因为我们具备了关于真的直观的前分析的概念,"T-语句显然是真的(前分析地为真)"④。真概念是我们直觉把握的一个概念,我们基于对"是真的"这个谓词的部分理解,就可以确定 T-语句的真。T 约定还确保了所有的

---

① Davidson, D., "Reality without Reference", in *Inquiries into Truth and Interpretation*, Second edition, Oxford: Clarendon Press, 2001, p.216.

② Davidson, D., "Reality without Reference", in *Inquiries into Truth and Interpretation*, Second edition, Oxford: Clarendon Press, 2001, p.223.

③ 戴维森:《对真理与解释的探究》,牟博、江怡译,中国人民大学出版社 2007 年版,第262页。

④ 戴维森:《对真理与解释的探究》,牟博、江怡译,中国人民大学出版社 2007 年版,第262页。

T-语句唯一地确定了真谓词的外延,即所有"是真的"对之适用的语句都是真语句。

其二,绝对的真之理论并未对前分析的真概念做出分析和解释,也未对指称概念做出解释和分析。真之理论假定了我们对前分析的真概念的直观的理解。

戴维森认为,关于语义学研究的"堆积木理论"是以指称概念为核心的。按照这种理论,指称概念是建立语言理论与(从非语言的角度加以描述的)对象、事件和行动之间联系的直接的并且是唯一的基点。正是指称概念建立起语言和世界的联系。语言的简单构成部分对应于世界的简单构成部分。在戴维森看来,对于指称概念而言,如果我们接受其作为意义理论说明的核心概念,那么就必须能够依据非语言学的概念对它做出独立的分析或解释。例如,可以依据人们使用语言的行为和经验等对指称概念进行解释。上述研究表明,由于对构造性的复合谓词和单称常项等的指称对象无法给出合理的说明,也由于无法为简单语句的构成部分的指称提供经验证明,因此这种有关意义的"堆积木理论"是行不通的。戴维森说:"坚决主张我们必须放弃作为关于语言的经验理论之基础的指称概念。"①

(三)真之理论内部解释和关于真之理论的解释的区别

对于意义理论的研究,戴维森概括了两种研究路径或方法。其一,"堆积木式的方法"②。这种方法以指称概念为核心,以语词为出发点。首先说明简单语词的语义,然后说明复杂语词的语义,以及由语词构成的表达式的语义。这种方法采取的是由语言的简单表达式(包括语词)到复杂表达式(包括语

---

① 戴维森:《对真理与解释的探究》,牟博、江怡译,中国人民大学出版社 2007 年版,第266 页。
② 戴维森:《对真理与解释的探究》,牟博、江怡译,中国人民大学出版社 2007 年版,第265 页。

句)的语义解释的路径。这种方法假定语词的意义先于语句的意义。其二，整体论的方法。这种方法以真概念为核心，以句子为出发点。与"堆积木式的方法"相反，首先说明复杂表达式(至少是简单语句)的语义，然后从中抽象出复杂表达式的构成部分(包括语词)的语义。这种方法以语句意义的说明为起点，语词意义的说明是基于语句意义的说明的。

戴维森认为，由于我们不能对指称概念做出一种非语言的正确的刻画，因此在意义理论研究中不能采用"堆积木式的方法"。戴维森主张第二种方法，即采取整体论的方法，把语句作为意义理论研究的起点，因为语句"正是我们能有希望把语言与从非语言的角度描述的行为加以连接的地方"①。

戴维森从意义理论的任务的角度对整体论方法进行了论证。他认为，意义理论的主要任务是"求助于较简单的(或至少是不同的)概念来对语言和交流做出解释"②。基于意义理论研究的"堆积木式的方法"的问题，人们转向通过非语言表征的事件、对象和行为等展开对意义理论的研究。其中一个重要的转向就是从以语词的意义作为起点和焦点到以语句的意义作为起点和焦点。也就是说，赞成一种使语句成为经验解释的焦点的研究方向。

关于整体论的意义观，戴维森说："语词除了在语句中发挥作用以外别无其他功能，这也就是说，它们的语义特征是从语句的语义特征中抽象出来的，正像语句的语义特征是从语句在帮助人们达到目标或实现意向时所起的作用中抽象出来的一样。"③在戴维森看来，语句是言语行为的基本单位，我们是通过说出一个语句进行交流，并由此完成各种任务，达到各种目的。因此意义理论研究直接从语句意义的说明开始，而对语词的意义的说明基于对语句的

---

① 戴维森:《对真理与解释的探究》，牟博、江怡译，中国人民大学出版社 2007 年版，第266 页。

② 戴维森:《对真理与解释的探究》，牟博、江怡译，中国人民大学出版社 2007 年版，第259 页。

③ 戴维森:《对真理与解释的探究》，牟博、江怡译，中国人民大学出版社 2007 年版，第264—265 页。

意义的说明。

戴维森解决某种语言的意义问题的整体论方法的具体路径，就是为之提出一种正确的满足 T 约定的真之理论，并且由于真之理论满足了意义理论的基本要求，因此可以作为意义理论的基本形式。戴维森说："真之理论有助于我们回答通过语言进行交流如何是可能的这个基本的问题。"①这里问题在于，如何基于真之理论对语词的语义特征做出解释。

戴维森指出，塔尔斯基的真之理论只是界定了某种带有初始词汇的形式语言的真概念的外延，即界定了"是真的"这个谓词的外延，限定了真语句的范围。它并未对前分析的真概念和指称概念进行分析或解释。但戴维森认为，基于塔尔斯基式的真之理论所构造的一种绝对的真之理论，可以根据个别语句的语义结构来解释这些语句的真，但在解释这种真之理论时，我们无法使语词的语义特征成为基本的语义特征。

戴维森为此区别了在真之理论内部的解释与关于真之理论的解释。在真之理论内部，"一个语句的成真条件是由诉诸所设定的结构以及像满足和指称这样的语义概念来确定的"②。戴维森认为，在真之理论内部，为了说明语句的真值条件，我们可以设定一些语言层面的东西，即各种类型的语言表达式，比如专名、谓词、联结词、量词，等等；它们是语句的构成部分，戴维森称之为"语词工具"。在此基础上，进而设定指称和满足等一些语义概念，用来说明上述表达式的意义，比如专名的指称、谓词的指称，等等。就一个语句而言，在做出上述设定的基础上，我们就可以基于句子的句法结构来分析语句的语义结构，从而对句子的语义即真进行分析和解释。

戴维森说："我的建议是，语词、语词意义、指称和满足都是一些我们需要

---

① Davidson, D., "Reality without Reference", in *Inquiries into Truth and Interpretation*, Second edition, Oxford: Clarendon Press, 2001, p.222.

② 戴维森：《对真理与解释的探究》，牟博、江怡译，中国人民大学出版社 2007 年版，第266 页。

用来完成真之理论的假定。"①无论是句法概念还是语义概念,都是我们为了完成真之理论所设定的东西,都是一种理论构造,它们在陈述语句的真值条件时发挥其作用,其目的在于说明语句的语义,即语句的真值条件。需要注意的是,这种说明是在真之理论内部进行的。戴维森指出:"当它们用做这一目的时,无须为它们提供独立的确证或经验的基础。"②而且,其中没有一样东西是可以直接面对证据的。也就是说,我们无须从经验的角度解释这些概念,我们无须为它们提供检验的内容。例如,我们不必解释指称概念的经验基础,无须通过指称概念来确立名称和谓词与相应的对象之间的关系。

对于真之理论的解释,却与真之理论内部的解释完全不同,它必须从语句出发,必须为语句的意义提供经验的证明。戴维森说:"当要对作为一个整体的真之理论做出解释时,正是适用于闭语句的真概念必须与人的目标和活动联系在一起。"③

戴维森认为,真之理论是一种经验的理论,关于真之理论的解释必须从经验出发。我们需要解释一种真之理论成立的原因。而要做出这种解释,就必须达到以下要求:"把这种真之理论与使用并不特定于所涉及的那种语言或语句的术语来描述的行为和态度相联系。"④换言之,"把这种[真之]理论与更基本的事实相联系"⑤。这里所谓的"行为和态度",是语言说话者的与语言的使用(主要指语句的使用)相关的行为和态度;所谓的"更基本的事实",

---

① Davidson, D., "Reality without Reference", in *Inquiries into Truth and Interpretation*, Second edition, Oxford: Clarendon Press, 2001, p.222.

② 戴维森:《对真理与解释的探究》,牟博、江怡译,中国人民大学出版社 2007 年版,第 266 页。

③ Davidson, D., "Reality without Reference", in *Inquiries into Truth and Interpretation*, Second edition, Oxford: Clarendon Press, 2001, p.222.

④ 戴维森:《对真理与解释的探究》,牟博、江怡译,中国人民大学出版社 2007 年版,第 267 页,译文有改动。

⑤ Davidson, D., "Reality without Reference", in *Inquiries into Truth and Interpretation*, Second edition, Oxford: Clarendon Press, 2001, p.222.

是语言的说话者使用语言时所涉及的对象和事件,是与语言使用相关的事实。解释真之理论的问题实质上是从经验上验证该理论的问题,而这种验证必须与语言的说话者使用语言时所涉及的行为、态度和事实相关联。需要说明的是,这里所涉及的行为、态度和事实都不能使用为其提供真之理论的那种语言来描述,否则就会出现循环解释问题。

真之理论的解释问题,就归结于什么东西能够把真之理论与说话者的行为、态度以及相关的事实相联系。戴维森认为,真之理论所推衍出的T-语句,可以建立上述二者的联系。绝对真之理论是按照塔尔斯基式的真之理论构造的,对于对象语言L中的任何语句,它都可以推衍出相应的T-语句,而这些T-语句可以把真之理论与说话者的行为和态度以及相关的事实加以联系。真之理论的解释和验证的关键在于,其所推衍出的所有的T-语句是否都为真。如果所有的T-语句都为真,那么由此表明真之理论满足了作为真之理论标准的T约定,因而每一个T-语句都对对象语言中的某个语句给出了真值条件,换言之,给出了每一个语句的意义。因此,只要我们能够为T-语句提供经验的证据的支持,证明所有的T-语句为真,我们就可以为真之理论提供经验上的支持。

如上所述,关于这个问题,戴维森借助于一个前分析的一般性的真概念。戴维森说:"真之理论预设了一个一般性的、前分析的真概念。"[1]正是因为我们具有了这一概念,才能知道何种东西是T-语句为真的经验证据。

四、从真之理论到解释理论

基于对实在论的真理观和反实在论的真理观的批评,戴维森提出了自己关于真概念的观点和真之理论。戴维森论述了真概念和真之理论的任务,并且探讨了真之理论的检验问题。

---

[1]　Davidson,D.,"Reality without Reference",in *Inquiries into Truth and Interpretation*,Second edition,Oxford:Clarendon Press,2001,p.223.

（一）真之理论的作用和验证

关于真概念，戴维森说："可被公开观察到的是语句在语境中的使用，真概念是一个我们对它理解得最好的语义概念。"①这里戴维森明确指出，真概念是一个语义概念，真概念与语言使用具有紧密的关系，我们可以借助于真概念解释语言中的语句，给出语句的意义。同时，戴维森也表明真概念与语言使用者的关系，即真概念是我们非常熟悉的概念，我们语言使用者对于真概念具有最好的理解和把握。

戴维森认为，我们理解真概念的前提是，我们知道使一种真之理论对于说话者是适用的究竟是什么；我们能够说明真概念的前提是，我们知道使得真之理论为真的究竟是什么。② 真理之理论与真概念二者之间具有以下关系：要解释真概念，给出真概念的定义，就必须从真之理论入手，必须从真之理论的验证入手。

戴维森认为，真概念是我们清晰地把握的最基本的概念，因此"梦想消去它而使用某种更简单或者更基本的东西，是徒劳的"③。真概念是最为基本的概念之一，任何通过其他东西对它进行定义，或者任何把真概念还原为其他概念都是错误的。

戴维森关心的主要问题是，当真概念应用于我们所理解的语言时，它具有什么样的形式特征。在他看来，塔尔斯基关于形式语言的真定义，给我们提供了重要的启示。我们可以利用塔尔斯基式的真定义的方式，借助于真概念来描述我们的语言结构。

---

① Davidson, D., "The Structure and Content of Truth", *The Journal of Philosophy*, vol.87, No.6, 1990, p.300.

② Davidson, D., "The Structure and Content of Truth", *The Journal of Philosophy*, vol.87, No.6, 1990, p.301.

③ Davidson, D., "The Structure and Content of Truth", *The Journal of Philosophy*, vol.87, No.6, 1990, p.314.

　　戴维森认为,真之理论关注的是语句表述。塔尔斯基的真之理论的主要不足在于,他没有揭示真概念与语言使用的联系。在塔尔斯基那里,主要探讨的是语句。而在戴维森这里,主要探讨的是语句表述。表述这个概念涉及说话者对于语句的使用。真之理论处理的主要是说话者对于语句的表达或书写,即语句的表述。语句本身是抽象的东西,是一种类型,并不具有真值条件。人们使用语句进行的表述,比如对语句的书写,以及对语句的口语表达,相对于语句类型来说都是语句殊型,它们才具有真值条件。简单地说,一个说话者说出某一个语句的行为是一种表述行为,那个被说出的语句就是一个语句表述。只有这个表述才涉及真值条件问题。

　　戴维森指出,引入语句有两个目的:一是它允许我们可以讨论相同的语句类型的所有不同的语句殊型;二是它允许我们规定当某个给定类型被表述时,它的殊型所具有的真值条件是什么。在戴维森看来,"表述本质上是个人化的"①。表述本质上是语言使用者的表述,每个表述涉及说话者、表述的时间以及表述的情境。每一个表述都是一个特殊的事件、一个意向行动。戴维森说:"真之理论主要关注语句的表述。"②语句或语句的表述在有关真之理论的探讨中具有重要的地位,居于首先要考虑的位置。其理由在于,真之理论为在某种语境下被表述的语句提供真值条件,同时,真概念也只对在特定语境中被使用的语句加以谓述。语句和语句的表述具有以下关系,即在语句为真的条件下,该语句的表述为真。

　　戴维森认为,真之理论不仅主要关注语句表述,而且它主要针对的是个别说话者。每一个说话者都有其个人特殊的经历,都处于特定的人生的阶段,都处于不同的时间节点,真之理论所适用的就是这样的个别说话者。真之理论

---

　　① Davidson,D.,"The Structure and Content of Truth",*The Journal of Philosophy*,vol.87,No.6,1990,p.309.

　　② Davidson,D.,"The Structure and Content of Truth",*The Journal of Philosophy*,vol.87,No.6,1990,pp.309-310.

是关于说话者的真之理论,它被用来解释说话者的表述,说明说话者的表述的意义。

戴维森从各种角度探讨了真之理论的作用和任务。他认为,真之理论的主要作用在于,对于语言中的每一个语句,它都可以给出使用它所做出的表述的真值条件。真之理论不仅能够给出每一个实际的具体的表述的真值条件,而且能给出一个语句当被用来做出一个表述时的真值条件,从而能够描述尚未被表述的语句的真值条件,因此它可以给出某种语言中的所有语句的真值条件,它对于语言的说明具有普遍性。这也是戴维森提出的可行的真之理论所应该满足的赋义性条件。

戴维森还从说话者和解释者之间联系的中介的角度,探讨了有关真之理论的知识,明确阐明了真之理论的作用。戴维森说:"一种真之理论把说话者与解释者联系起来。它同时既描述说话者的语言能力和语言实践,又给予一个有知识的解释者所知的东西以实质内容,以此使得他能够把握说话者表述的意义。"[①]

戴维森关于真之理论的作用的论述主要有以下三层涵义:其一,真之理论描述说话者的语言能力和语言实践。真之理论可以用来刻画说话者说一种语言的能力,说话者对于一种语言的整体的把握。在这种意义上的真之理论,戴维森称之为意义理论。要描述说话者的语言能力,就必须假定说话者具有真之理论的知识。说话者正是因为具有真之理论的知识,才能从事语言实践。当然,这种知识对于说话者来说并非是命题性的知识,也不是明确的知识,说话者甚至可能没有意识到真之理论的知识的内容。真之理论知识描述说话者的表述为真的条件,并未对说话者的知识加以直接说明。戴维森认为,真之理论蕴涵了关于说话者的某些意向的命题内容,即该说话者的表述按某种方式加以解释这样的意向。

---

① Davidson, D., "The Structure and Content of Truth", *The Journal of Philosophy*, vol.87, No.6, 1990, p.311-312.

　　其二,真之理论赋予了解释者关于说话者的表述的真值条件的知识,从而使得他能够把握说话者的表述的意义。对于解释者,真之理论为他提供了有关说话者的知识,尤其是一个说话者使用语言中无限多语句中的任何一个语句时所做出的表述为真的条件。戴维森认为,解释者尽管无须具备关于这种理论的明确知识,但如果他对于说话者的真之理论具有明确的命题知识,那么他就能够理解说话者的表述的真值条件。真之理论是解释者对于说话者的表述加以解释的理论,通过真之理论,解释者把真值条件赋予说话者的表述。

　　其三,真之理论是连接说话者和解释者的桥梁。戴维森认为,语言交流主要涉及说话者和解释者(听者)之间的相互理解,主要在于对于真和意义的理解。在探讨语言理解问题时,我们应该关注说话者通过其表述直接给予解释者的东西,即"说话者的相关的心智状态"①。语言交流成功的因素在于,就说话者而言,他具有的特定的意向将以某种特定的方式被加以解释;就解释者来说,解释者能够识别说话者的意向,从而能够采取说话者所想要的方式加以解释。总之,说话者和解释者是语言交流的主体,真之理论蕴涵了说话者借助真之理论,通过他的表述给出其真值条件的意向;给出了说话者的表述的真值条件,即给出了说话者表述的意义。解释者通过说话者的表述,识别了说话者力图按照他的方式(即按照真之理论)被解释的意向,因而把握了说话者的表述的意义。因此,真之理论是成功的语言交流得以进行的条件。

　　戴维森认为,在以下这种意义上说,关于一个说话者的真之理论是一种意义理论,即关于真之理论的明确的命题知识足以理解该说话者的表述。在戴维森看来,真之理论描述了说话者潜在的和实际的言语行为的核心内容,即每当说话者对于语言中的一个语句进行表述时,他都陈述了该表述的真值条件。他意图解释者能够按照真之理论来解释他的表述,把握他的表述的真值条件。因此,如果解释者已经知道关于说话者的真之理论的明确的知识,那么,他当

---

　　① Davidson, D. , "The Structure and Content of Truth", *The Journal of Philosophy*, vol.87, No.6, 1990, p.311.

然就具有了解释该说话者的表述的能力,他能够借助真之理论理解说话者说出的每一个语句,他因此就能够把握每一个表述的意义。

戴维森指出,真之理论描述解释者对于说话者的理解。解释者理解说话者的表述,他理解的是说话者借以做出表述的语句的字面含义,而"真值条件理论给出关于理解表述的字面意义所需东西的适当的说明"①。这里,"真值条件理论"就是真之理论。真之理论给出的语句的意义,即是语句的字面含义。戴维森谈到了说话者的表述的语力问题。如果一个解释者要理解一个说话者,他必须对于说话者表述的语力有所领会。对于表述的语力,在语言交流中说话者能够向听者表达,而听者一般也足以能够察觉到它。但戴维森认为,不可能形成关于表述的语力的可行的理论。戴维森的真之理论所给出的表述的意义,并不包含表述的语力,它只关注表述的含义,而不关注表述的语力。

戴维森探讨了真之理论的验证问题。在他看来,一个真之理论是否适合于一个特定的说话者,一个关于说话者的真之理论是否是正确的,这是十分重要的问题。真之理论是经验理论,它描述语言使用者的语言能力和语言实践。真之理论既描述说话者的表述的内容,也描述解释者对于说话者的表述的解释,因而它是语言交流借以成功进行的基础。

作为经验理论,就需要通过理论的后果,即理论推出的结论来进行检验。如果一个经验理论所推出的结论都是真的,那么在一定程度上我们就确证了该经验理论。在戴维森看来,真之理论是一种经验理论,它的理论后果就是它所推出的 T-语句。对于对象语言中的每一个语句,它都能推演出一个相应的 T-语句,因此我们可以借助于 T-语句来验证真之理论的正确性。一个 T-语句给出了对象语言中的语句的真值条件。它表达的是,每当一个说话者说出了一个语句,他的表述为真当且仅当使得该语句为真的条件满足。问题的关键在于由真之理论推出的所有的 T-语句是否都是真的。

①　Davidson, D., "The Structure and Content of Truth", *The Journal of Philosophy*, vol.87, No.6, 1990, p.313.

作为真之理论的推论，如果 T-语句是假的，那么就可以反证该真之理论是错误的，不能成立的。

验证真之理论，当然需要相关的证据。戴维森通过对真之理论的证据的明确要求，来解决如何确证 T-语句为真这一问题。戴维森说："真之理论的证据不应在先假定将要说明的概念。"①戴维森对于真之理论的证据提出了两个要求：一是证据必须在原则上是可公共地通达的，可以被所有的语言使用者可公共地获得。二是证据所涉及的概念必须是简单的，所有有关证据的说明都不能依赖于未经确证的其他概念。如果做不到这一点，就会导致循环论证。

戴维森提出关于真之理论的证据的可公共通达的要求，是基于对语言和真之理论所涉及的对象的理解。戴维森认为，真之理论是用来说明语言的意义、语句表述的真值条件以及解释者对于说话者的表述的理解的理论，它是关于语言的理论，要解释的是语言现象。语言现象涵盖了行为上、生物上和物理上的各种现象，是一种复杂的社会现象。"语言本质上是社会性的"②，作为社会言语交流的重要手段，在语言交流中，解释者对于说话者的表述的正确解释原则上都是可能的。语言的社会性蕴涵着以下关于意义的观点："意义是由可观察的行为，甚至易于观察的行为来完全确定的。"③因此，人们理解意义，这是由一种客观的公共可观察的行为确定的。公共可获得性是语言的构成方面。

从语言的社会性角度，戴维森提出了关于语言和意义的观点。它主要包含以下三层涵义：

一是意义是由语言使用者的可观察的行为完全决定的。探讨意义问题，

①　Davidson，D.，"The Structure and Content of Truth"，*The Journal of Philosophy*，vol.87，No.6，1990，p.314.

②　Davidson，D.，"The Structure and Content of Truth"，*The Journal of Philosophy*，vol.87，No.6，1990，p.314.

③　Davidson，D.，"The Structure and Content of Truth"，*The Journal of Philosophy*，vol.87，No.6，1990，p.314.

就必须从语言使用者的可观察的行为,尤其是与其表述相关的可观察的行为开始。

二是语言使用者与其表述相关的可观察的行为,就是确定他的表述意义的主要的初始证据。这种证据对于任何一个语言交流者来说,尤其是对于语言的解释者来说,都是可以公开获得的。换言之,无论是说话者还是解释者,他们都能够观察到这些证据。因而,说话者的表述的意义可以被听者或解释者识别出来,意义并非是不为人所知的内在的神秘的东西。

三是语言的本质在于其意义的公共可获得性。言语行为是一种社会行为,言语交流是社会交往的一种方式。语言的重要性质之一即它的意义是可公共获得的,意义的可公共获得性,即语言的意义是可为所有语言使用者获得的,这一点保证了语言交流的可能性。总之,语言使用者的可观察的行为确定其表述的意义,通过说话者的可观察的行为可以辨识他的表述的意义。

（二）解释理论

既然说话者的表述的意义来源于说话者的言语行为,戴维森关注的问题是,如何从说话者的可观察的证据获得其表述的意义。语言现象是一种复杂的社会现象。一个说话者使用一个语句作出某个表述时,涉及许多因素,包括说话者的信念、说话者的愿望和说话者表述的意义。

戴维森认为,信念、愿望和意义三个概念之间具有内在的联系,三者之间的内在联系导致我们不能通过其他一个或两个概念来说明其中的一个概念。在这种情况下,当一个解释者面对一个他本身也不懂的语言的说话者的表述时,他如何解释说话者的表述呢？按照戴维森关于意义的理解以及关于真之理论的证据的理解,解释者只得从说话者的与表述有关的行为和环境出发,这些行为和环境就构成了说话者的表述的意义的证据。

戴维森的解决方法受奎因的彻底翻译的理论的影响。奎因认为,尽管我们无法直接观察到说话者做出表述时的意向,但基于言语交流的证据必须是公共可获得的这一看法,我们可以从与表述相关的可获得的证据中推出表述的意义。在彻底翻译的情境下,可被观察到的东西只能是与环境相关的言语行为,根据这些言语行为,可以推出说话者对于语句的态度,即以可推导出某些事件使得说话者认为一个语句为真的态度。

在戴维森看来,说话者认为一个语句为真的态度,是一种简单的对于语句的态度,它由两个因素决定:一是说话者的信念,即说话者相信某种事实或事件的存在;二是语句所包含的意义。这两个因素决定了说话者对于一个语句的态度。而意义和信念的关系表明,我们不能以一个概念来说明另一个概念,也不能把一个概念还原为另一个概念。因此,戴维森认为,如何区分上述两个因素在说话者认为语句为真的态度中所起的作用,就是奎因需要解决的难题。

奎因要解决的是说话者的表述的意义问题,他采取的方法是:"使一种因素在某些情境下保持稳定,与此同时确定另一种因素。"①奎因选取的被稳定的因素是说话者的信念。解释者可以在解释说话者的语言之前,就说话者的信念做出某些假定。奎因假定,在某种境况下说话者可能具有某些信念,以此为基础来说明说话者的表述的意义。在奎因看来,一个有关陌生的部落语言的翻译者现在处于这样的境况:他已经通过与该语言的说话者的言语行为相关的事实,推出说话者可能持有的关于一个语句为真的态度;他已经假定了说话者具有某些信念。翻译者所要继续做的工作是,在上述情况下引出说话者的表述的意义,问题的关键是对于说话者假定什么样的信念。奎因假定了解释者和被解释者之间具有信念上的广泛一致性,由此引出了关于翻译的宽容原则。

戴维森受到奎因上述方法的启示,提出了自己的解释理论。戴维森要解决的问题是:"解释者需要知道说话者的语言的语义学,即由一种真之理论衍

---

① Davidson, D., "The Structure and Content of Truth", *The Journal of Philosophy*, vol.87, No.6, 1990, p.319.

推的 T-语句所传达的东西。"①关于宽容原则,戴维森说:"理解一个当事人的言语或行动之可能性依赖于一种基础理性范型。"②戴维森认为,信念与信念之间是相互联系的,它们构成了信念之网。理解一个说话者的言语的前提是解释者和说话者共有一种基础理性范型,这种基础理性范型是所有有理性的人都具有的,是所有有理性的人语言交流的基础。它既是所有有理性的人持有相同的认识的基础,也是他们持有不同的认识、产生分歧的基础。也就是说,解释者要把被解释者看作是有理性的人。

在这种情况下,解释者如果要理解被解释者的言语,他就必须把自己的逻辑投射到被解释者的语言和信念上。我们基于与说话者的表述相关的行为和事实,认定说话者对于某个语句持有认为它为真的态度。作为有理性的人,我们是遵循特定的逻辑规律和规则的,比如我们遵守矛盾律,我们的信念是一致的。因此,当我们把我们的逻辑投射到被解释者的信念时,按照宽容原则,那些说话者认为真的语句之间必然也是相容的,不会自相矛盾的。

戴维森认为,基于上述逻辑上的投射,我们只是获得对于被解释者的语言中的逻辑常项的说明。对于单称词项和谓词的解释,我们不仅要观察一个说话者认为什么样的语句是真的,而且要观察说话者认为一个语句为真的特定的外部环境,尤其是那个外部环境所包含的对象和事件。这里涉及与说话者的表述直接相关的外部世界的什么对象和事件使得他具有了认为该语句为真的态度。在戴维森看来,这些外部世界中的对象和事件是公共可观察的,是说话者和解释者都能够观察到的。

戴维森以"咖啡准备好了"这个语句为例对此进行了说明。一个解释者观察到一个被解释者的如下行为:当被解释者看到咖啡准备好了的时候,他就

---

① Davidson, D., "The Structure and Content of Truth", *The Journal of Philosophy*, vol.87, No.6, 1990, p.319.

② 戴维森:《真理、意义与方法——戴维森哲学文选》,牟博选编,商务印书馆 2008 年版,第 111 页。

会认为"咖啡准备好了"这个语句为真;反之,当被解释者看到咖啡没有准备好的时候,他就不会认为"咖啡准备好了"这个语句为真。在这个语言环境中,涉及咖啡等对象,涉及咖啡准备好了等事件。基于戴维森的看法,解释者就可以提出关于说话者的语言的真之理论,该理论可以推断:说话者认为"咖啡准备好了"这个语句的表述为真当且仅当他看到在做出这一表述的时候咖啡准备好了。这个例子表明,解释者和说话者在语言交流过程中所共同观察到的对象和事件,是促使解释者构造有关说话者的语言的真之理论的根据。

以上是戴维森对于被解释者的语言的逻辑、单称词和谓词的解释的论述。戴维森还专门探讨了对于可观察性的语句(包括可观察性的谓词)的解释问题。戴维森说:"我的方法则是外延论的。"①在他看来,说话者的表述的内容是与该表述行为相关的世界中的对象和事件,这些对象和事件是说话者的言语行为涉及的题材。这些对象和事件对于说话者和解释者来说都是可观察到的,它们是说话者对一个语句采取赞成态度的原因。从外部世界去探求使得说话者认为一个语句为真的原因,戴维森把这种思路称之为外延论的思路。

戴维森认为,解释者对于说话者表述的解释的出发点,在于辨识出说话者认为某个语句为真这种关于语句的简单的态度。解释者对于说话者的简单态度的识别,只是基于说话者做出表述时的语言行为和周围的环境。说话者赋予语句以意义,解释者解释说话者的语句。解释者解释说话者的语句的主要根据在于,有关世界中使得说话者倾向于认为某个语句为真的那些事件和情境的信息。②

戴维森论述了观察语句的命题内容所具有的特征。在他看来,在大多数情况下,观察语句的命题内容由那些对于说话者和解释者来说共同的并且显

---

①　Davidson, D., "The Structure and Content of Truth", *The Journal of Philosophy*, vol.87, No.6, 1990, p.321.

②　Davidson, D., "The Structure and Content of Truth", *The Journal of Philosophy*, vol.87, No.6, 1990, p.322.

著的东西所确定。所谓共同的并且显著的东西,应该就是与说话者的表述相关的世界中的对象和事件。这些对象和事件是可为说话者和解释者所共同观察到的显著的对象和事件。

戴维森说:"客观性与交流的最终源泉是这种三角关系,它通过把说话者、解释者与世界联系在一起,以此确定思想和言语的内容。"①戴维森的表述十分重要,表明了戴维森关于真概念和真之理论的重要的看法。

戴维森认为,说话者和解释者享有共同看法的基础是他们面对的是同一个世界、同一个世界中的对象和事件。基于宽容原则可以推出,说话者和解释者关于世界的看法在很大程度上是正确的,是关于世界的正确的描述。换言之,说话者或者解释者关于世界所做出的大多数表述都是真的。因此,语言交流得以成功、解释者对于说话者的解释得以可能的最终的基础,就在于由说话者、解释者和他们共有的世界构成的三角关系,这个三角关系确定了语言表述的意义和思想的内容。具体来说,这个三角关系主要体现在以下两个方面:一是说话者和解释者共有的世界把他们二者联系起来,离开了说话者和解释者共有的世界,思想和言语就缺乏内容,解释者对于说话者的表述的意义就无法把握,他们之间也就无法相互理解;二是离开了说话者和解释者,世界也就失去了意义。

在上述论述中,戴维森表达了更为重要的观点,即语言表述的客观性、思想的客观性的最终源泉在于由说话者、解释者和他们共有的世界构成的三角关系。这种三角关系确保了真的客观性。由此戴维森认为,那种导致相对主义的认识论的真理观,那种相对化的真概念,因为有了这种三角关系,就没有任何存在的余地。

总之,戴维森认为,人们之间相互理解基于语言交流,而成功的语言交流基于交流双方能够相互理解对方的表述,而说话者的表述的内容是由真之理

---

① Davidson, D., "The Structure and Content of Truth", *The Journal of Philosophy*, vol.87, No.6, 1990, p.325.

论所确定的。真之理论是语言解释的理论基础。

第三节　达米特与戴维森真理观的比较

达米特认为,戴维森持有的真理观是实在论的真理观,与人的认识无关。戴维森认为,达米特的真理观是认识论的真理观,是反实在论的真理观,它把真与人的认识相联系,容易导致相对主义。戴维森既反对实在论的真理观,又反对反实在论的真理观,主张真与思想、语言和实践的紧密关系。

一、达米特对实在论真理观的批评

(一)达米特对弗雷格关于真概念的解释的批评

达米特认为,弗雷格给出了一个关于“真”(true)这个语词的意义的说明,这个说明非常流行。弗雷格关于真的看法可表述为:“P 是真的”与语句 P 具有相同的涵义(〔It is true that P 〕has the same sense as the sentence P)。在弗雷格看来,我们断定语句 P 与断定语句“P 是真的”,表达了相同的意思,它们具有相同的涵义。换言之,我们在语句 P 之后加上“是真的”这个谓词并没有为 P 增加更多的东西。按照弗雷格关于“真”这个语词的解释,“我们对‘是真的’(is true)的解释,唯一地确定了该谓词的含义或至少是它的应用:对于任意给定的命题总是存在一个表达该命题的语句,而那个语句陈述了该命题为真的条件。”①表达一个命题的语句陈述了该命题的真值条件。

达米特认为,弗雷格关于“真”的意义的说明,并未完全解释“真”这个语词的意义,它也不能在任何情形下都可以运用。达米特对弗雷格关于真概念的说明进行了反驳,他的反驳主要涉及以下三个方面。

---

① Dummett,M.,“Truth”,in *Truth and Other Enigmas*,Cambridge,Mass.：Harvard University Press,1978,p.4.

首先,达米特认为,弗雷格关于真的说明对于那些既不真也不假的语句不能成立。语言中存在着这样的语句,该语句的主项(概念)没有外延,或者没有指称,通常我们可以把这种情况称为主项不存在。在弗雷格看来,当句子中的主项(专名)没有指称时,句子也就没有指称。在这种情况下,句子所表达的命题(思想)既不真也不假。

达米特指出,在这种情况下,弗雷格关于真的说明就不是正确的。达米特举例道,就主项不存在的单称陈述而言,该陈述不具有真值,它既不真也不假。因此,在这种情况下,"It is true that P"是假的,因为说既不真也不假的 P 是真的,这肯定是假的;而 P 既不真也不假。所以"It is true that P"与 P 不具有相同的涵义。达米特说:"弗雷格的这种解释不能给出语词'真'的全部意义。"①

其次,达米特认为,弗雷格关于真的说明不能给出关于假的说明,也不能说明句子的否定的涵义。这里涉及对于否定的涵义的解释,它不能给出 P 的否定的说明。如果类似于给出关于语词"真"的说明那样,给出语词"假"(false)的说明,那么我们就可以形成以下表述:"P 是假的"与 P 的否定具有相同的涵义("It is false that P"has the same sense as the negation of P)。上述关于假的说明,依赖于关于"P 的否定"的理解。

在达米特看来,逻辑的形式语言系统对于一个语句的否定有明确的界定,形成一个句子的否定只需在该语句之前加上一个否定符号,并且否定符号的涵义是确定的。但在自然语言中,我们没有唯一表示否定的语词。达米特问道:那么我们是如何识别一个语句是另一个语句的否定呢? 我们如何解释句子 P 的否定呢? 一般的解答是:句子 P 的否定是真的当且仅当 P 是假的;它是假的当且仅当 P 是真的。达米特指出,本来我们力图通过 P 的否定给出"假"的说明,但以上关于"P 的否定"的说明又使用了假这一概念,因此用 P

---

① Dummett, M., "Truth", in *Truth and Other Enigmas*, Cambridge, Mass.: Harvard University Press, 1978, p.5.

的否定的概念来解释"假"的涵义就出现了循环解释。仍然存在的问题是,给定了原初句子的涵义,我们一般如何确定它的否定的涵义。

最后,达米特探讨了有关联结词"或者"的涵义的说明,他认为这里也存在着类似于对于否定的涵义的说明的问题。达米特认为,我们按照以下方式可以给出关于联结词"并且"的涵义的说明:通过说在我们有能力断定 P 并且有能力断定 Q 的情况下,我们有能力断定"P 并且 Q"。断定"P 并且 Q"是基于我们有能力分别断定 P 和 Q。

但是,如果我们接受了二值逻辑,我们就不可能给出关于"或者"的如下类似的说明:我们在有能力断定 P 或者有能力断定 Q 的情况下,我们有能力断定"P 或者 Q"。在达米特看来,我们是因为具有了关于断定 P 的最终证据或者 Q 的最终证据的情况下,我们才有能力断定"P 或 Q"。但由于假定了二值逻辑,我们经常在既无能力断定 P 也无能力断定 Q 的情况下,却能够断定"P 或者 Q"。达米特说:"由于我们经常作出形如'P 或者 Q'的陈述,当作出它们的最终的证据(在上面所标明的意义上说),既不是 P 为真的证据,也不是 Q 为真的证据时,困难出现了。这种情况最令人吃惊的个例是这个事实,即我们愿意并能够断定任何一个形如'P 或者非 P'的陈述,即使我们既没有 P 为真的证据,也没有'非 P'为真的证据。"①

"P 或者非 P"是二值逻辑中排中律的一个特例,因此根据二值逻辑,我们可以随时断定它,而不管是否具有断定 P 或断定非 P 的最终证据。但达米特认为,如果我们缺乏断定 P 或断定非 P 的最终证据,我们就缺乏断定"P 或者非 P"的最终证据,我们就不能断定"P 或者非 P"。我们断定它的前提是,我们具有断定 P 或者非 P 的最终证据,而我们往往是根本不考虑对于 P 的断定或非 P 的断定的情况下,就随意地断定"P 或者非 P"。

有人可能会诉诸真值表关于"或者"的解释,来为断定"P 或者非 P"加以

---

① Dummett, M., "Truth", in *Truth and Other Enigmas*, Cambridge, Mass.: Harvard University Press, 1978, p.6.

辩护。但真值表规定,我们可以从 P 推出"P 或者非 P",我们也可以从非 P 推出"P 或者非 P"。达米特认为,真值表的这种关于"或者"的意义的说明,其实是来源于弗雷格关于"真"和"假"的说明。按照弗雷格的观点,"P 是真的"与 P 具有相同的涵义,"P 是假的"与"P 的否定"具有相同的涵义,因此,P 或者非 P,可转化为:P 是真的或者 P 是假的。这其实就是关于语句 P 的二值假定,它不是真的,就是假的,必具其一。人们之所以能断定"P 或者非 P",是因为对 P 做了二值的假定。而这是从弗雷格关于 P 与非 P 的涵义的说明中推出的,因而它是不合理的。因此,关于"或者"的意义的解释之所以出现问题,在于弗雷格关于真和假的解释。达米特说:"为了为断定'P 或者非 P'辩护,我们诉诸对'或者'的意义的真值表的解释。但是如果对'真'与'假'的意义的全部解释是由'p 是真的当且仅当 p'(It is true that p if and only if p)和'p 是假的当且仅当非 p'(It is false that p if and only if not p)给出的,那么这种诉求就失败了。"①

一般认为,真值表给出了否定符和语句联结词的涵义,给出了我们合理地接受某些陈述形式是逻辑真理的理由。但达米特认为,由于真值表的解释来源于弗雷格关于真和假的说明,因此本身需要加以辩护。达米特说:"如果我们接受了关于'真'和'假'的冗余论——这个理论,即我们的解释给出了这些语词的全部意义——那么真值表的解释就是非常令人不满意的。"②

综上所述,从不能给出否定句的涵义、选言语句的涵义以及既不真也不假的语句的涵义的说明等方面,达米特对弗雷格关于真和假的说明展开批评。

---

① Dummett, M., "Truth", in *Truth and Other Enigmas*, Cambridge, Mass.: Harvard University Press, 1978, p.6.

② Dummett, M., "Truth", in *Truth and Other Enigmas*, Cambridge, Mass.: Harvard University Press, 1978, p.7.

（二）达米特对等价论题和塔尔斯基的真定义、真之冗余论的批评

关于真概念，存在着一个流行的观点，达米特称之为等价论题（equivalence thesis）。在达米特看来，弗雷格、拉姆塞、塔尔斯基和后期维特根斯坦等人都对等价论题感兴趣，尽管他们关于等价论题的表述不同，对于等价论题的作用和使用目的理解不同。等价论题可以表述为："对于任何句子 A，A 等价于'A 是真的'或'S 是真的'，这里'S'是 A 的一个（'结构描述'）名称。"①

在《真》一文中，达米特探讨了弗雷格关于语词"真"的解释。弗雷格关于等价论题的思想可以表述为："P 是真的"与语句 P 具有相同的涵义。对于弗雷格而言，这里的等价是非常强的，它断定了涵义的等同。弗雷格认为真是不可定义的，尽管它必然受等价论题所支配。对于拉姆塞和后期维特根斯坦来说，等价论题的规定构成了一个关于"真"的意义的解释。

达米特认为，塔尔斯基持有这种看法，他为某种形式化语言构造了语义性真定义，其中的 T-模式可表述为：X 是真的，当且仅当 p。他所关注的只是一个由实质等值联结词表达的实质的等价，即真值等同。在塔尔斯基看来，这个等价论题不是一个直接规定的目的所在，相反，他要求对于对象语言中的每一个句子，借助等价论题可以推演出相应的个例，对在一个其是对象语言的扩张的元语言中的真定义的正确性来说，这个要求既是充分的，也是必要的。我们知道，这个要求用塔尔斯基的术语表述就是 T 约定。

达米特探讨了等价论题的正确性问题。在《真》这篇论文中，他最先注意到，如果违背了排中律，更具体地说，如果我们允许存在一些既不真也不假的句子，那么即使就实质等价而言，等价论题也不能成立。另一方面，只要没有

---

① Dummett, M., "Preface", in *Truth and Other Enigmas*, Cambridge, Mass.: Harvard University Press, 1978, p.xx.

伴随对排中律的拒绝,那么对二值原则的拒绝就不会导致任何与等价论题的冲突。

结合等价原则,达米特对真之冗余论和塔尔斯基式的真定义做了进一步的探讨。拉姆塞、维特根斯坦和塔尔斯基关于等价论题的理解具有差异,但在达米特看来,他们之间的差异不是重要的。拉姆塞和维特根斯坦持有一种真之冗余论,即认为等价论题的规定提供了有关真概念的完全的说明。同样,与真之冗余论类似的一个理论,即一个塔尔斯基式的真定义产生了等价论题的每一个特例,它提供了关于真概念的完全的解释。① 以上两种理论都与等价论题相关,都基于等价论题。达米特认为,真之冗余论以及塔尔斯基式的真定义都没有提供关于真概念的完全的说明。

达米特对真值条件意义理论进行了批评,探讨了真之冗余论对于意义理论的影响。在《真》这篇论文中,达米特探讨了弗雷格关于真的观点、弗雷格关于等价论题的理解。在那篇论文中,达米特提到了"关于'真'和'假'的冗余论",即弗雷格关于等价论题的理解给出了关于"真""假"这些语词的全部意义。达米特还论述道,如果接受真之冗余论,就必须放弃真概念在意义解释中的重要作用。

达米特由此探讨了真值条件意义理论本身存在的难题。达米特认为,如果我们接受了真之冗余论,那么,"我们必须放弃我们自然具有的那个观念,即真和假的概念在任何关于一般来说陈述的意义的说明中,或者在一个特定陈述的意义的说明中发挥了重要的作用"②。弗雷格可以说是真值条件意义理论的提出者。在他看来,句子所包含的思想是借以考虑真的东西,句子的涵义是它的真值条件。因此,陈述的涵义的一般解释形式就在于规定它为真的

---

① Dummett, M., "Preface", in *Truth and Other Enigmas*, Cambridge, Mass.: Harvard University Press, 1978, p.xx.

② Dummett, M., "Truth", in *Truth and Other Enigmas*, Cambridge, Mass.: Harvard University Press, 1978, p.7.

条件。

维特根斯坦在某个时期也持有类似的观点。他在《逻辑哲学论》中说："为了能够说：'p'是真的(或者假的)，我必须已经确定了在什么样的情况下我将'p'称作真的，由此我便确定了该命题的意义。"①

达米特对此进行了反驳。在他看来，某人为了能从这个解释，即在如此如此的情况下p是真的中获得一个对于p的涵义的理解，他必定已经知道"说p是真的"意味着什么。而如果按照真之冗余论的观点，"说p是真的"与"断定p"是同义的，那么就可以推出：为了能够理解通过说p是真的意谓什么，他必定已经知道了断定p的涵义，而这恰恰是应该向他解释的。简言之，真值条件意义理论本来想通过对于句子的涵义的把握来说明说p是真的是什么意思，但他关于句子的涵义的把握的说明本身就假定了说话者已经把握了这一点，因而这导致循环解释。达米特说："因此我们要么修补冗余论，要么放弃关于真和假的许多前构想。"②

在《真与其他难解之谜》一书的"序"中，达米特进一步论述了这一问题。他说："在这个方面，《真》一文的基本的观点是，接受冗余论就排除了以下这种可能性，即在关于掌握对象语言的一个句子的意义是怎么一回事的一般说明中，特别是，在根据它关于一个句子的理解在于把握它为真的条件的说明中使用真这个概念。这个论点是如此显然，以至于没有给支持它的论证留下一点余地。"③在达米特看来，接受真之冗余论，把真之冗余论看作是对于真概念的全面的说明，就必须拒斥以真为核心概念的意义理论。就塔尔斯基式的真定义而言，当我们把等价论题应用于在一个元语言(其并非是对象语言的扩张)中构造的一个塔尔斯基式的真定义时，等价论题本身便不起任何作用，上

---

① 维特根斯坦：《逻辑哲学论》，韩林合译，商务印书馆2015年版，第39页。

② Dummett, M., "Truth", in *Truth and Other Enigmas*, Cambridge, Mass.: Harvard University Press, 1978, p.7.

③ Dummett, M., "Preface", in *Truth and Other Enigmas*, Cambridge, Mass.: Harvard University Press, 1978, pp.xx-xxi.

述论点就变得更加显然。

塔尔斯基的真定义规定了对象语言中任何一个句子为真的条件,按照真值条件意义理论的看法,给出了对象语言中的句子的真值条件,就是给出了该语句的意义。但达米特认为,真定义不能同时给我们提供对每一个这种句子的意义的把握。他论证说,如果我们不理解对象语言,那么我们就对符合这个真定义并引入在它的句子中使用"真的"这个谓词的主旨没有任何想法;除非的确我们已经在先地知道如此定义的谓词的主旨是什么。但是,如果我们在先知道了引入"真的"这个谓词的主旨,那么我们就会知道关于由这个谓词所表达的真概念的某些事情,即我们把握了真概念。达米特说,关于我们把握真概念的说明,并没有包含在任何规定这个谓词对某种语言的句子的应用的真定义中。达米特由此得出结论:"因此冗余论必定是错误的。"①

达米特认为,真值条件意义理论与真之冗余论和塔尔斯基式的真定义关于真概念的说明之间存在着不相容的关系。他说:"我没有说任何人实际上同时持有上述这两个观点;但一定有很多人没有清楚地意识到它们的不相容性。"②

在这里,达米特实际上是通过对于真之冗余论和塔尔斯基式的真定义的批评,展开了对于戴维森意义理论的批评。众所周知,戴维森的真之理论就是直接采用了塔尔斯基式的真定义的形式,以此构造其意义理论的。达米特认为,塔尔斯基式的真定义并未给出关于真概念的完全说明,并未全面地说明"真"这个谓词的意义。如果把它作为语义解释的形式,就是假定了我们已经对于真概念的理解,已经把握了"真"这个谓词的意义和使用它的目的。因此,真概念不能作为意义解释的重要概念。

---

① Dummett, M., "Preface", in *Truth and Other Enigmas*, Cambridge, Mass. : Harvard University Press, 1978, p.xxi.

② Dummett, M., "Preface", in *Truth and Other Enigmas*, Cambridge, Mass. : Harvard University Press, 1978, p.xxi.

（三）达米特对实在论真概念的反驳

达米特认为,真之符合论由于难以一般性地描述语言和实在的关系,以及它力图阐述真之标准问题而被大多数哲学家所放弃,但真之符合论表达了有关真的重要特征。达米特说:"符合论表达了真概念的一个重要特征,这个特征并未被定律'p 是真的当且仅当 p'所表达,并且我们至今也没有对它加以说明:即一个陈述是真的仅当世界上存在某物,由于它这个陈述才是真的。尽管我们不再接受符合论了,我们实际上仍然是实在论者。在我们的思想中我们仍然持有一个基本的实在论的真概念。"①上述论述有两层涵义:一是,一个陈述由于世界上存在的某种实在而为真,这是真概念的重要特征,它反映了我们关于真概念的直观的理解。二是,真概念的这一特征使得我们尽管放弃了真之符合论,但仍然持有一种实在论的真概念。达米特把关于真概念的这一特征称为关于真的 C 原则。

达米特对于实在论的真概念进行了界定。他说:"实在论在于这种信念:就任何陈述而言,必定存在着某个东西,由于它该陈述或者它的否定是真的。"②按照实在论的真概念,任何陈述与实在中的某个东西的关系只有两种,一种是该东西使得该陈述为真,一种是该东西使得该陈述的否定为真。而该陈述的否定为真,即为该陈述为假。因此,基于实在论的真概念,任何陈述不是真的就是假的,遵循二值原则。达米特说:"只有在这种实在论的信念的基础上,我们才能为这个观念进行辩护,即真与假在一个关于陈述的意义的概念中起到基本的作用,意义解释的一般形式是一个关于真值条件的陈述。"③实

---

① Dummett, M., "Truth", in *Truth and Other Enigmas*, Cambridge, Mass.: Harvard University Press, 1978, p.14.

② Dummett, M., "Truth", in *Truth and Other Enigmas*, Cambridge, Mass.: Harvard University Press, 1978, p.14.

③ Dummett, M., "Truth", in *Truth and Other Enigmas*, Cambridge, Mass.: Harvard University Press, 1978, p.14.

在论的真概念是真值条件意义理论的基础。

达米特通过一个例子对此加以说明。假设琼斯是个男人，已经去世了，而且在他一生中从未遇到危险。在这个前提下，达米特分析了关于"要么琼斯是勇敢的，要么琼斯不是勇敢的"这个陈述的逻辑有效性的争论。

A 认为，"要么琼斯是勇敢的，要么琼斯不是勇敢的"这个陈述在逻辑上是有效的。"琼斯是勇敢的"等同于"假如琼斯曾经遇到过危险，他本来会勇敢地行动"。"琼斯是勇敢的"仍然可以是真的，只要与其等价的反事实条件语句为真；同样，对于"琼斯不是勇敢的"的分析也是如此。

B 不同意 A 的看法，认为上述这个选言命题不是必然有效的。无论我们具有多少通常被看作关于这种反事实条件句的断定理由的事实，我们可能不具有对其中的任何一个直言陈述断定的理由。A 继续坚持"要么琼斯是勇敢的，要么琼斯不是勇敢的"是真的，因为他持有这样的信念，即一个陈述可以是真的，即使不存在任何这样的东西，如果我们认识到它，我们就会把它看作是那个陈述为真的证据或理由。

达米特同意 B 的观点，认为"要么琼斯是勇敢的，要么琼斯不是勇敢的"不是逻辑上必然的。他的论证的理由在于，假如一个诸如"琼斯是勇敢的"陈述是真的，它必定是由于这种事实而为真，我们已经被教会把该事实看作是证明我们断定该陈述是合理的事实。它不可能由于某个不同种类的我们对它没有直接认识的事实而为真，因为否则的话，"琼斯是勇敢的"这个陈述就不会具有我们已经赋予它的那个意义。在达米特看来，句子的使用决定句子的意义，"琼斯是勇敢的"这个陈述的意义是由我们关于它的使用赋予的。因此，A 的观点是荒谬的。

按照实在论的真概念，如果"琼斯是勇敢的"或者"琼斯不是勇敢的"这个陈述是真的，它必定是由于实在中的某个东西而为真。但在达米特看来，只有在我们可以认识到使得那个陈述为真的实在的某个东西的时候，即我们具有足够多的关于那个东西的事实，而这些事实又被我们通常看作是合理地断定那个陈述的理由和证据的时候,我们才能断定"琼斯是勇敢的"或者"琼斯不是勇敢的",在这种情况下,我们才能断定"要么琼斯是勇敢的,要么琼斯不是勇敢的"这个陈述。反之,如果不存在对于"琼斯是勇敢的"或者"琼斯不是勇敢的"断定的合理的理由和证据,我们也不能断定"要么琼斯是勇敢的,要么琼斯不是勇敢的"这个陈述,即我们不能承认它在逻辑上是有效的。

达米特认为,实在论的真概念有其所适用的语句的范围,它仅适用于原则上能行可判定的语句。达米特说:"仅当 P 是这种陈述,即在有限的时间中我们能处于某种境况,在这种境况中我们能够证明我们断定它或否定它是合理的;也就是说,当 P 是一个能行可判定的陈述时,我们才有权说陈述 P 必定或者是真的或者是假的,并且必定存在着某个东西,由于它这个陈述才是真的或是假的。这个限制不是微不足道的。"[①]对于能行可判定的陈述,我们在有限的时间内,通过能行的程序或方法能够判定它是否是真的,即我们具有断定它们的充分理由。达米特认为,二值原则对于这类陈述成立。但对于那些不可判定的陈述,我们无法判断它们的真假,因此我们也无法判断由它和它的否定构成的选言命题是否在逻辑上是必然的。换言之,排中律对于这些语句不能成立。总之,实在论的真概念不适用于所有语句。

达米特认为,以上争论实质上涉及关于真的实在论和反实在论的争论。A 的观点是实在论的观点,而 B 的观点是反实在论的观点。达米特说:"反实在论者用它来推出,这个陈述不是必然地或者是真的或者是假的;实在论者用它来推出,使得它为真或为假的东西不能等同于根据它我们认识到它为真或为假的东西,当我们能够这样做时。在实在论者看来,我们对一个陈述的理解在于我们对它的真值条件的掌握,而这个条件确定地或者获得或者没有获得,但我们并不能在所有每当它获得的情况下都认识到它是获得的;在反实在论

---

① Dummett,M.,"Truth",in *Truth and Other Enigmas*,Cambridge,Mass.:Harvard University Press,1978,pp.16-17.

者看来,我们的理解在于知道什么可以认识到的情况确定了它为真或为假。"①在实在论者看来,一个语句的真值条件是客观的,与我们是否实际认识到它无关。一个句子是真的,是由于某种实在而为真,与我们是否认识到这种实在无关。因此,一个语句的真或假与我们对于该语句的使用无关。而在反实在论者看来,句子的涵义是由我们使用者通过句子的使用赋予的,句子的使用决定句子的涵义。一个句子是真的,仅当我们能够认识到使之为真的实在,否则我们就不能断定一个句子是真的。因此,一个语句的真与我们的认识有关,真概念是一个认识论概念。

在达米特 1972 年为《真》一文写的"附言"中,提到了关于真的另一个原则:"一个陈述不可能是真的,除非它在原则上能够被知道是真的。"②达米特说:"这个原则与第一个原则(关于真的 C 原则——引者注)联系紧密:因为由于它一个陈述为真的东西,就是根据它这个陈述可以被知道是真的东西。实在论者与反实在论者之间的基本区别就在这里:在第二个原则中,反实在论者把'能够被知道'解释为'能够被我们知道';而实在论者把它解释为'能够被某个假设的存在知道,他的智力与观察力都超过了我们'。实在论者主张,我们通过暗暗地诉诸确定它们真值的方法,把涵义给予我们语言中的那些并非能行可判定的句子,我们本身不具有这些方法,但我们能够通过与我们所具有的这些方法的类比来设想它们。反实在论者主张,这样一个概念是非常错误的,是一个意义的幻象,我们能赋予我们的句子的唯一的意义,必定与我们实际具有的确定它们的真值的方法有关。因此,除非我们具有在原则上能确定一给定句子的真值的方法,否则我们就不具有一个关于它的真或假的概念,这个概念将使我们有权说它必定或者是真的,或者

---

① Dummett, M., "Postscript of Truth", in *Truth and Other Enigmas*, Cambridge, Mass.: Harvard University Press, 1978, p.23.

② Dummett, M., "Postscript of Truth", in *Truth and Other Enigmas*, Cambridge, Mass.: Harvard University Press, 1978, pp.23-24.

是假的。"①这里所谓"第一个原则"是指,就任何陈述而言,必定存在着某个东西,由于它该陈述是真的。第二个原则是指,除非该陈述原则上能够被认识到是真的,否则它不可能是真的。二者的联系在于:正是基于对使得一个陈述为真的东西的认识,该陈述原则上才是能够被认识到是真的。

达米特进一步论述了实在论和反实在论的真概念的区别:反实在论的真概念与我们的认识相关,我们只有在能够认识到一个陈述为真的事态或者条件下,我们才能判定一个陈述的真。因此,在反实在论看来,排中律不能成立。实在论的真概念与我们的认识无关,无论我们是否认识到使得一个陈述为真的事态或条件,该陈述都由于实在的某种东西而为真。因此,达米特反对实在论的真概念,认为它不能说明我们对于语言的理解。

(四)反实在论的意义理论的提出

达米特基于对实在论真概念的反驳,提出了自己关于意义说明的构想。在《真》一文中,达米特对此有一段深刻的论述。达米特说:"我们不再通过由根据它的构成部分的真值而规定它的真值,而是通过规定何时它能够根据它的构成部分可被断定的条件而可被断定,来解释一个陈述的涵义。对于这种转变的辩护是,这就是我们事实上学会使用这些陈述的方式;而且,一旦我们离开能行可判定的陈述的领域,真与假的概念就不能令人满意地被解释,以便形成意义说明的一个基础。我们关于意义说明的转变的一个结果是,除非我们只处理能行可判定的陈述,否则一些在二值逻辑中似乎是逻辑定律的公式就不再是逻辑定律了,尤其是排中律。拒绝排中律的理由不在于存在一个中间的真值,而是因为意义,因而有效性不再是根据真值来解释了。"②

---

① Dummett, M., "Postscript of Truth", in *Truth and Other Enigmas*, Cambridge, Mass.: Harvard University Press, 1978, p.24.

② Dummett, M., "Truth", in *Truth and Other Enigmas*, Cambridge, Mass.: Harvard University Press, 1978, pp.17-18.

在达米特看来,实在论的真概念只是适用于解释能行可判定的陈述的意义,不能作为解释一般陈述意义的基本概念。因此,用来解释陈述的意义的不是它为真的条件,而是它的可被断定的条件。由此导致的后果是,二值逻辑中的逻辑定律,比如排中律等在某些情况下就不能成立了。意义说明方式的改变,导致了对于基于意义概念的逻辑定律的态度的改变。

达米特说:"假如根据真概念解释意义概念是可能的,假如表达式的意义被看作是一种原则,该原则支配表达式对于确定包含它的句子的真值条件所做的贡献;那么,除了在那些特定的条件下它可应用于给定的句子的之外,关于真概念必定可能要说更多的话。因为,意义最终地并且完全地依赖于使用,给定了一个句子的真值条件,我们所需要的是刻画它的使用的一致的方法。但在《真》一文中,我不设想沿着这些思路取得成功的可能性。正如非常容易做的那样,我倾向于把根据真值条件的意义的说明等同于一个实在论的说明,即等同于包含着经典的二值语义学并因而采纳了二值原则的一种意义理论;因此,我不认为这种意义理论是可行的。假定一个人接受冗余论的后果,即真概念在意义理论中不起到中心的作用,那么我建议接受冗余论。……我强调意义不应该根据一个句子(一般来说不可认识到的)为真的条件来解释,而是应该根据(可认识到的)它能够被正确地断定的条件来解释。这个建议对真概念具有很大的影响。"①达米特认为,应该从断定的角度对真加以说明,真实质上可定义为"有根据的可断定性"。

达米特认为,一个句子的意义最终并完全由它的使用所确定。真值条件意义理论具有实在论的特征,它以实在论的真概念为基础,由此可以构造经典的二值语义学。但真值条件意义理论是不可行的,真概念不能给出所有句子的意义的说明,真概念在这种意义理论中并未起到中心的作用。因此,一个句子的意义应该根据它能够被正确断定的条件来解释,而这些条件是我们可以

---

① Dummett, M., "Preface", in *Truth and Other Enigmas*, Cambridge, Mass.: Harvard University Press, 1978, pp.xxi–xxii.

认识到的条件,与我们的认识有关。

二、戴维森对反实在论真理观的批评

(一)戴维森对塔尔斯基真定义的评价

关于塔尔斯基的真定义是否给出关于真概念的真正的说明,存在不同的看法。一种观点认为,塔尔斯基的真定义是真之冗余论的精致表达,它全面清晰地阐述了有关真概念的内容。真概念的内容就是塔尔斯基真定义中所包含的内容,关于真概念没有什么需要进一步说明的东西。一种观点认为,塔尔斯基的真定义并未对真概念有所说明,它与日常我们理解的真概念无关。

戴维森认为,塔尔斯基的工作只是为若干形式语言定义了适用于该语言的真谓词(truth predicate),他并未对真概念下一个一般性的定义。塔尔斯基提出了一种方法,以此可以为若干种合式语言定义真谓词,对于每一种合式的语言,都可以定义一种真谓词;但塔尔斯基并未揭示这些相对于特定合式语言的不同的真谓词之间所具有的共同之处。戴维森说:"塔尔斯基定义了诸多不同的形如's 是真$_L$ 的'的谓词,每个可被应用于一种单一语言;但他没有定义一个对于任一变元 L 的,形如's 在 L 中是真的'的谓词。"①戴维森进一步论证说,由于塔尔斯基认为我们并不能给任何自然语言定义真谓词,由于塔尔斯基关于真定义提出了许多限制条件,因而他本人没有意图去构造关于真谓词的一般性定义。戴维森说:"在这些限制下,他没有任何机会能够甚至为语句给出真概念的一般性定义。……塔尔斯基并没有企图去下一个真正一般性的定义。"②

---

① Davidson,D.,"The Structure and Content of Truth",*The Journal of Philosophy*,vol.87,No.6,1990,p.285.

② Davidson,D.,"The Structure and Content of Truth",*The Journal of Philosophy*,vol.87,No.6,1990,p.286.

关于塔尔斯基的真定义,达米特在《真》一文中进行了批评。① 达米特认为,塔尔斯基的真定义是真之冗余论的一种形式,它并未给出关于真概念的完全的说明。达米特论证道,我们使用真概念,必然具有使用它的主旨,即我们使用它的目的。如果我们没有理解对象语言,我们就不能把握塔尔斯基所定义的真这个谓词运用于对象语言中的语句的主旨。如果我们不知道这一点,那么尽管真定义规定了对象语言中任何一个句子的真值条件,但它并未同时说明我们对于每一个句子的意义的把握。塔尔斯基的真定义要是同时做到给出了关于我们对于句子意义的把握的说明,其前提是我们已经在先知道了如此定义的真谓词的主旨应该是什么。我们在先知道了引入真谓词的主旨,就表明我们已经理解由真谓词所表达的真概念。而在塔尔斯基的真定义中,它并未给出关于真概念的说明。换言之,塔尔斯基的真定义没有说明真谓词的使用的主旨,因而也没有说明真概念,因此当把这种真谓词运用于对象语言时,它并未说明我们关于对象语言的理解。

达米特认为,接受真之冗余论,就要排除真概念在意义说明中发挥重要作用的可能性。任何一种形式的冗余论,包括塔尔斯基的真定义,必定是错误的,因为任何这种理论都不能把握引进真谓词的要旨。达米特说:"尽管这一论点在系统阐述时是如此明显,我认为它值得在此重申。"②戴维森对此评价道:"达米特是对的,这个观点是显然的,至少对我来说它值得重申。"③在戴维森看来,"达米特以及其他人以各种各样的方式,试图使我们当中的智力迟钝者认识到塔尔斯基的真谓词没有完全把握真概念"④。

---

① Dummett, M., "Preface", in *Truth and Other Enigmas*, Cambridge, Mass., Harvard University Press, 1978, p.xx.

② Dummett, M., "Preface", in *Truth and Other Enigmas*, Cambridge, Mass.; Harvard University Press, 1978, p.xxi.

③ Davidson, D., "The Structure and Content of Truth", *The Journal of Philosophy*, vol.87, No.6, 1990, p.286.

④ Davidson, D., "The Structure and Content of Truth", *The Journal of Philosophy*, vol.87, No.6, 1990, p.287.

戴维森指出:"塔尔斯基知道他不可能给出一个一般性的真定义。因此,也不存在形式的方法,塔尔斯基借此可以把握引进真谓词的'要旨',无论该要旨涉及真与意义之间的关联,还是真与其他某个概念或某些概念之间的关联。"①在戴维森看来,给出一般性的真定义,不是塔尔斯基本人的目标所在,而且塔尔斯基已论证了这一工作的不可行性。戴维森分析了塔尔斯基真定义的特征及其局限。通过枚举方法,塔尔斯基给出了基本谓词或名称的外延或指称,而按这种方式给出的定义无法告诉我们如何将所定义的概念运用于新事例。

总之,关于塔尔斯基真定义有两种不同的观点:一种认为它没有把握真概念的本质特征。一种认为真概念本身已经被塔尔斯基的真定义完全说明了。如果采取第二种看法,那么我们就无须再追问有关真概念的问题。

戴维森认为,我们应该像达米特和普特南那样持第一种看法。戴维森说:"理由很明显:塔尔斯基真定义中没有任何东西暗示这些定义所共有的东西究竟是什么。……真概念具有塔尔斯基的定义尚未触及的更多的东西(事实上,某种绝对基本的东西)。"②戴维森还说:"塔尔斯基告诉了我们许多我们想要知道的关于真概念的内容,但必定还有更多内容。这是因为,塔尔斯基的形式工作并未表示他的各种不同的真谓词所共有的东西是什么,而这必须是真概念的部分内容。……真概念与信念概念和意义概念有本质联系,但塔尔斯基的工作没有触及这些联系。"③以上是戴维森对于塔尔斯基真定义的总体评价。

戴维森的上述论述具有两层涵义:其一,塔尔斯基的真定义对于真概念的

---

① Davidson, D., "The Structure and Content of Truth", *The Journal of Philosophy*, vol.87, No.6, 1990, p.286.

② Davidson, D., "The Structure and Content of Truth", *The Journal of Philosophy*, vol.87, No.6, 1990, p.288.

③ 戴维森:《真理、意义与方法——戴维森哲学文选》,牟博选编,商务印书馆2008年版,第78页,译文有改动。

确有所说明,并非像其他哲学家那样认为的,它对于真概念没有做出任何说明。戴维森对此进行了论证。

戴维森说:"塔尔斯基的定义赋予他的真谓词以这些性质,它们确保塔尔斯基的定义所定义的是语言中的真语句类。"①塔尔斯基是对某种合式语言定义真谓词,他确定对于这种语言中的哪些语句来说真谓词是适合的。因此,他实际上定义了某种合式语言中的真语句类。塔尔斯基的真定义给出了真概念的外延,而未给出真概念的内涵或意义。戴维森说:"塔尔斯基……当然不认为他定义了一般性的真谓词,他也并不意在超出外延性的范围。"②塔尔斯基为合式语言定义真谓词的主要目的是给出该语言中的真语句类,"捕获与外延相区别的意义,并不是他的工作计划的一个部分"③。总之,戴维森认为,塔尔斯基的真定义实质上是真谓词的定义,只是相对于特定语言的真谓词的定义,其主旨并不是给出一般性的真概念的说明。

戴维森指出,我们并不能由此认为,塔尔斯基关于真概念什么也没有说明。塔尔斯基毕竟对于真概念做出了说明,他的真定义与直觉上的真概念之间具有某种联系。就塔尔斯基本人而言,他认为他所给出的形式语言中的真定义符合我们日常关于真概念的直觉性把握。

塔尔斯基对于真定义提出了"实质上适当,形式上正确"标准。其中"实质上适当"这一标准就是要保证真定义要与"真的"这一语词的日常用法,与我们关于真概念的日常直觉相符合。而要做到这一点,塔尔斯基提出了 T 约定,即由 T-模式可以推出所有的 T-语句,而且这些 T-语句都是真的。每一个被推出的 T-语句是真定义的部分定义,全部 T-语句构成了真定义的整体。

---

① Davidson, D., "The Structure and Content of Truth", *The Journal of Philosophy*, vol.87, No.6, 1990, p.294.

② Davidson, D., "The Structure and Content of Truth", *The Journal of Philosophy*, vol.87, No.6, 1990, p.295.

③ Davidson, D., "The Structure and Content of Truth", *The Journal of Philosophy*, vol.87, No.6, 1990, p.295.

塔尔斯基是通过 T 约定来保证 T-语句具有经验内容的,以此表明形式语言中的真定义符合日常语言中关于真概念的直觉。

戴维森认识到塔尔斯基的真定义与真概念的这种联系。戴维森认为,塔尔斯基为形式语言给出真定义时,提出了"实质上适当"这个要求,并且通过 T 约定来保证上述关于真定义的要求得到实现。在塔尔斯基看来,真定义可以推演出所有的 T-语句,这样就确保了真定义与我们直觉上所把握的真概念具有相同的外延。因此,"承认这一点便是视 T-语句为有经验内容的"①。但戴维森认为,如果承认 T-语句是有经验内容的,那么就必然推出真概念具有塔尔斯基的定义所能告诉我们的更多内容。换言之,只有塔尔斯基的真定义中关于真概念具有更多的实质性的内容,才能保证 T-语句的解释是具有经验内容的。

尽管塔尔斯基的真定义告诉了我们有关真概念的某些内容,即它与日常关于真概念的直觉相关,但由于塔尔斯基只是提出了对于任何一种合式语言如何给出其真定义的方法,加之他给出的又是真谓词的定义,因此,其结果就是每一种不同的合式语言都有其真谓词的定义,真谓词的定义只是相对于某种特定的合式语言。塔尔斯基并没有力图去揭示这些不同的真定义(实质是真谓词的定义)所包含的本质特性,而这些本质特性恰恰是真概念的重要内容。戴维森认为,仅仅诉诸 T 约定是不充分的,因为仅仅基于 T 约定,我们不能知道关于一种语言的真之理论是否是正确的。总之,塔尔斯基的真定义并没有涉及真概念的本质特征,还有许多关于真概念的内容没有揭示。

针对上述塔尔斯基真定义的不足,戴维森提出了改进它的如下建议:一方面,我们充分利用塔尔斯基所构造的关于形式语言的真定义,利用塔尔斯基所提供的技术性结果;另一方面,我们不仅仅停留于塔尔斯基所构造的形式系统,而是承认真谓词还具有更多的本质特性有待我们去揭示。这样,我们就可

---

① 戴维森:《真理、意义与方法——戴维森哲学文选》,牟博选编,商务印书馆 2008 年版,第 74 页。

以在塔尔斯基的研究基础上更为充分地探讨和表征真概念。

其二,戴维森认为,塔尔斯基的真定义另一个不足在于,它并未探讨真概念与信念概念和意义概念之间的关系。在戴维森看来,真概念与意义概念和信念概念之间具有本质的联系,探讨真概念,必须探讨三者之间的关系。针对塔尔斯基工作的这一不足,戴维森认为,正是从三者之间关系的探讨,可以解释塔尔斯基对真谓词的刻画所忽略的本质性内容。

综上所述,戴维森不同意有的哲学家认为塔尔斯基的真定义对于真概念没有任何说明的观点,认为塔尔斯基的真定义通过 T 约定在一定程度上把握了直觉性的真概念;戴维森也不同意有的哲学家认为塔尔斯基的真定义给出了真概念的全部说明的观点,认为尽管塔尔斯基的真定义给出了真概念的某种说明,但没有说明真概念的本质特性。因此,我们应该在塔尔斯基工作的基础上,进一步去解释他所定义的各种真谓词之间具有的共同特征,解释真概念的本质特性。

(二)戴维森对塔尔斯基真定义的改进

戴维森认为,塔尔斯基的贡献主要体现于以下两个方面。其一,塔尔斯基的工作表征了语句的真如何依赖于它的构成部分的指称。① 塔尔斯基是通过满足概念和语句概念来定义真概念的,而满足概念是通过对于满足关系的递归说明加以界定的。满足关系刻画了语词(包括单称词项、谓词)与对象之间的联系,满足概念实质上是指称概念的一般化的形式。因此,在戴维森看来,塔尔斯基实际上是表明,语句的真值如何依赖于它的构成部分的指称。这样,对于任何语句的真值,我们都可以通过语词的指称来递归地加以刻画。这一点对于描述语言的结构十分重要。如果我们想到戴维森借助于塔尔斯基的技术形式给出了句子的意义的说明,那么塔尔斯基在这个方面所做的贡献就显

---

① 戴维森:《真理、意义与方法——戴维森哲学文选》,牟博选编,商务印书馆 2008 年版,第80 页。

得更加重要。

其二,塔尔斯基的工作证明,我们可以使用真概念对语言加以清楚地描述。[1] 戴维森认为,塔尔斯基的理论构造形式实质上揭示了句子的语义结构。因此,塔尔斯基给我们的另一个重要的启示在于,他关于真定义的理论构造表明,我们可以借助于真概念来对语言给出一种清楚的描述。在戴维森看来,为了给出关于一种语言的描述,我们必须首先把握真概念;我们可以在无法对语言做出系统描述的情况下把握真概念。塔尔斯基的 T 约定正好把我们对真概念的前理论把握与塔尔斯基的精致的形式系统相联系;它使我们相信这一形式系统与我们所了解的真概念相一致。

基于塔尔斯基已有的可供我们使用的成果,戴维森对塔尔斯真定义加以改造。他所做的主要工作是给塔尔斯基的真之理论赋予实质的内容,把它与语言实践和意义概念结合起来。

对于某种合式语言,塔尔斯基关于该种语言的真定义一般通过以下几个步骤完成。首先是运用元语言对对象语言中的语句加以定义;其次是刻画满足关系,通过递归的方法对它加以表征,满足关系其实就是指称关系的一种概括化的表达;再次,按照弗雷格和戴德金的方式,把满足关系的递归表征转化为明确定义;最后,基于语句概念和满足概念来界定真概念。以上是塔尔斯基定义真的一般程序。戴维森认为,对于塔尔斯基真定义的改造的关键一步,在于删除对满足关系的递归表征转化为明确定义这一步骤,因而"明确我们把真谓词和满足谓词看作初始语词这个事实"[2]。在此基础上,我们应该选择真谓词作为初始谓词,把真概念作为初始的基本的语义概念。

对于为何选择真概念而不是满足概念(指称概念)作为基本的语义概念,

---

① 戴维森:《真理、意义与方法——戴维森哲学文选》,牟博选编,商务印书馆 2008 年版,第 80 页。

② Davidson,D.,"The Structure and Content of Truth",*The Journal of Philosophy*,vol.87,No.6,1990,p.299.

戴维森做了深入的论证。戴维森认为,在这个方面"塔尔斯基的工作似乎给出了不确定的信号"①。一方面,塔尔斯基暗示,通过满足概念可以定义真概念,因而满足概念或指称概念可以被看作基本概念。通过对语句中所包含的语词的语义性质(满足或指称)的理解,我们就可以理解一个句子的真这个概念。另一方面,塔尔斯基对于一个真定义所提出的 T 约定这个要求,却确定了由该理论所刻画的真与直觉上的真概念具有相同的外延,由此看来,似乎又可以把真概念作为基本概念。

戴维森明确指出,我们应该把真概念作为基本的语义概念。塔尔斯基的T 约定假定了我们关于真概念的在先的直觉上的理解。他的真定义可以看作是对于这种直觉上的真概念的一种形式表征,正是在这种表征中,塔尔斯基引入了满足和指称概念。

戴维森认为,上述看待真的方式与传统的看法完全不同。就句子的语义(真)与句子的构成语词的语义(指称)的关系来说,传统的看法是,我们首先理解构成语句的有限的语词,在此基础上我们理解由它们构成的无限的语句。因为通过语词的语义性质,可以说明包含它们的语句的语义性质。因此,我们必须在把握语句的意义之前把握语词的意义。按照这种看法,语词的语义特性具有概念上的优先性,因此满足概念或指称概念应该是基本概念。

在戴维森看来,关于语句和语词在语义上的关系的传统看法存在问题,它混淆了两种解释的顺序。一种解释有关一个理论正确的原因。另一种解释涉及一旦这个理论成立时它的适当性问题。按照塔尔斯基的理解,真之理论之所以正确,就在于它能够蕴涵所有的真的 T-语句;真之理论的正确性是由我们所把握的可运用于语句的真概念来决定的。T-语句只涉及真概念,并不涉及指称、满足以及语词等概念,因此真之理论的正确性的检验独立于我们关于上述概念的直觉。从这种意义上说,我们理解真概念无须理解指称概念或满

---

① Davidson,D.,"The Structure and Content of Truth",*The Journal of Philosophy*,vol.87,No.6,1990,p.299.

足概念;我们理解句子的语义性质(真)也无须理解语词的语义性质(指称)。以上是有关一个真之理论为何正确的解释。戴维森指出,一旦我们获得了真之理论,我们就可以基于句子的结构和构成句子的语词的语义性质,对句子的真加以解释,这是涉及真之理论适当性的另外一种解释问题。在戴维森看来,对于真之理论为何是正确的解释在先,而关于真之理论是否适当的解释在后。

戴维森还从真概念在我们的语言实践中重要作用的角度对此加以说明。戴维森认为:"真概念是一个我们对它理解得最好的语义概念。"① 语言实践的主要内容就是在特定语境下对于语句的使用,对于语句的使用是我们可以公共观察到的事实。作为语义概念,真概念与语句的使用相关,它与语句的表述相关,是语句的语义性质。更为准确地说,是语句的表述的性质。我们本身就具有直觉上的真概念,真概念在我们理解语言中起到了主要的作用。相反,指称概念、满足概念、单称词项、谓词等概念,都是理论性的概念,它们是为了说明真概念而设定的,这些概念的正确与否取决于它们是否对于真概念能够加以正确的说明。② 它们本身不是我们语言实践中直觉上就具有的概念。戴维森认为,我们对于真概念的把握,是我们理解关于某种语言的真之理论是否正确的前提,我们不必去探求某种基于指称关系的在先的独立的说明。

总之,戴维森正是抓住了塔尔斯基的真定义的形式构造中所给予我们的重要启示,开始构造以真之理论为核心的意义理论的。

(三)戴维森对实在论和认识论真理观的批评

在戴维森看来,当代哲学家力图为塔尔斯基关于真的说明提供更为具体的内容,一般有两种路径。一种是实在论的路径,提出实在论的真理观;一种

---

① Davidson, D., "The Structure and Content of Truth", *The Journal of Philosophy*, vol.87, No.6, 1990, p.300.

② Davidson, D., "The Structure and Content of Truth", *The Journal of Philosophy*, vol.87, No.6, 1990, p.300.

是认识论的路径,提出认识论的真理观。在戴维森看来,当代关于真的看法可以大体分为两类:"一类提议通过使真成为基本上认识性的而将其人性化;另一类提议则提倡某种形式的符合论。"①

第一类观点认为,真概念是一个认识性的概念。真与我们的认识有关,应该从认识的角度去说明真。戴维森例举了持有这种关于真的看法的各种各样的理论,其中包括:关于真的融贯论,达米特的反实在论,赖特的反实在论,皮尔斯持有的关于真是科学经长期发展而最终获得的东西的观点,普特南的内在实在论,等等。戴维森说:"关于真的相对主义,或许总是被认识论的病毒感染的征兆。"②这种真理观的主要问题是导致关于真的相对主义,而其根源在于从认识论的角度来说明真。

与第一类主张真是认识概念的看法相反,第二类关于真的看法则认为,"真完全独立于我们的信念"③。这种观点认为,我们的信念是我们的信念,但实在以及关于实在的真理可以是完全不同的。按照这种观点,真是彻底非认识性的。普特南把这种观点称为"超验实在论"(transcendental realism),而达米特称之为"超验证据的实在论"(evidence-transcendental realism)。戴维森把上述两种关于真的观点概括为"认识论的真理论"和"实在论的真理论"。前者主张真与人的认识具有本质的联系,从而使真依赖于我们能够证实的东西;后者否认真依赖于人的认识。

对于上述两种真理观,戴维森持反对意见。在他看来,关于真的看法并非只有认识论的和实在论的两种看法。戴维森反对这两种看法,但他自称并非调和这两种立场。戴维森说:"[关于真的]认识论的观点是站不住脚的,而实

---

① Davidson, D., "The Structure and Content of Truth", *The Journal of Philosophy*, vol.87, No.6, 1990, p.298.

② Davidson, D., "The Structure and Content of Truth", *The Journal of Philosophy*, vol.87, No.6, 1990, p.298.

③ Davidson, D., "The Structure and Content of Truth", *The Journal of Philosophy*, vol.87, No.6, 1990, p.298.

在论的观点则终归是不可理解的。"①在他看来,关于真的认识论的观点和关于真的实在论的观点,虽然都从某种程度上、从某个方面上把握了直觉性的真概念,但它们都是错误的,都会导致怀疑论。

关于真的认识论的观点因为把真与人的认识联系在一起,从人的认识出发来解释真,而人的认识状态等具有差异性,因此认识论的观点会导致关于真的相对主义看法。而在戴维森看来,相对主义必然导致怀疑论。这种怀疑论并不在于主张实在对于我们完全不可知,在于它们缩小了实在应有的范围,而我们所相信的实在的范围远远大于前者。戴维森认为,认识论的观点是不能成立的。

关于真的实在论的看法主张真与人的认识和信念无关,是彻底非认识性的,应该从实在的角度出发解释真。实在论的看法导致不仅怀疑我们关于那些"超越证据的"事物的知识,而且怀疑所有其他的那些我们认为我们的确具有的知识。戴维森认为,实在论的观点是不可理解的。

戴维森把关于真的实在论的观点看作是真之符合论。对于真之符合论,在不同时期,戴维森的看法曾发生过变化。在《对事实为真》(1969 年)一文中,戴维森论证了塔尔斯基关于真的看法是一种真之符合论。在他看来,塔尔斯基在真定义中使用了满足概念,这个概念把表达式与实在中的对象联系起来。基于满足概念,塔尔斯基定义了真概念:一个对象语言中的语句为真,当且仅当它为对象语言中的量化变元辖域内每个对象序列所满足。这样,将"符合于"理解为"满足",就可以把真定义为符合。但在《真概念的结构和内容》(1990 年)一文中,戴维森认为,把塔尔斯基的真之理论称为符合论是错误的。②

---

　　①　Davidson,D.,"The Structure and Content of Truth",*The Journal of Philosophy*,vol.87,No.6,1990,p.298.

　　②　戴维森:《真理、意义与方法——戴维森哲学文选》,牟博选编,商务印书馆 2008 年版,第88 页。

关于真之符合论,许多哲学家对此进行了批评。有的批评针对符合论中的"符合"关系,认为"符合"关系难以说清楚,往往导致循环定义。有的针对真语句与之符合的实在,认为所有真语句都符合相同的实在,这样导致"真语句符合于实在"这种表达没有任何实际的意义。戴维森赞同针对真语句对之符合的实在而对符合论进行的反驳。他说:"真语句可对之符合的东西既不令人感兴趣又无教益。"①在他看来,对于符合论的真正反驳在于,各种关于真的符合论都无法提供被哲学家所认为的各种可能的真之载体可以与之相符合的实体。真语句(陈述、表述、命题)等对之符合的实体无法得到说明,自然符合关系也就无法得到说明,符合论自然也就不能成立。

戴维森分析了当时认为塔尔斯基式的真理论是一种形式的符合论的原因。一个原因在于,戴维森当时认为实在论的真理观具有某种重要性,他认为真因而实在独立于人们的信念或能够获取的知识。戴维森当时把自己的观点称为"关于外部世界"的实在论、"关于意义和真理"的实在论。更为主要的原因在于,戴维森当时认为,关于真的观点不是认识论的就是实在论的,他承认"错误地假定实在论和认识的[真]理论是唯一可能的立场"②。他反对关于真的认识论的观点,这就导致他倾向于选择实在论的观点。因而他自称自己关于真的观点是实在论的真理观,主要在于他否定达米特等人持有的关于真的认识论的观点,认为关于真的认识论的观点是错误的。在戴维森看来,达米特的真理观就是反实在论的真理观,因而是错误的。关于真的看法,如果假定只有认识论的和实在论的两种可能的观点,那么反对认识论的观点,就必然肯定实在论的观点。当然,戴维森后来认识到,关于真的观点不只有认识论的和实在论两种选择,还有其他的选择。关于真的实在论的观点也是不可理解的,因为它无

① 戴维森:《真理、意义与方法——戴维森哲学文选》,牟博选编,商务印书馆 2008 年版,第 89 页。

② Davidson, D., "The Structure and Content of Truth", *The Journal of Philosophy*, vol.87, No.6, 1990, p.304.

法给出语句对之符合的实在的说明,因而也无法给出"符合"关系的说明。

戴维森批评了关于真的认识论的观点。他重点讨论了普特南和达米特关于真的看法。在戴维森看来,达米特持有反实在论的真理观。达米特认为,关于真的解释必须与人的认识相关,与人的认识能力相关,真仅限于我们可实际确证的东西。一个语句是真的仅当我们能够认识到这个语句是真的,能够证实这个语句是真的。戴维森认为,达米特把真与"被辩护的可断定性"(justified assertability)相联系,具有反实在论的特征。普特南提出内在实在论,从而使真内在化。按照这种观点,真等同于"理想化的被辩护的可断定性"(idealized justified assertability)。普特南把他的观点称为实在论的真理论。普特南关于真的看法与达米特关于真的看法在表述上的区别在于,虽然他们都把真与可断定性相联系,但达米特对于可断定性加上了"被辩护的"这一限制,而普特南对此加上了"理想化的被辩护的"这一限制。普特南认为自己关于可断定性加上"理想化的被辩护的"限制,就可以避免关于真的认识论的观点。

普特南对达米特的观点进行了批评。他论证说,如果真仅仅依赖于被辩护的可断定性,最终就会失去真。也就是说,一个语句可以对一个人来说此时为真,而在彼时当句子的辩护条件发生变化时则为假。当然,对于不同的人来说,一个语句可以对于某人为真,而对于另一个人为假。达米特当然不会同意真可以失去这种观点。但戴维森认为,达米特没有清晰地说明"有根据的可断定性"(warranted assertability),即大体涵义等同于"被辩护的可断定性",是一种确定的性质;同时又是一种依赖于说话者认识到特定条件被满足这种实际能力的性质。说话者认识到特定条件满足的能力不是固定不变的,有时较强,有时较弱,而且这种能力在不同的说话者那里各不相同。如果把真与这种能够变化的能力相联系,由这种能力来界定真,那么就会导致真不是一种确定的性质。同一个语句,对于同一个说话者可以时而真,时而假;同一个语句可以对某个说话者为真,而对于另一个说话者为假。

因此,在戴维森看来,达米特关于真的观点面临自相矛盾的困境:一方面,达米特承认真是确定的性质,不能因人而异,不能因时而异;另一方面,由于把真与对人们的断定条件的认识相联系,从而赋予真以变化的性质,因为人的认识能力是可以变化的。戴维森认为,虽然普特南声称与达米特关于真的看法不同,但其实他们具有一定的一致性。他们都是认识论的真理论的主要代表。

戴维森分析了达米特赞成认识论的真理观的理由。在他看来,达米特认识到塔尔斯基式的真理论的主要缺陷在于它与人们的语言使用没有关联。达米特把塔尔斯基的真理论看作是一种形式的真之冗余论,其本身没有对真概念加以说明,没有揭示真概念的实质性内容。达米特认为,真概念要在说明人们关于语言理解中发挥真正的解释的作用,就必须从人们的语言实践中,尤其是从人们做出断定的语言实践中解释真概念,这样就必须使真与语言实践相结合,成为能够被语言使用者识别的东西。

戴维森准确地把握了达米特关于真的认识。他认为,塔尔斯基式的真理论必须与人的语言使用结合起来,否则它就不能适用于说话者。要做到这一点,达米特认为必须"使真成为可为人类所识别的(humanly recognizable)"①。达米特还认为,对于解释说话者关于语言的理解是怎么一回事,假如真概念发挥了真正的作用,那么就必须承认存在可被认为是某人具有关于某个语句为真的最终证据。在戴维森看来,达米特采取认识论的真理观主要动因在于,他要使真概念在语言理解的说明中、在意义的说明中发挥真正的作用,因而必须把真与说话者的语言理解结合起来。

对于达米特的反实在论的真理论,戴维森说:"这种看法要么是空洞的,要么使真成为一种可丧失的性质。"②戴维森认为,接受达米特的真理观,就会导致放弃我们具有的许多很强的直觉观念,例如真和意义的联系以及真和信

---

① Davidson, D., "The Structure and Content of Truth", *The Journal of Philosophy*, vol.87, No.6, 1990, p.308.

② Davidson, D., "The Structure and Content of Truth", *The Journal of Philosophy*, vol.87, No.6, 1990, p.308.

念的联系。

就达米特的认识论的真理观（即把真等同于被辩护的可断定性或者有根据的可断定性）和先验实在论的真理观（即真是彻底非认识的，我们已确立的信念和理论可能是假的）而言，戴维森本人也说过，他也许更倾向于达米特的观点。在戴维森看来，先验实在论的真理观是不可理解的，而达米特的认识论的真理观则是错误的。他说："我没有理由假定，分别基于真的彻底非认识的本质和真的彻底认识的本质来解释的实在论和反实在论，是赋予真之理论或意义理论内容的唯一的方式。"①关于真的研究路径，并非要么从认识的视角展开，要么从本体论的视角展开，并非只有上述两个视角。关于真的观点，并非只有实在论的真理观和反实在论的真理观两种类型，并非只有在这两种类型的真理观中选择其一。我们可以由其他的研究路径开展真的研究，关于真理观，我们还可以做出其他选择。总之，戴维森拒绝实在论的真理观和反实在论的真理观。在他看来，实在论与反实在论的真理观相互依赖，应该同时拒绝二者。其理由是，实在论的真理观使得真超出了我们所能认知的范围；而反实在论的真理观无视真所发挥的作为主体间标准的作用。

基于对实在论的真理观和反实在论的真理观的批评，戴维森提出了自己关于真概念的观点。戴维森认为，说话者、解释者和他们共有的世界构成了一个三角关系，该三角关系不仅确定了语言表述的意义和思想的内容，而且是语言表述的客观性、思想的客观性的最终源泉。换言之，这种三角关系确保了真的客观性。因此，那种易于导致相对主义的认识论的真理观，那种相对化的真概念，就无法成立了。

综上所述，就达米特与戴维森真理观的比较而言，达米特认为，戴维森持有的真理观是实在论的真理观，这种真理观与人的认识无关，与人对语言的理解无关。戴维森则认为，达米特的真理观是认识论的真理观，是反实在论的真

---

①　Davidson, D., "The Structure and Content of Truth", *The Journal of Philosophy*, vol.87, No.6, 1990, p.309.

理观,它把真与人的认识相联系,从断定的角度研究真,这种真理观容易导致有关真的相对主义。戴维森在后期否定曾经持有的符合论真理观,同时反对实在论的真理观和反实在论的真理观,主张真的主体间性,真与思想、语言和实践的紧密关系。达米特和戴维森真理观上的差异,展示了当代真之理论研究的丰富内涵和基本趋势。

第四章 达米特与戴维森意义理论形式的比较

意义理论的形式问题涉及对语句意义的表征问题,是意义理论研究中的重要问题。通过意义理论形式问题的探讨,可以解决有关意义的哲学问题。达米特与戴维森在关于意义理论的观念上有相同之处,问题的关键在于如何实现意义理论的任务,通过什么形式的意义理论达到对于自然语言的描述和理解。正是在这个问题上显示出达米特与戴维森的不同之处。达米特提出了意义理论的基本框架,并构造了以"证实"("辩护")为核心概念的意义理论和以"后果"为核心概念的意义理论。戴维森提出了以"真"为核心概念的意义理论,即真之理论。达米特基于意义理论的基本框架,通过对实在论真概念的批评,深入地展开了对真之理论的批评。

第一节 达米特意义理论的形式

按照达米特的意义理论的框架,意义理论主要是对说话者的语言能力和语言行为的一种刻画,因此意义理论的核心概念应该是对语言实践的某个方面的抽象,否则所构造的意义理论就无法完成其应有的任务。达米特从说话者对语句的使用中抽象出"证实"(后来改为"辩护")概念和"后果"概念,提出了两种意义理论的形式。

一、意义理论的基本框架①

在《什么是意义理论？（Ⅱ）》中，达米特对于一个意义理论的基本框架做了如下表述：

"任何意义理论都被看作分为三个部分：第一部分是核心理论，或者指称理论；第二部分是它的外壳，即涵义理论；第三部分是意义理论的补充部分，即力量理论。力量理论确立了由指称理论和涵义理论所指派的句子的意义与说这门语言的实际的实践之间的联系。指称理论递归地确定这个被看作是给定意义理论的核心概念对于每个句子的应用……涵义理论说明：认为一个说话者具有关于指称理论的知识，这种认定意味着什么。"②

在该文的其他地方，达米特在谈到以真或证实概念作为核心概念的意义理论时，一般认为意义理论是由两个部分组成的，一个部分由指称理论与涵义理论构成，另一个部分是由补充部分，即力量理论组成。③

通过分析达米特关于意义理论基本框架的论述，我们可以看到，达米特关于意义理论的基本框架的思想具有以下几个方面的内容：

第一，意义理论的核心理论依意义理论所采用的核心概念的不同而具有不同的形式。核心理论将递归地确立核心概念对于语言中所有句子的应用。整个意义理论的中心就是核心概念以及由此形成的核心理论。核心概念的不同以及由此产生的核心理论的不同，导致了意义理论形式的差异。因此，构造一个可行的意义理论很大程度上依赖于核心概念的正确选择，而这也是达米特批驳以真为核心概念的意义理论的主要出发点。

---

① 参见张燕京：《达米特意义理论研究》，中国社会科学出版社 2006 年版，第 160—164 页。

② Dummett, M., "What is a Theory of Meaning？（Ⅱ）", in *The Sea of Language*, Oxford：Clarendon Press, 1993, p.84.

③ Dummett, M., "What is a Theory of Meaning？（Ⅱ）", in *The Sea of Language*, Oxford：Clarendon Press, 1993, pp.40-41.

第二,核心理论与涵义理论是内核与外壳的关系,没有核心理论,也就没有涵义理论;有什么核心理论,就有什么涵义理论。核心理论递归地给出核心概念在语言中语句的应用,涵义理论要阐明一个说话者关于核心理论的知识体现在什么地方,要把说话者所具有的核心理论的知识与说话者实际的语言实践相结合。所以,涵义理论是根据核心理论来加以描述的,核心理论不同,涵义理论也不同。意义理论中的核心理论与涵义理论共同刻画了语言中每一个句子的意义,它们结合在一起组成了意义理论的基本部分。需要说明的是,核心理论与涵义理论所给出的语句的意义并不是这个语句的全部意义,准确地说,它是这个句子的涵义,它是对这个语句使用的某种特征的描述,核心概念就是从这种特征中抽象概括出来的。知道一个句子的涵义,就是根据被看作是给定的意义理论的核心概念的东西,了解有关它的一种特殊的东西,这就是从句子由其构成词组成的方式得出这种知识。

第三,一个完整的意义理论是由它的基本部分(核心理论与涵义理论)与它的补充部分(力量理论)组成的。之所以称它为力量理论,是因为在假定一个句子的涵义已经由核心理论与涵义理论给出的前提下,它要提供一致的方法,以此说明一个句子在表达中可能具有的各种各样的约定意义,也就是这个句子的各种表达可能产生的各种语言行为。这实质上就是从语句的一个特征的描述推出它的其他特征的描述。之所以称它为补充部分,是因为核心理论与涵义理论只是说明了一个语句意义的一个方面,它们并没有给出一个语句的全部意义;作为补充,通过力量理论我们能够给出句子的其他意义,即描述语句全部的使用特征。这样,一个完整的意义理论就完全能够给出一个语句的全部意义的说明,能够全面地描述这个语句使用的全部特征。因此,在意义理论中,力量理论是以核心理论与涵义理论为基础的,后者决定了前者的内容和形态。

第四,在意义理论的基本框架中,意义理论的三个部分是紧密联系的。核心概念决定了核心理论,核心理论又决定了涵义理论,核心理论与涵义理论共同决定了力量理论,但这种关系不是单向的。从一个意义理论的可行性的角度看,问题的关键在于,由核心概念所决定的核心理论与涵义理论是否能够构造一种可行的补充理论(力量理论);是否确实有一种通过由核心理论与涵义理论所给出的一个语句意义(涵义)能够描述它的全部意义的一致方法。因此,我们必须从这一点来考察一种意义理论的正确性与合理性。

第五,达米特意义理论基本框架的前提是涵义与力量的区别。这个区别是隐含在达米特关于意义理论的基本框架中的。达米特关于意义理论两个部分划分的思想,关于可以先由核心理论与涵义理论给出句子涵义的说明,再由力量理论给出句子的其他意义(句子使用所具有的力量)的说明的思想,都是建立在涵义与力量区别的基础上的。

第六,达米特提出的意义理论的基本框架与他所提出的关于构造意义理论的基本原则是一致的。达米特认为,一个成功的意义理论必须满足全面性、显示性和分子性三个基本原则,违反了其中的任何一个原则都不能构造一个可行的意义理论。达米特意义理论的基本框架是完全按照构造意义理论的基本原则提出的,是体现了基本原则的精神的。

首先,达米特关于一个意义理论应该采取什么样的形式,关于如何给出语言意义的说明,关于如何描述说话者的语言实践等方面的论述都是以句子为中心,主要是在句子层次上展开的。意义理论采取什么形式的问题就是如何给出一个句子意义的刻画的问题;语言实践的描述问题主要是如何描述句子使用的特征的问题。因此,达米特关于语言实践的说明是在语句层次上展开的,主要从句子使用的特征入手来构造意义理论的,他试图通过核心理论与涵义理论给出句子意义的说明,这显然遵循了构造意义理论的分子性原则。

其次,达米特认为,说话者关于核心理论(指称理论)的知识必须在他的语言实践中体现出来,而对此做出说明就是涵义理论的主要任务,涵义理论要把说话者所具有的核心理论的知识与他的实际语言能力联系在一起。一个说话者所具有的句子意义的知识必定能通过他使用这个句子的某种能力显示出来。这当然是与他所倡导的构造意义理论的显示性原则是一致的。

二、证实主义意义理论

达米特认为,围绕着实在论真概念而构建的意义理论不具有合理性,它不能为说话者理解语言中的句子提供正确的恰当的解释。基于直觉主义对于句子意义的分析,达米特论证了建立新的意义理论的必要性。他指出,直觉主义对于句子意义的处理弥补了这种不合理性,它具有的显著优点在于,将人们对于语言的实际运用能力与关于句子(数学陈述)的理解联系起来。因此,达米特用证实概念代替真概念作为意义理论的主要概念,提出了证实主义意义理论。

达米特认为,关于数学陈述的意义说明,直觉主义的主要观点是:理解一个数学陈述的意义,关键在于人们是否认识到某个数学构造是关于该数学陈述的证明。由此,一个数学陈述的断定,应该被解释为断言可以构造出它的证明或存在它的证明,而不应该被解释为断言它是真的。"对于任何数学表达式的理解就在于,一种关于它对于确定被算作是任何包含它的陈述的一种证明作出贡献的方式的认识。"①

达米特认为,直觉主义将"证明"作为核心概念,对于数学表达式的意义和数学陈述的意义进行刻画。关于数学陈述的理解是指,人们能够认识到一个数学陈述的证明,而不是指实际地构造关于这个陈述的证明。换言之,对于一个数学陈述的意义的理解,依赖于人们是否能够识别出某个数学构造是否是关于该陈述的一个证明。对于数学表达式的理解就在于,认识到它对包含它的陈述的证明所做出的贡献或发挥的作用。按照这种观点,对于一个数学陈述做出断定,就仅仅意味着存在关于该陈述的一个证明。达米特指出,这种关于数学陈述的意义的说明,就能把说话者关于数学陈述的意义的知识与他

---

① Dummett,M.,"What is a Theory of Meaning？(Ⅱ)",in *The Seas of Language*,Oxford:Clarendon Press,1993,p.70.

们实际的认识到某个数学构造是该陈述的证明的能力结合起来。说话者对于数学陈述的意义的把握,总能够体现在对数学陈述的运用能力中。

达米特对"证明"这个概念做了解释。他认为,以数学陈述的证明为例,如果人们理解如何认识一个数学陈述的证明,那么也就得到了关于这个陈述的否定的理解,由此关于数学陈述的否定的证明将是这样的东西,它证明了不可能找到关于这个陈述的证明。因此,理解一个数学陈述的同时,也就实现了关于它的否定的理解。达米特指出,在理解直觉主义意义理论时,人们还必须注意可判定的数学陈述与可理解的数学陈述是不同的。关于一个数学陈述具有可理解性是指,人们能够有效地识别出关于这个陈述的证明,它并不意味着人们必须能够实际构造出关于该陈述的一个证明。一个数学陈述具有可判定性是指,人们具有一种有效的、能行的证明方法,借助于这个方法对数学陈述进行分析,从而能够找到关于该陈述的一个证明,或者可以找到该陈述永远不能被证明的证明。因此,直觉主义虽将"证明"当作是意义理论研究的核心概念,但并不要求所有具有可理解性的陈述都是可以通过能行的方法而可判定的。达米特认为,在有些情况下,人们能够知道哪些陈述是具有可判定性的,并且人们将有根据地事先断定这些陈述是遵守排中律的。但是,在一般情况下,一个陈述的可理解性决不保证人们具有任何这样的判断程序,由此可得,排中律并不适用所有陈述。理解一个陈述并不是指必须能够实际构造出它的一个证明,而是说人们具有认识到它的一个证明的能力。

通过对直觉主义意义理论的分析,达米特指出,这种意义理论关于句子意义的说明,尤其是关于数学陈述的意义的分析,具有很大的借鉴意义。它将语言实践与关于句子的意义的知识联系在一起,弥补了真值条件意义理论的不足。达米特正是从这种说明出发,提出了证实主义意义理论这种新的构思。

达米特所做的主要工作就是使这种直觉主义意义理论的适用范围扩大到对一般陈述的意义的说明,即从数学陈述扩展到非数学陈述。达米特认为,对于一般陈述的说明是围绕"证实"概念展开的,而就数学陈述来说,"证明"概念则是用于说明它的意义的最重要的概念。达米特说："一个陈述的理解在于有能力认识到可算作证实它的任何东西,即可算作决定性地确立它为真的任何东西。"①具有能够认识到用于证实陈述的能力,是理解一个陈述的关键。

由此,达米特抛弃了以往以真概念为核心概念的意义理论,从而提出了以证实概念为核心的意义理论。在达米特看来,这种意义理论修正了真值条件意义理论,将人们关于语句意义的认识与实际运用语言的能力联系起来。相较于二值原则的设定,证实主义意义理论中的陈述被证实为真的条件是指,当人们获得这种条件时,他们必定具有有效地认识它的能力。因此,"就不会存在陈述关于这种条件的隐含知识体现在什么地方这个困难……它直接由我们的语言实践所显示。"②达米特将这种意义理论称之为"证实主义意义理论"。

在关于一般陈述的意义阐释的过程中,达米特强调,以证实为核心的意义理论的建立需要注意一点告诫和两点保留。具体来说,达米特所提出的一点告诫,实质上是针对证实这个概念而言的。他认为,自然语言中的语句具有各种各样的类型,它们之间具有多种多样的联系。在一般情况下,对于每一个语句来说,人们对它的证实都不是孤立进行的,而是涉及其他许多语句的使用。对语言中语句的这种相互关联性的考察,是这种意义理论成立的必要条件。

达米特指出,关于语句的证实,逻辑实证主义的错误在于,它假定可以把语句的证实描述为仅仅是与某种感觉—经验序列相关,可以被单独地加以证实,即不依赖于其他句子。达米特认为,这种描述只对某类有限的句子才是近似正确的。

就某个方面而言,达米特对奎因的整体论语言观持赞成的态度。他指出,奎因的语言观避免了逻辑实证主义的错误。基于对语言中的语句关联性的考

---

① Dummett,M.,"What is a Theory of Meaning？（Ⅱ）",in *The Seas of Language*,Oxford:Clarendon Press,1993,p.70.

② Dummett,M.,"What is a Theory of Meaning？（Ⅱ）",in *The Seas of Language*,Oxford:Clarendon Press,1993,p.71.

察,奎因对语言进行了一种实际上是证实主义的解释和说明。奎因认为,语言是作为整体接受经验的检验。按照语言中的语句与经验之间的关系,他把语句分为处在语言整体的边缘的语句、处在语言整体核心的语句以及处在二者之间的语句。处在语言整体最边缘的语句是经验语句,它们的证实主要在于人们的感觉经验。在这种情况下,逻辑实证主义关于证实的看法类似于奎因的观点。对于处在中间地带的语句以及处在核心地带的语句,人们对它们的证实就不仅仅在于感觉经验,还在于人们对与它们相关的语句的理解与使用。这就是说,在证实它们的过程中,一般包含推理的程序。

达米特认为,从这种关于语句证实的观点看,数学语句的证实仅仅包含推理过程,经验语句的证实仅仅包含感觉经验,一般不包含推理。关于这二者的证实,只是一般证实的特例。而其他大多数语句的证实不只包含推理过程,而且包含感觉经验。

达米特指出,对于"证实"概念的界定,是证实主义意义理论的基本前提和重要内容。要想使得直觉主义意义理论适用于更大的范围,即不仅限于数学语句,就必须沿着奎因提出的思路。也就是说,把一个语句的证实看作体现于这样一个过程,通过该过程,我们在语言实践中能够最后承认该语句已被最终确立为真,被最终证实。这个过程就推理方面而言,一般包含着对其他句子的使用,这种使用可能明显也可能不明显。因而,达米特说:"作为仅仅凭借推理而进行的证实,因此证明只是[证实]的一种有限的情况,而不是一个不同的种类。"①

达米特指出,在证实主义意义理论的建立过程中,还需要注意两点保留。这两点保留涉及对以真概念为核心的意义理论的某些方面的保留。第一点保留是关于语句证实问题的。达米特认为,数学陈述与经验陈述在证实与证伪之间的关系方面具有根本的区别。关于数学陈述的理解,人们不必既具有认

---

① Dummett, M., "What is a Theory of Meaning? (Ⅱ)", in *The Seas of Language*, Oxford: Clarendon Press, 1993, p.71.

识到它的证明的能力,又具有认识到它的反驳的能力。其原因在于人们对于否定的说明,即关于如何认识某一陈述的反证的说明,可以借助于某种一致的方式而进行。人们可以把证实或证伪数的等式的计算程序当作依据,对于这些等式之否定的意义进行说明。由此,关于所有数学陈述之否定的证明,都包含这样一种有效的方法,这种方法能够把所有数学陈述之否定的证明都转化为对某个假的数的等式的证明。这是一种适用于数学陈述的所有证明的方式。这种解释依赖于一个假设:如果给定了一个假的数的等式的证明,那么人们可以对于任何陈述都能构造出一个证明。达米特强调,如果把数学陈述的意义说明扩展到一般的经验陈述,那么人们就不能直接判断出,是否存在任一具有可判定性的原子陈述类,对于它们类似的假定能成立。这样一来,人们也就不能直接判断出,就一般的情况来说,是否具有类似的一致的方法用于说明陈述之否定的意义。因此,在证实主义意义理论中,我们应仍然坚持,借助于一同被规定的两个方法,即认识它被证实的方法以及认识它被证伪的方法,可以对所有陈述的意义进行说明。这里唯一的普遍的要求是,为了保证每一个陈述都不可能既被证实,又被证伪,人们应当对以上这些规定进行明确的、恰当的说明。

第二点保留是关于语句算子意义的解释问题。达米特指出,对于真值条件意义理论来说,句子的真值条件决定了该句子所断定的内容。由此可知,只要我们知道在什么情况下一个句子为真,也就知道了它的意义。但达米特认为,我们并没有先验的根据说明,复合句的真值条件仅仅由它的构成句的真值条件所决定。人们能够把语句算子描述为真值函项,是因为人们对于句子的真或假的情况所做出的进一步的区分。一方面,对于一个句子可能为假的不同方式进行了区分,即这个句子可能具有不同的未指定的"真值"。另一方面,对于一个句子可能为真的不同方式进行了区分,即这个句子可能具有不同的指定的"真值"。在达米特看来,上述区分与人们对这个语句的理解无关,它只是有助于理解一个语句以什么方式确定包含它的复合句的真值条件。

达米特认为,同样的情况也适用于证实主义意义理论。在这种意义理论中,人们在对复合句的证实条件进行说明时,同样不存在先验的根据来说明,它应该仅仅由其构成句的证实条件来决定。达米特明确地指出,通过对复合句的构成部分在确定其真值条件时发挥的作用的分析可知,直觉主义逻辑、多值逻辑以及二值逻辑对于这种作用的产生原因持有不同的观点。具体来说,直觉主义逻辑主张,作为复合句构成部分的子句有助于确定把什么看作是这个复合句的证明,这种作用完全是通过什么可看作它的证明的定义产生的,这种作用完全是通过它的一个(被认为能够单独使用的)子句的涵义产生的。在这个方面,二值逻辑持有与直觉主义逻辑类似的观点。从二值逻辑来看,确定一个复合句为真的条件依赖于其构成句的真假情况,并且这种作用的实现仅仅依据它自己的真值条件。而在多值逻辑中情况并非如此。

达米特强调,真值条件意义理论一般并不做如下的假定,即作为复合句的构成部分的子句的真值条件完全可以决定该复合句的真值条件,即这个理论的语义不会要求使用两个以上的"真值"。类似地,证实主义意义理论的一般构想也不假定,对语句算子意义的解释,能够比直觉主义逻辑中对它们的解释相对简单。由此可知,当把这种直觉主义意义理论的适用范围扩展到整个语言时,人们将不能根据各个构成句的证实由什么构成来一致地对逻辑常项的意义进行说明。

达米特分析了以证实为核心概念的意义理论可能导致的逻辑的特征。一方面,这样的意义理论所产生的逻辑将不是古典逻辑,它将不会与对我们语言的每一个句子的实在论解释相一致。因为我们将放弃这样的假设,即每个具有明确涵义的陈述都是确定地为真或为假,这与我们的认识无关。另一方面,由此产生的逻辑不一定与直觉主义逻辑非常相似。

在达米特看来,数学语言和自然语言是不同的。这种不同主要体现于数学语言中的陈述具有的可判定性是持久不变的。假如一个数学陈述原则上是可判定的,那么人们就可以合理地断定根据这个陈述和它的否定得出的所有陈述。其原因在于，只要人们愿意，就至少可以在理论上得到关于这个陈述的真假情况。在这里，达米特强调了数学陈述的可判定性所具有的持久性。与数学陈述相反，一个经验陈述的可判定性不是一种与数学陈述完全相同的持久的特性。达米特以两个经验陈述为例对此进行了分析。一个陈述为："现在这个池塘里的鸭子要么是单数，要么是偶数。"达米特认为，它具有可判定性，因为人们随时就能确定两个析取支中的任何一个是否为真。另一个经验陈述为："曾在美国国会大厦上咯咯叫的鹅要么是单数，要么是偶数。"达米特认为，人们不能为这个陈述具有的可判定性提供同样的理由，因为人们并不是随时都能判定这个陈述的任何一个析取支，这里涉及时间问题以及人们实际的能力问题。

达米特对证实主义意义理论提出了自己的看法。他谈到了对于构造这样的意义理论所需要的语言观问题，分析了构建这种意义理论所必须明确的重要概念——证实概念。此外，在对数学陈述与经验陈述之间区别的认识基础上，他指出，从数学陈述意义的说明扩展到一般陈述，特别是经验陈述时，人们并不是抛弃真值条件意义理论所有的方面，而是要保留这种意义理论的某种精神。达米特论述了真值条件意义理论、直觉主义意义理论以及他的证实主义意义理论三者之间的关系，同时也论述了由三种意义理论所导致的对语言中的逻辑常项的解释的不同，并且由此导致的不同的逻辑形态。因此，基于对其他意义理论的比较，达米特建立了证实主义意义理论。这种意义理论主要聚焦于"证实概念"的理解这个问题上。

达米特提出的意义理论引发了大量的讨论。有些人认为，这种理论与逻辑实证主义的意义理论没有本质上的区别，其本身没有什么新颖之处。逻辑实证主义所遭遇到的一切困难，同样会发生在达米特的意义理论之中。针对上述看法，达米特进行了辩护，从而论证了他的意义理论与逻辑实证主义的意义理论之间的区别。

在达米特看来，逻辑实证主义的基本主张是，关于句子意义的确定取决于它的证实方法。这里的"证实"是就经验而言,即句子意义的证实只涉及感觉经验。证实这个概念则把语言中其他句子的说明排除在外,其原因在于它不包括任何推理的因素,而语言的使用是进行推理的基础。达米特说:"对于逻辑实证主义者来说,证实是一个只有经验陈述受其支配的过程,并且在于感觉经验序列的出现。"①在逻辑实证主义者看来,所有具有意义的陈述可分为两类:分析陈述和经验陈述。其中,分析陈述(包括数学陈述)的意义的确定依赖于一种不同的方式,即演绎论证。因此,由于他们主张的这一证实概念较为特殊,逻辑实证主义者并不把演绎论证当作是同一个属的一个种;他们甚至也不把分析陈述的演绎过程当作是确立分析陈述意义的依据。逻辑实证主义不得不将分析陈述与经验陈述区别开来,同时借助于不同的方式对于这两种陈述的意义进行说明。由此看出,关于证实概念,逻辑实证主义所做出的解释不是协调一致的。

达米特认为,由于具有一种不正确的语言观,逻辑实证主义对于句子意义所做出的说明也是不正确的。这种语言观主张,句子的意义是指感觉经验方面的意义,句子不依附于语言中的任何其余部分而具有这种意义。也就是说,语言中的句子同其他句子是没有关联的,关于句子意义的把握只依赖于人的感觉经验。达米特说:"逻辑实证主义的主要错误恰恰在于主张,一个经验语句的意义能够被设想为不依赖于它所属语言的任何知识或者这种语言的任何部分而被附着于它。它的意义(体现在它能够被任何一个不能被概念化的感觉—经验的系列所证实)原则上能无需提及其他句子而被掌握。由此形成的意义理论(作为一个关于什么实际构成我们对任何句子理解的说明),是非常不合理的。"②

---

① Dummett, M., "Reply to Brian Loar", in Taylor, B. (ed.), *Michael Dummett: Contributions to Philosophy*, Dordrecht: Martinus Nijhoff Publishers, 1987, p.270.

② Dummett, M., "Reply to Brian Loar", in Taylor, B. (ed.), *Michael Dummett: Contributions to Philosophy*, Dordrecht: Martinus Nijhoff Publishers, 1987, p.270.

　　在达米特看来,在《经验论的两个教条》这篇著名的论文中,奎因明确地指出了逻辑实证主义的语言观的错误,从而建立了一种整体论的语言观。奎因认为,受到经验的检查和验证的语言是一个相互连结、相互作用的整体。由此达米特指出,奎因对于逻辑实证主义并不是完全否定的,而是有所批评,也有所继承。奎因本人把与证实概念具有亲缘关系的概念——与一个语句集相容的经验的概念作为意义说明的中心概念。他认为,逻辑实证主义的错误不在于把证实概念作为意义理论的核心概念,而在于一种把证实条件孤立地附着于句子的构想。达米特多次提到奎因的《经验论的两个教条》一文对于语言哲学的贡献。他指出,奎因这篇论文的伟大贡献在于它没有犯逻辑实证主义的错误,即把任何句子的证实都视为仅仅与某个感觉—经验序列相关的东西,而同时又"提供了一种本质上是证实主义的关于语言的说明"①。

　　达米特意义理论并不是凭空想象而来,它建立在对直觉主义意义理论的分析,对逻辑实证主义意义理论的批评,以及对奎因整体论语言观的合理借鉴。正是对于以上各种意义理论的深入分析,达米特才有效地扩展了证实概念的内涵。针对"一个句子的意义在于它的证实方法"这种关于逻辑实证主义的严格解释的批评,达米特指出,人们可以从两个方向对此加以发展:一个方向是弱化这个基本原则,弱化经验证实的条件,这是为大多数哲学家所采取的一个策略;另一方向为是达米特所采取的态度,即从逻辑实证主义出发来进一步发展意义理论。达米特与逻辑实证主义的根本区别主要体现在语言观与证实概念的分歧。

　　相较于逻辑实证主义的语言观,达米特的语言观主张,一个句子虽然与其他的句子是有关联的,但它可以单独具有意义,关于它的证实取决于对与其相关的推理的认识。达米特说:"我们理解语言,就是掌握一个系统或结构。……理解一个句子,一般来说依赖于理解语言的其他很大一个部分,依该

――――――――――

① Dummett, M., "What is a Theory of Meaning? (Ⅱ)", in *The Seas of Language*, Oxford: Clarendon Press, 1993, p.71.

句子明显的或隐含的复杂程度而定。"①人们实际上是从一个系统或者一个结构的意义出发,对语言进行正确的、恰当的理解。由此可见,人们在厘清了一个句子的理解究竟与哪些东西有关的过程中,可能会涉及句子的证实,它一般表现为与这个句子相关的某个推理的运用,而语言是进行推理的前提和基础。由此可见,句子意义的确立与语言紧密相关。

在逻辑实证主义看来,语言中的语句之间不存在任何联系,一个语句可以独立于任何其他的语句而具有意义。语句的证实不涉及任何推理关系,即不涉及对于任何其他语句的理解,而只是依赖于感觉经验。与之不同的是,基于分子论的语言观,达米特的意义理论围绕证实这个概念展开。他认为,句子的证实取决于与之相关的推理关系,即涉及关于其他句子的理解。用于确立一个陈述为真的东西,既包含观察陈述,也包含推理。按照证实主义意义理论,"我们必须依据我们识别在实践中被看做证实它为真的东西的能力,或者被看做使我们有权去断定它的东西的能力,来解释关于某个陈述的意义的把握。"②因此,对一个陈述的意义的理解需要借助于包含观察和推理的证实这个概念。其中,"纯粹的观察陈述与数学陈述作为特殊的情况而出现……这种推理的联系并不只是存在于显示明显的逻辑复杂性的句子与它的子句之间:把握大多数非逻辑表达式的意义,意味着把握含有它们的句子与其他句子的逻辑联系。"③

达米特指出,按照这种证实概念来说明陈述的意义,只有通过推理,才能实现数学陈述的证实,即当认识到确立它为真的推理时,人们就把握了这个数学陈述的意义;而只有通过观察,才能实现观察陈述的证实,也就是说,当获得

① Dummett, M., Origins of Analytical Philosophy, Cambridge, Mass.: Harvard University Press, 1993, p.191.

② Dummett, M., "Reply to Brian Loar", in Taylor, B. (ed.), *Michael Dummett: Contributions to Philosophy*, Dordrecht: Martinus Nijhoff Publishers, 1987, p.271.

③ Dummett, M., "Reply to Brian Loar", in Taylor, B. (ed.), *Michael Dummett: Contributions to Philosophy*, Dordrecht: Martinus Nijhoff Publishers, 1987, p.271.

确立这个陈述为真的观察时,人们就把握了这个观察陈述的意义。而存在于这两个陈述之间的其他陈述的证实,则同时包含推理过程和感觉经验的观察。值得注意的是,前二者是证实的个例。重点就在于对处于数学陈述和观察陈述之间的这些陈述的意义的阐发。因此,达米特的证实主义意义理论能够协调地解释句子的意义,而克服了把句子分为两个种类、把意义分为两个类型的不足。

通过比较可知,奎因的语言整体论对达米特语言观的形成具有一定作用,但达米特并不赞同奎因的整体论语言观。一方面,达米特的语言观和奎因的语言观具有相同之处。这两种语言观都主张,句子之间具有相互关联性,不可能独立于其他语句而说明一个句子的意义,关于一个句子意义的解释与语言中其他句子的理解密切相关。相应地,一个语句的证实依赖于关于这个句子的某些特定的推理的运用。另一方面,达米特的语言观和奎因的语言观具有不同之处。具体来说,它体现在这两种语言观是否能够为一个语句的特定内容提供解释,以及与该句子相联系的其他语言部分的范围。达米特认为,句子意义的确立只与语言的一部分语句相关联,而不是与语言中所有句子相关联。一个句子意义的说明在于对语言中这个相应部分的理解。人们能够基于与之相关联的语言部分,实现对所讨论的句子的意义的明确刻画。达米特所谓分子论的语言观持有这样的观点:"它允许任何个别句子的意义都得到清晰准确的说明。这首先在于这个句子在语言网络中的位置。"①

奎因认为,由于所有句子都与语言中的每一个其他句子具有关联,人们不能对一个句子的意义提供明确的、清晰的说明。基于经验,关于句子的真值指派并不是唯一的。即便是拒绝其中一种指派,人们也能够通过对系统中的其他语句新的真值指派而得到间接实现,从而使得这个理论在强的意义上是整体论。达米特概述了奎因的看法:"既然任何单独语句的指派都是与任何

---

① Dummett, M., "Reply to Brian Loar", In Taylor, B. (ed.), *Michael Dummett: Contributions to Philosophy*, Dordrecht: Martinus Nijhoff Publishers, 1987, p.272.

一系列经验相容的,因此,无论我们多么透彻地理解一门语言,指派给任何一个这种语句的真值的知识,根本没有告诉我们关于世界状况的任何事情。因而句子不能说具有一个内容。网络决非一个不加区分的整体:但它作为一个整体才具有内容。"①由此可知,奎因关于句子意义的刻画依赖于语言的一般的图像,经验是与他所谓的整个语言网络产生联系的,所有的句子都应放在这个整体的网络中去理解。

达米特认为,语言的整体论所造成的一个后果是,人们不可能建构起一个系统的意义理论,因而语言的整体论是错误的。他说:"如果整体论是正确的,我认为我们不可能精通语言。我当然认为,假如整体论是正确的,我们也不能对其作用做出系统的描述。"②

达米特的意义理论与逻辑实证主义的意义理论之间的相同之处在于,它们都认为可以给出一个语句的意义的说明,但不同在于如何给出这种说明,以及对语言关联性的认识。

逻辑实证主义的语言观认为,一门语言中的句子不与其他句子产生任何关联,理解一个句子的意义独立于对其他语言部分中的句子的理解。一个句子的证实依赖于感觉经验。奎因的语言观认为,一个句子与语言中的所有其他句子相互联系,它不是独立存在的,一个句子的意义的理解依赖于对整个语言的理解。达米特的语言观则认为,一门语言中的句子是相互关联的,而不是独立存在的。理解一个句子的意义依赖于对语言中一部分句子的理解,即对与它直接相关的句子的理解,关于一个句子的证实可以具有推理的因素。由此可见,证实概念的不同源于语言观的不同。

需要说明的是,达米特后来用"辩护"(justification)概念替换了"证实"(verification)概念,用"辩护主义意义理论"(justificationist theory of meaning)

---

① Dummett, M., "Reply to Brian Loar", In Taylor, B. (ed.), *Michael Dummett: Contributions to Philosophy*, Dordrecht: Martinus Nijhoff Publishers, 1987, p.273.

② F.帕特陶特:《采访达米特(续)》,《哲学译丛》1998年第3期。

替换了"证实主义意义理论"(verificationist theory of meaning)这个说法。① 其重要原因在于,"verificationist"(证实主义)这个语词容易使人产生误解,即"证实"这个概念是逻辑实证主义使用的一个概念,这就使人易于把达米特提出的证实主义意义理论与逻辑实证主义的意义理论等同起来。但我认为,这只是术语的改变,其实质内容并没有发生变化。达米特的"证实"概念实质上就是"辩护"概念。值得引起人们关注的是,逻辑实证主义的"证实"概念与达米特的"证实"概念之间的区别。

三、实用主义意义理论

在批评真值条件意义理论的基础上,达米特提出了实用主义意义理论,这一理论的核心概念是"接受一个句子为真的后果"。达米特认为,意义理论是对语言实践的系统刻画,意义理论的核心概念应该能够对我们使用句子的语言实践的某个特征进行抽象和概括。一般认为,如何确立一个句子为真以及如何接受一个句子为真,是语言实践的主要方面,意义理论的核心概念应该对此进行解释和说明。对于前者,达米特使用"证实"这一核心概念,构造了证实主义意义理论;对于后者,则使用"接受一个语句为真的后果"这一核心概念,构造了实用主义意义理论。

根据实用主义意义理论的构想,句子的意义是通过接受它为真的后果给出的。也就是说,如果我们知道接受一个句子为真的后果是什么,那么我们也就知道了这个句子的意义。但是,作为实用主义意义理论核心的"接受一个句子为真的后果"这一概念本身是不确定的,即接受一个句子为真的后果具有多样性,并且,我们可能并不能够确定接受一个句子为真所导致的后果究竟是什么。对此,达米特对"后果"概念进行了详细的区分,提出了"直接后果"这一具体的概念,并指出为了构造这种关于句子意义的说明,我们不需要去考

① Dummett, M., *Thought and Reality*, Oxford: Clarendon Press, 2006, p.59.

察接受一个句子为真对个体行为可能具有的所有最终的后果,我们所需要做的就是去解释接受这个语句为真的直接后果。接受一个语句为真的直接后果通常是,从它以及其他已经被认为真的语句进一步推出其他语句的真。换言之,在实用主义意义理论中,对语言中其他语句的理解,是对特定句子的意义进行说明的基础。因此,实用主义意义理论预设了分子论的语言观。

达米特认为,基于分子论语言观,实用主义意义理论对句子意义的说明可以排除循环解释。根据句子构造的复杂程度可以将其划分为不同等级。实用主义意义理论的一个基本假设是,对一个句子的意义进行解释,则需预设复杂度比其低的句子的意义,复杂度相同的句子的意义可以同时给出,不能预设复杂度比其高的句子的意义。基于此,对一个句子的理解包含对语言某个片断的理解,这一片断本身可作为一个整体单独存在。对作为整体的语言的解释可以非循环地进行构建,也就是说,可以由复杂度最低的句子(观察句)开始,先对其意义进行解释,然后对复杂度比其高的句子进行解释,按照复杂度从低到高的顺序依次对所有句子进行解释。因为对于复杂度低的句子的解释总是先于对复杂度高的句子的解释,所以不会存在循环解释的情况。

此外,达米特认为分子论的语言观应该遵循意义的组合原则。实用主义意义理论主张,一个句子的意义的说明依赖于复杂度比其低的句子的意义,只有复杂度与其相同的句子的意义才能同时给出。复杂度指派的基本原则是对一个句子的理解来自对其组成部分的理解,也就是说,我们理解一个句子的意义是因为知道构成这一句子的语词的意义以及这些语词组合成句子的方式的意义。这一组合原则在直觉上是显然的。任何一种意义理论都不能直接给出每一个句子的意义,必须依赖于意义的组合原则。因为任何一种语言中都潜在地存在着无限多的句子,说话者能够理解他们以前没有遇到的新的句子。因此,意义理论只能规定支配个体词和不同种类的句子组合的方式的规则,并且所有句子的意义都能够由这些规则推出。达米特强调,一个复合句的复杂度总是高于其包含的子句的复杂度,对于句子复杂度的指派是有限制的。

　　实用主义意义理论的核心概念是"接受一个句子为真的后果"，但是，达米特意识到对这一概念的澄清存在困难。因为接受一个句子为真的后果，既可以是接受另一个句子为真，也可以是导致说话者的某种行为。与在证实主义意义理论中只有在特定的地方才能建立与观察的联系类似，在实用主义意义理论中，也只能在特定的地方才能与说话者的行为建立联系。说话者接受一个特定的句子为真，或许不能影响其实际的行为，却存在着影响其行为的可能性。与证实主义意义理论中的观察句对应，达米特提出了行为句的概念。他认为，一个句子是行为句，当且仅当接受这一句子的后果是一个行为或一系列行为。例如，"如果你把手伸进沸腾的水中，你就会受伤"，这个句子就可以被看作一个行为句。对观察句而言，只要我们假定我们感官能力的本性，它就能根据它的意义来加以确定；而对于行为句我们很难这样加以确定，因为接受一个句子的后果是否是行为，这在很大程度上依赖于相关主体的目的和动机。达米特说："这两种情况之间的重要区别在于这个事实：一系列后果在行为中终止的地方，很大程度上取决于单个主体的目的与动机。"①

　　尽管达米特认识到对"接受一个句子为真的后果"这一概念的说明存在着困难，但这并不能阻挡他根据这一概念来构造意义理论的努力。他指出，当我们根据接受一个句子为真的后果来对句子的意义进行解释时，"一个句子的意义就是一个函项，它带有两种变元：主体的愿望和他所接受为真的其他句子"②。这一函项的值是在行为上和判断上既是事实的，也是规范的一系列后果。变元会因说话者的不同发生变化，但这一函项本身一直保持不变。

　　基于上述观点，达米特对实用主义意义理论与演绎推理之间的关系进行了阐述，同时将实用主义意义理论与证实主义意义理论二者进行比较。达米

① Dummett, M., "Language and Truth", in *The Seas of Language*, Oxford: Clarendon Press, 1993, p.140.

② Dummett, M., "Language and Truth", in *The Seas of Language*, Oxford: Clarendon Press, 1993, p.140.

特指出,为避免实用主义意义理论中出现循环解释的情况,必须坚持语言分子论观点以及句子意义的组合原则。因此,当我们从确立一个句子为真的方式对句子的意义进行解释时,只能考虑从较低复杂度的句子为前提推出较高复杂度的句子作为结论的推理。与此相反,当我们根据接受一个句子为真的后果对句子的意义进行解释时,能够考虑的推理就只能是从较高复杂度的句子为前提推出较低复杂度句子作为结论的推理。由此可见,在推理的方向以及推理的种类上,实用主义意义理论和证实主义意义理论存在很大不同。

达米特对直接后果和间接后果与直接证实与间接证实之间的关系进行了详细的分析。

首先,达米特对直接证实和间接证实的概念进行了说明。他说:"当一个语句的意义是根据该语句被证实的方式而给出时,所引用的是最直接的证实方法。一个直接证实……是这样的证实,它一步一步对应于语句由它的构成部分所组成的方式,并且一步一步对应于确定这个语句的真值的方法,而这与语句的真值被意义理论刻画为由它的组成部分所确定相一致。"① 与此相反,其他对于句子的证实方式就是间接证实。

其次,达米特阐述了直接证实和间接证实之间的关系。他认为,推理对除了观察语句之外的所有语句的真的确立发挥着不可或缺的作用,这里的推理主要是指从简单语句到较复杂语句的推理。因此,如果语句的意义是根据直接证实它们的方法给出的,那么,由于证实不同语句的方法之间相互联系,如此方式给出的意义本身就是对间接证实使用的辩护。换而言之,如果一个或更多语句的直接证实包含着某个更简单的语句的证实,并且我们已经接受了前面的语句为真,那么我们就有理由也接受更简单的语句为真。或者,我们可以把一个语句的证实转化成为另外一个语句的证实,那么我们就有理由从前一个语句的真推出后一个语句的真。也就是说,我们可以从直接证实的概念

---

① Dummett, M., "Language and Truth", in *The Seas of Language*, Oxford: Clarendon Press, 1993, p.142.

中引申出间接证实的概念。根据直接证实对意义进行解释,不是否定间接证实的可能性,相反,这正是阐释间接证实可辩护的原因。这允许我们根据直接证实所解释的句子的意义,推出在接受一个语句为真时所包含的东西,即"接受一个句子为真的后果"。因此,由语句的真推出后果,正是这些后果的一个间接证实的特例,反之亦然。

最后,达米特通过直接证实与间接证实之间的关系,阐明了直接后果和间接后果之间的关系。他指出,根据"接受一个句子为真的后果"这一概念的意义说明所要考虑的,只能是在与直接证实类似意义上的最直接的后果,而这样的说明为间接后果的推出提供了辩护。这是因为对于给定的被接受为真的特定语句而言,我们有理由推出任何其他的语句,这些语句的任何后果已经是这个给定语句的后果。在这些间接后果之间,存在着类似在一个直接证实中所出现的那种从简单语句到较复杂语句的推理。因此,如果所有语句的内容根据接受它为真的后果给出,那么,对于任何一个语句而言,这将被看作是证实它的东西。对此,达米特进一步强调,"按照这种方式,无论我们把这两个特征(指接受一个语句为真的后果和被算作证实一个语句的东西——引者注)中的哪一个看作是意义的构成,我们都能够解释它们之间应该存在的这种协调性,并且由于这种协调性,我们能够推出另一个特征"①。

针对达米特的上述观点,存在一些反对意见。例如对于证实主义意义理论与推理之间关系的阐述,有人认为这与我们日常的语言实践不一致,因为我们并没有经常根据从简单前提到复杂结论的推理对一个句子的真进行确立。对于实用主义意义理论与推理的关系的看法,有人指出它也与我们日常的语言实践不一致,因为我们也并非总是根据从复杂前提到简单结论的推理,来对接受一个句子的后果是什么进行说明。

针对以上反对意见,达米特进一步阐释了根据"我们如何确立一个句子

---

① Dummett, M., "Language and Truth", in *The Seas of Language*, Oxford: Clarendon Press, 1993, p.143.

为真"所表达的意义理论和根据"接受一个句子为真所意谓的东西"所表达的意义理论之间的关系,并以此作为对反对意见的回应。他指出,这两种意义理论之间既是可供选择的,又是互相补充的。二者之间可供选择,是因为每一种意义理论都可以唯一地确定一个语句的意义;二者之间是互相补充的,是因为每一种意义理论对于给出这门语言的这种实践的说明都是需要的。在达米特看来,每一种意义理论都可以完全确定一个语句的意义,但一个语句使用的这两个特征不能被独立地描述,即给定任意一个特征,另一个特征就能够被推出来,在语句使用的这两个特征之间应该存在着协调性。正是因为在语言实践中这种协调性的不完善,使得语言实践不是自明的,而是可批评的。概言之,在达米特看来,持反对意见者所提到的那些情况存在的原因是语言实践本身是不协调的,是需要进行修正的。

达米特认为,实用主义意义理论相比真值条件意义理论而言,具有更大的优越性。因为实用主义意义理论本身就是根据语言实践来构造的。实用主义意义理论和证实主义意义理论的优点都在于它们是直接根据语言实践构造的,因此不需要追问这两种意义理论如何与语言实践相联系,这一优点使得它们相较其他理论更为可取。

达米特指出了构造实用主义意义理论面临的难题,即实用主义意义理论虽然可以对大部分语言实践进行适当说明,却不能对演绎推理实践进行适当的说明。这主要是因为实用主义意义理论不接受我们习惯地看作有效的推理形式,而是认为其中一些推理形式无效,不能作为逻辑规律来使用。达米特坚持实用主义意义理论,主张对我们的语言实践进行部分修正,以便能够系统地说明我们的语言实践。

综上所述,证实主义意义理论和实用主义意义理论尽管不同,但它们具有一个共同的特征:它们所采取的核心概念,无论是证实概念还是后果概念,都是直接从语言使用的特征中提炼出来的,都与语言实践具有直接的关系。通过它们所给出的语句意义的说明,都能与语言实践紧密相关。证实概念是与

"说话者如何确立一个语句为真"这种语言实践直接相关;后果概念是与"说话者接受一个语句为真"这种语言实践直接相关。这些概念都是与说话者的语言实践直接相关的,都是从对于语言实践的不同特征刻画中抽象出来的。达米特认为,由于上述概念具有的这个共同特征,它们作为核心概念能够给出句子意义正确的刻画,它们能够给出语言实践的描述,因此它们是有效的概念。这是"证实"和"后果"概念与实在论的真概念的根本区别。由于这种区别,证实主义意义理论和实用主义意义理论就与真值条件意义理论具有根本的区别。

第二节　戴维森意义理论的形式

戴维森认为,一种绝对的真之理论是一种意义理论的形式。真概念在意义概念之先,它先于语言并为语言提供先决条件,并使之成为可能。戴维森运用真之作用和特性,并且作为一种决定性的理论前提,令真之初始论以及绝对真之理论得以成立。戴维森以不断建构、完善真定义的方式在自然语言当中建立其真值条件意义理论。他的真之理论给定了真与意义同时被表明的方法和基本理论模式,这被命名为戴维森纲领。该纲领是以对真概念的理论作用进行说明为基础的。这种任务就是明确真概念,使其承担起意义理论的独有的前分析概念,并且在意义理论中发挥重要作用。真在语言中的影响,即在意义理论中的真之作用,是可以被分析和认识的,这样的认识反过来构成了对真概念理论特性的明晰。因而,如果不明晰戴维森的意义理论,就无法对戴维森所阐释的真概念有一个明确认识。而这是在对语句的意义依赖语词意义的方式问题和意义概念的解释问题给出了一种解决方案的基础之上来完成的。

通常情况下看来,戴维森整个语言哲学以意义理论为中心内容。多数学者认为,戴维森较为突出的理论贡献,或是其思想较具代表性的展现大都集中在他的真值条件意义理论。而真之理论通常被视为戴维森全部理论的核心内容。因此有观点质疑这与戴维森真之理论的核心地位是自相矛盾的。其实，这并非与戴维森真之理论的核心地位发生冲突，也就是说，真之理论的绝对性决定了其在这样的性质之下对意义理论的关键性影响。意义问题的澄清正是戴维森建立起来的真之理论的主要任务。因为，在戴维森的真之理论当中，他从对于意义理论问题的探讨出发，并以此逐步实现对一种真概念的理论建构和诠释。真概念的核心理论决定于戴维森真值条件意义理论。在当代语言哲学视域下，戴维森真之理论的重要意义和重要的理论贡献，也是在于建构了其真值条件意义理论。

一、真与意义

戴维森认为，构建意义理论的任务应当借真之理论的形式来进行。戴维森说："意义理论应该采取绝对真之理论的形式。如果它的确采取这种形式，我们就能把语句的结构重新恢复为由单称词项、谓词、联结词和量词所构成，并带有通常的那种本体论含义。"①真与语言的一般结构本质上的联系得以确立，有赖于真值条件意义理论的建立。而将真视作一个前分析的、发挥关键作用的语言哲学的核心概念，是这种联系需要凭借的基础。在戴维森看来，绝对真之理论就是意义理论，它是意义问题的阐明所必然凭借的特定形式。意义理论基本问题是基于一般性的语言表达层面来探讨的。这样的意义理论正是戴维森真之理论所建构的内容。其原因在于，表明自然语言的结构，是当代意义理论乃至整个语言哲学的任务之一。

戴维森意义理论被称为一种典型的真值条件意义理论，表明了真与意义的内在联系。从真之理论、意义理论与整个语言哲学的关系来说，意义理论和真之理论原本即是语言哲学中的两个核心内容。真概念要得到合理阐释，就要建立表明语言哲学基础的真之理论。同时，在戴维森看来，一种语言的真定

---

① 戴维森:《对真理与解释的探究》，牟博、江怡译，中国人民大学出版社 2007 年版，第 270 页，译文有改动。

义应与其意义理论同时完成,这一工作对掌握一种语言是决定性的。语言意义的问题要进行澄清,就要依托于一种与真相关的意义理论。基于此,戴维森认为真与意义应建立以 T 约定为联结点的关联。由此意义理论与真之理论的联系得以建立。

在整体论语境当中,真概念决定并完成了以下这样的工作:将相关的意义成分准确组合在一起,并提供语句意义生成的方法和语义标准。这可以使语句意义依赖语词意义的方式得以说明。戴维森意义理论令语句意义与语词意义建立基本联系的原因,在于语句意义是凭借其真值条件来完成的。语句意义到语词意义都凭借真条件或者说真定义建构。这样的理论建构离不开由真值条件所联系着的整体论语境。在这个意义上,意义理论的建构即可采用解释真概念的方式进行。单称词项、谓词等语句的不同组成部分,通过语句的真值条件与语句整体、语境整体相联系。这样就解决了在任意一种语言当中如何实现语词的意义组合生成所有语句的意义这一意义理论的基本问题。

戴维森这种通过求真探求语言意义的方式,正是语言哲学经典的研究路径之延续。在对真与意义的理解问题上,弗雷格提出了现代意义上的基本问题,并给出了基本的解答。在戴维森看来,这样的解答是一条经久不衰的研究路径,同时也是有待于继续延伸的一种研究路径。戴维森说:"我们一直遵循着弗雷格的足迹。由于有了弗雷格,大家才清楚地知道这条探寻的途径,人们循着这条途径进行探寻的劲头甚至经久不衰。"[①]

戴维森认为,在语言哲学传统中存在着一条经典的语言哲学研究路径:通过把一个句子真值条件与语句意义建立起密切联系的方式,实现对语言的一般结构的揭示。通过真定义认识语言意义,并非戴维森的独创。弗雷格将一个句子的涵义视作一种借以考虑真的东西。戴维森对语言与真的认识方式继

---

① 戴维森:《对真理与解释的探究》,牟博、江怡译,中国人民大学出版社 2007 年版,第31 页。

承了这种语言哲学传统。确切地说,他继承了弗雷格把意义当作一种为真的条件来看待的传统。这一点体现在他论证整体论语境下语句意义与其真值条件的外延一致性问题中。因此与弗雷格一致,在戴维森看来,语句的涵义是我们用以确定这个句子真值的依据,一个句子的意谓正是这个句子的真值。戴维森表明,弗雷格的工作的意义在于给出了这条研究路径本身。语言哲学基本问题的提出和研究路径的建立,不得不归于弗雷格所奠定的基础。

戴维森意义理论是在当代语言哲学视域下的新发展。弗雷格语言哲学同样是在表明真概念在语言中的作用,即通过阐释语言、涵义与真(意谓)之间的关系实现的。弗雷格的这种以求真构建意义理论的方式发展到奎因和戴维森二人,展现出了向整体论演化的趋向。弗雷格为戴维森的工作提供了有力支撑,这表现在戴维森揭示了意义与真的内在关系,以及把真值条件作为彻底解释的证据等方面。结合他们的理论目的、方法和基本研究方式来看,弗雷格与戴维森在某种意义上具有一致性,即他们都对真进行研究,同时都同样重视语言的一般结构。

除此之外,T约定被戴维森看作建立一种意义理论的正确性的标准。在探究真与意义的过程中,戴维森从弗雷格那里继承了基本的语言哲学研究路径和方法,这种路径和方法为一种语言意义与其真值条件之间的特殊联系提供认识上的准备。其焦点问题是在明确语句意义在整体论语境当中的对应范围和精确界限的问题上。戴维森在这一问题上使用了T-图式作为其意义理论建立所依据的基本形式。也就是说,塔尔斯基的形式语言的语义性真定义,尤其是T-模式给戴维森带来的支持在于,对一种意义理论的形式提供了一种精确化的标准和理论模式。T-模式为戴维森提供了重要的刻画句子意义的理论工具。T约定为真之理论提供了实质上正确的标准。这为戴维森在弗雷格的基础上进一步表明真与意义基本关系带来了实质性启发。塔尔斯基真之理论为戴维森在弗雷格研究路径上的继续探讨提供了理论前提。塔尔斯基的形式语言的语义性真定义,使戴维森在语句层面以及整体语境层面建立起一种意义组合性原则的基本方式。最终真正令意义组合性原则在语言意义层面实现的,恰为戴维森凭借塔尔斯基式的真定义推衍出的真值条件本身。语句的意义与它在语境当中为真的条件精确对应起来,有赖于T-模式的运用。

在弗雷格求真传统的基础上,实现对意义理论的新阐发,又使得戴维森不断深入对真的认识。确切地说,当一种语言的意义理论能够实现对其中的真概念进行递归定义,那么这种意义理论便会表明"语句意义依赖语词意义的方式"①。戴维森指出了其意义理论的最终理论呈现,这既符合其所要达到的理论目的,同时表明这样的意义理论的构造是完全可能的。

总之,戴维森意义理论来源于对意义和真的关系的思考。从意义理论生成的角度来看,真之理论在其中扮演了极为重要,甚至是核心的角色。戴维森指出,研讨意义理论离不开对语句和真的认识,甚至必然不能摆脱将真概念视为意义理论的核心概念。实现以真值条件对语句意义进行说明,正是戴维森意义理论的关键问题。

在戴维森看来,意义理论能够做到澄清当代语言哲学中的某些基本理论问题。在意义理论前期探索中,戴维森阐释了各种可能的表征意义理论的形式。从一直以来人们共同遵循的以指称阐发意义的方式,到用内涵性语词"意谓"("mean")阐发语言意义的方式,直到戴维森所最终基于塔尔斯基式的语义性真定义而给出的以真值条件生成语句意义的意义理论的形式(T-图式),其最初的对语言意义进行诠释的标准得以满足。

在塔尔斯基形式化语言的真之理论基础上,T-模式被戴维森应用于自然语言。其理论目标在于:结合有限的语句和语词的把握,表明语言建构的一般性方式。在这一过程中,戴维森始终强调,这种真之理论的关键性影响是由塔尔斯基真定义带来的。戴维森借用塔尔斯基的T-模式,通过探讨真来探求意义,即采用定义真的方式来解决意义理论的形式问题。戴维森意义理论生成

---

① 戴维森:《对真理与解释的探究》,牟博、江怡译,中国人民大学出版社 2007 年版,第36 页。

过程,以及提出意义理论所要解决的基本问题方面,都体现了这一点。在戴维森看来,构建一种语言的真之理论,就能够说明语言的意义,这就是戴维森意义理论所遵循的基本思路。这种真之理论是建立在塔尔斯基 T 约定基础之上的一种绝对真之理论。戴维森不断完善 T 约定,以此作为建立一种意义理论的可行的标准。为使该目标完成,戴维森提出了意义理论的标准形式:"(T)s 是 T 当且仅当 p。"①因为这里的"T"只能由"真的"这一谓词所替换,因此上述形式可表述为:"(T)s 是真的当且仅当 p。"戴维森真之理论以塔尔斯基的真之理论为前提和重要方法论依据。

绝对真概念在戴维森的语言哲学体系中是一个,也是唯一一个处于语言分析之前、语言理论之前的概念,它是基础的、核心的概念。基于塔尔斯基的真之理论,戴维森构建了一种绝对的真之理论。他将塔尔斯基形式语言中的语义性真定义和一种新的意义理论目标相结合,澄清了语言的一般性结构和特征。作为确定语句意义的核心理论要素,戴维森在当代语言哲学研究传统中进一步明晰真概念为逻辑和语言分析指明方向的纲领性作用。这些内容恰恰在完成一种意义理论的同时,为真概念之理论内涵的建构带来了关键性影响。

无论在语言哲学、现代逻辑还是当代分析传统下的形而上学的视域下,只有真概念才能成为这样的意义理论的核心概念。或者说,只有真概念才是对语言意义生成进行解释的基始概念,而且是唯一的基始概念。戴维森全部理论体系的主要内容,包括语境主义、解释理论、心灵哲学、行动理论的建构,都是基于真概念,并发源于真概念的。戴维森说:"没有必要掩饰在塔尔斯基已经表明其构造方式的那种真定义与意义概念之间的明显联系。这种联系就是:那种定义通过对每个语句的真给出充分必要条件而起作用,而给出真值条

---

① 戴维森:《对真理与解释的探究》,牟博、江怡译,中国人民大学出版社 2007 年版,第 35 页。

件也正是给出语句意义的一种方式。"①获知语句的真值条件即获得语句的意义,语义性真概念起到了关键作用。这种关于意义与真的看法,既是戴维森构建意义理论的出发点,同时也是其解决其他语言哲学问题的出发点。在后期的有关论述中,戴维森以一种无指称的实在,表明指称概念并不能够作为全部语义学乃至意义理论的基础。相反,指称概念应该通过一种真之理论而得到充分的解释。

就研究角度来看,用求真构造意义理论的途径,对剖析戴维森意义理论生成机理具有重要影响。戴维森在深入研究当代语言哲学的基本问题和理论趋向时,把语言的一般结构当中涉及真概念和意义的理论问题用意义理论的方式表现出来。通过求真探求语言的意义,成为了戴维森后来研究工作的基本路径。明确真这样一个基始性、关键性概念在语言的运行机制中发挥的作用,就是探寻真概念在意义组合性原则问题中如何产生决定性影响。由此,戴维森真之理论和意义理论之间的关系得以凸显。

以上概述了戴维森通过真概念建构意义理论的方式。戴维森是基于塔尔斯基的形式语言的语义性真定义和 T 约定,并结合整体论语言观而提出其意义理论的表达形式的。求真在戴维森那里指的是,明晰一种语言的语义性真概念是什么。在戴维森真之理论和意义理论当中,通过求真,就把解释真自身和解释语言意义统一起来。弗雷格的意义理论以及塔尔斯基的真之理论,都体现出真在语言与实在中占据不可取代的作用和理论地位。

二、对弗雷格意义理论的继承和发展

戴维森意义理论从真定义这一角度,勾勒出新的需要处理的理论问题,进而使意义理论实现弗雷格路径之上的新进展。先前,弗雷格意义理论作为对

---

① 戴维森:《对真理与解释的探究》,牟博、江怡译,中国人民大学出版社 2007 年版,第 36 页,译文有改动。

真给出说明的意义理论,其中关于涵义同真的关系的思想是戴维森继续进行定义真的工作的起点。从当代语言哲学的视角来看,真与意义的基本联系自现代逻辑建立初期就被语言哲学家所认可。追根溯源,此点正是继承了意义理论传统建立初期涵义和意谓区分的理论。建立在这样的理论区分基础上的当代语言哲学传统,也正是弗雷格意义理论和戴维森意义理论之间的理论契合点。

　　具体来看,戴维森以求真的方式对于语言哲学基本问题的探讨,恰与弗雷格的理论旨趣相一致,换言之,戴维森继承了这样的理论研究方式。他们虽然在意义理论领域分别做出了不同层面的理论贡献,以至于某些观点和认识存在着差异,然而这些差异恰恰体现了两种理论之间的继承和发展的关系。

　　弗雷格和戴维森处于不同的时代,他们所面对的语言哲学的问题不同。现代逻辑由弗雷格创立,弗雷格提出了语言哲学的基本问题,构建了意义理论。国内有学者指出:"在一般的语言哲学中,语义意谓研究自然语言中关于真的定义。"①而戴维森在重点研究对象方面与弗雷格有所区别。弗雷格所关注的领域是语言哲学建立初期必须先解决的基础性问题,只有在这些问题解决的基础上,戴维森所关注的核心意义理论问题才真正得以显现。所以说,戴维森的意义理论是对弗雷格意义理论的继承和发展。弗雷格的理论成果是研究戴维森意义理论基本问题的依据。无论是戴维森意义理论还是弗雷格意义理论,都是围绕语言的一般结构与真的关系开展的。

　　弗雷格对涵义和意谓层面进行严格区分,为阐释语言的一般结构提供了重要的理论成果。弗雷格对语言表达式意谓层面的澄清工作,为语言哲学建立了基本架构,可以被称作探究语言与实在问题的弗雷格路径。戴维森所关注的内涵语境问题等其他工作,在这一基础上才能展开。弗雷格的做法,或者

---

① 王路:《弗雷格思想研究》,商务印书馆 2008 年版,第 264 页。

说他所建立的这种语言哲学的基本架构,是在其对语言涵义、意谓的区分上确立起来的。这就为一阶逻辑表明语句怎样依赖语词构造逻辑结构的方式,进行了理论说明。无论是在意义理论,还是其他相关领域进行学术探讨,弗雷格都以严格区分涵义和意谓两个理论层面为其理论基础。因此说,弗雷格在揭示语言的一般结构的路径上,更注重语言的指称问题,以语义值(意谓层面)与语言层面重要关联的澄清建立意义理论,在此基础上阐明概念、对象、真值等语义概念。弗雷格"想对语言的操作提供一种基本的说明……这种对语言的操作的说明是一种意义理论,因为知道一个被看作是语言一部分的表达式如何起作用,恰恰就是知道它的意义"①。并且,这种做法是经过对语言层面和意谓层面展开分析、探讨得以实现的。由于在这条求真传统当中弗雷格严格区分涵义和意谓,因此他深入探讨了意谓层面的基本问题。

弗雷格使得语言表达式的意谓同真之间的联系显现了出来,是语言哲学发展的奠基性的一步。弗雷格开创了一种被当代语言哲学家所普遍追随的研究意义问题的方式。因为这些工作证实了语言表达式的意谓和真概念之间存在基本的理论联系,这些联系常常成为揭示语言与实在问题的关键。

戴维森重视语言的涵义和真之间的关联。戴维森的工作使得弗雷格语言哲学基础构架和方法在涵义层面精确确定语言意义成为了现实。这一工作需要以意谓层面的澄清为基础,即需要借用形式化工具、站在现代逻辑的理论视角才能使之明晰。一种语言中的语句在其元语言当中的翻译,来源于对语境当中的语句真值条件的精确严密的确定。在这一意义上,"(T)s 是真的当且仅当 p"才可以被认为是对语言意义的一般性表述形式。

一种真值条件意义理论在其所依托的整体语境当中被精确认识,必须凭借基于现代逻辑的语言哲学的建构。因此,现代逻辑对意谓问题的研究成就,在此种程度上也使得涵义问题的解决有了实现的条件和方法。同时,戴维森所提

---

① 王路:《弗雷格思想研究》,商务印书馆 2008 年版,第 262 页。

出的以真值条件解释语言意义的方式,必须在整体论语言观中才可以成为现实。塔尔斯基的 T 约定成为了戴维森沟通意义、真和整体论语言观的桥梁,它为戴维森意义理论在意义组合性原则深入整体论语境时构建了一般性标准。这种情况之下,T 约定可以在整体论语境当中将语句的真值条件体现出来。因此,在上述标准表述当中,p 或者是语句 s 自身,或者是 s 在元语言当中的翻译。

在此基础上,真概念往往被看作处理语言一般性结构的核心概念,无论是在意谓层面还是涵义层面都是如此。戴维森的真之理论也在此基础上对他的意义理论产生了重要影响。在弗雷格那里,真通过现代逻辑使得语言哲学拥有了目标指向。戴维森在这一基础之上进行了继承和发展。在弗雷格看来,真是逻辑学的核心概念,这一点可以进一步阐释为纲领性概念。无论是弗雷格、戴维森,还是在这条语言哲学传统上做出贡献的其他哲学家,都是在为说明真这个概念进行不懈努力。这是自弗雷格开始就已经明确了的语言哲学和形而上学的理念。因此,弗雷格的逻辑观念、研究路径和分析方法是对语言哲学传统的建基。真总是与一种意义理论的探讨直接相关,这是从弗雷格这里开始的。戴维森继承了这种以阐释真概念以及与真概念相关的问题,来探索语言的意义的方式,这也体现了弗雷格意义理论中关于意谓层面的理论对戴维森所产生的重要理论影响。

戴维森意义理论和真之理论的中心内容是对于涵义问题的说明,这是建立在阐释真与涵义和意谓之间关系的基础之上的。在戴维森看来,这是在弗雷格对当代语言哲学基本理论框架建构之后,下一个基础性的意义理论问题。戴维森将其视为进一步明晰语言的一般结构。正如弗雷格给定真在语言意谓层面所呈现出的理论作用和特性那样,在涵义层面,戴维森以真值条件为其划定规则。他指出,真与意义之间的这种关键性联系,能够令我们根据有限的语法规则,使用有限的语词生成无限多的句子。这样的规则既保证我们可以顺利解释这种意义组合性原则,即语词意义组成语句意义的方式,同时能令人们通过对其把握,表明对任何一种语言掌握的潜在方法。这种阐释建构了一种句子涵义和真之间的理论联系,是戴维森探究涵义问题的理论基础。弗雷格并非不重视句子的涵义层面,他明确指出句子的涵义是思想,它被用来考虑句子的真值,等等。戴维森在此基础上,把这种联系在其意义理论之中进一步具体化了。戴维森认为,只有做出对语句意义怎样凭借语词意义生成的明确理论说明,才能够使得人们学习、掌握一种语言这一现象得到说明。至此,在戴维森意义上,真对于人们理解一种语言所起到的关键性作用得到了更深的认识。

　　总之,在弗雷格所建立的意义理论构架基础上,借助于塔尔斯基的语义性真定义,戴维森对真在语言一般结构中的关键性作用予以传统理论路径下的全新建构和发展。

三、真之理论：意义理论的形式

　　关于可行的意义理论,戴维森提出了基本要求:"令人满意的意义理论必须对语句的意义依赖语词的意义的方式提出一种解释。"①这一要求就是意义的组合性原则。在戴维森看来,如果意义理论无法做到这一点,那么它就不能解释以下两个事实:一是作为说话者,我们如何能够学会一种语言;一是作为说话者,我们如何能够根据一种语言的有限的词汇和有限的句法规则,从而潜在地构造出无限的任何语句。上述事实涉及说话者语言习得以及说话者对语言的使用和交流,而无法解释上述有关语言的现象和事实的意义理论,就不是可行的意义理论。

　　戴维森分析了各种可能的意义理论的形式。一种意义理论的形式以指称概念为核心概念,该种理论把作为意义的实体指派给语句中的每个语词,表达式的意义就是它的指称。这是一种非常流行的意义理论的形式。按照这种理论,对于"苏格拉底散步"这个语句来说,它由"苏格拉底"和"散步"组成。可

---

　　① 戴维森:《对真理与解释的探究》,牟博、江怡译,中国人民大学出版社 2007 年版,第28页。

以把苏格拉底这个实体(对象)指派给"苏格拉底"这个名称,即名称"苏格拉底"的意义是它的指称,即苏格拉底这个人;而把散步这个实体(性质)指派给"散步"这个谓词,即"散步"的意义就是散步这个性质。但是,戴维森认为,上述分析中其实遗漏了一个语言成分,尽管它没有在这个句子中出现,但它是把名称"苏格拉底"和谓词"散步"连接起来的句法成分。既然它是一个句法成分,或者说是一个语词,因此它也指称一个实体,该实体是它的意义。基于这种说明,我们可以说"苏格拉底散步"这个句子的意义是由"苏格拉底""散步"和起到联结二者作用的句法片段的意义组合而成的,即由三个实体组成的。如果做出这样分析,那么就会出现一个问题,即对于以上三个语词,还需要把它们三者连接起来的句法片段,即第四个语言成分,它也指称某个实体,因此就会导致分析解释上的无穷倒退。

戴维森分析了复合的单称词项的意义,以此表明在对复合表达式的意义的说明中,有时并不需要对它的所有组成部分都指派一个实体作为其指称。按照上述说明,"安妮特的父亲"是一个复合单称词项,由"安妮特"和"……的父亲"组成。前者的意义是一个对象,即安妮特这个人;后者的意义可以如下解释:"……的父亲"的意义使得把该表达式放在名称之后所形成的表达式,指称该名称所指称的那个人的父亲。以上给出了"安妮特的父亲"的意义如何依赖于名称"安妮特"的意义和表达式"……的父亲"的意义的说明。但戴维森认为,在这个说明中,根本不需要给"……的父亲"指派一个实体作为它的意义,也没有提到该表达式的指称。

按照以指称为核心概念的意义理论,戴维森给出了一个刻画单称词项的意义的语句模式:

　　t 指称 x。

这里,可以使用一个单称词项的结构描述语来替换"t",而使用该单称词项替换"x",由此可以形成许多具有这种形式的语句。比如,当我们用"苏格拉底"替换"x",用它的结构描述替换"t",所形成的语句是:"苏格拉底"指称苏格拉底。戴维森认为，一种以指称为唯一的语义概念构造的意义理论，就可以利用以上语句模式，从而推演出所有具有该语句模式的语句，每个语句都对某个单称词项的意义进行说明。这样，这种理论就对其论域中的所有单称词项都确定了其指称。

弗雷格对于表达式的涵义和指称进行了明确的区分。弗雷格认为，任何语言表达式都具有涵义和指称，专名有涵义和指称，概念词、谓词以及句子也有涵义和指称。戴维森认为，按照弗雷格的思路，可以把"t 指称x"这种意义理论的形式扩展到谓词和语句。谓词可看作是其值总是真值的函数表达式，它指称概念或性质；而语句是复合的单称词项，它指称真值。

戴维森认为，以指称作为单称词项的意义，会出现严重的问题。按照经典逻辑，逻辑上等值的单称词项具有相同的指称；一个单称词项在它所包含的一个单称词项被另一个具有相同指称的单称词项替换时并不改变其指称。基于以上假定，就会得到以下结论：两个语句具有相同的指称，即真值，那么它们就具有相同的意义。显然，这一点是人们无法接受的。因此，在戴维森看来，上述把意义等同于指称的那种意义理论的形式是不可行的。

戴维森指出，既然从表达式的意义即其指称这一思路构建意义理论行不通，那么，"我们自然要转而求助于意义与指称之间的区别"①。就是说，要基于表达式的意义和指称的区别来构建意义理论。基于这种区别，我们不再从指称的角度探讨表达式的意义，而是从不同于指称的意义的角度探讨表达式的意义问题。按照意义的组合性原则，我们必须说明句子的意义如何依赖于语词的意义。

戴维森指出，关于这种从意义角度构建意义理论的形式也存在严重的缺陷。他说："从指称到意义的这一转换，导致不能对语句的意义如何依赖组成

---

① Davidson, D., "Truth and Meaning", in *Inquiries into Truth and Interpretation*, Second edition, Oxford: Clarendon Press, 2001, p.19.

语句的语词(或其他结构成分)的意义做出有效的解释。"①例如,按照弗雷格的思路解答,我们要说明"苏格拉底散步"这个语句的意义,就会做出如下解释:"苏格拉底散步"这个语句的意义是由语词"苏格拉底"和"……散步"的意义组合而成的。如果"苏格拉底"的意义作自变元,那么谓词(作为一种特殊的函数表达式)"……散步"的意义就产生作为函数值的"'苏格拉底散步'的意义"。在戴维森看来,上述所谓对于语句意义的解释是无效的,换言之,它没有提供关于语句意义的任何真正的解释。当然,这种解释也无法说明句子的意义是如何依赖于其构成部分的意义。

与关于单称词项的指称的理论类似,戴维森提出了关于语句意义的理论。该理论基于以下语句模式:

s 意谓(mean)m。

其中,"s"可用一个语句的结构描述所替换,"m"可用指称该语句的意义的单称词项所替换。关于语句意义的理论必须能够推演出具有以上句子模式的语句。就是说,对于某种语言中的每一个能够被结构描述的语句,该理论提供了说明其意义的一个普遍的方式。

从表面上看,"s 意谓(mean)m"这种语句模式正是我们所需要的刻画句子意义的形式。在以上语句模式中,"意谓"似乎是一个说明表达式意义的一个语词,其左边表达的是一个句子,其右边表达的是该句子的意义。但戴维森指出,上述意义理论的问题正是在于"意谓"这一语词,因为它,该理论假定了语句的意义是一种实体,并且假定了指称这种实体的单称词项。

与奎因一样,戴维森否定意义作为实体的观点,反对在意义理论构建中引入"意义""同一性"等语义概念。他说:"意义概念似乎做不到的一件事情,就

---

① 戴维森:《对真理与解释的探究》,牟博、江怡译,中国人民大学出版社 2007 年版,第31 页。

是促进意义理论的构造。"①戴维森指出了他反对意义概念的理由,即这一概念在意义理论构建中没有发挥任何作用。"我对意义理论中的意义所提出的异议并不是说,这些意义是抽象的,或者说,它们的同一性条件是难解的,而是说,它们不具有被表明的用法。"②上述意义理论中虽然使用了意义概念,但它并未对句子的意义的说明发挥真正的作用。

总之,以往从与表达式的指称区别的意义的角度提出意义理论的形式,也无法给出句子意义的刻画。

戴维森提到了另一种人们所期望的意义理论构造的可能的想法。这种想法受到当代语言学家关于句法研究所取得的成果的启发,试图把句法理论与语义词典相结合,从而给出每一个语句的意义的说明。这种思路是这样的:既然语句的句法可以递归地加以刻画,如果我们能够给出最小的句法单位的语义,即编辑一本有关它们的词典,那么就可以结合句法刻画任何语句的语义。具体来说,就是假定我们具有可行的句法理论。该理论具有判定一个表达式是否是语句的能行的方法;同时,该理论包含着一个由有限的语句的原子句法元素构成的集合,任何语句都是由这一集合中的元素(语词)根据句法规则组成的。在完善的句法理论的基础上,如果加上一部给出每个原子句法元素的意义的词典,那么如此构想出来的句法就会产生出语义学。

戴维森认为,基于以上方法构造的语义学并未达到他所设想的意义理论的要求。因为关于句子的句法结构的知识与关于句子的基本组成部分意义的知识相结合,并不能产生关于句子意义的知识。"带有附加词典的递归句法并非必然是递归的语义学。"③例如,就信念语句而言,尽管我们把握了该类语

---

　①　Davidson,D.,"Truth and Meaning",in *Inquiries into Truth and Interpretation*,Second edition,Oxford:Clarendon Press,2001,p.20.

　②　戴维森:《对真理与解释的探究》,牟博、江怡译,中国人民大学出版社 2007 年版,第32 页。

　③　戴维森:《对真理与解释的探究》,牟博、江怡译,中国人民大学出版社 2007 年版,第33 页。

句的句法，并且我们也理解了组成该类语句的语词的意义，但我们却不知道该类语句的意义，甚至其真值条件也无法刻画。因此，以上结合句法理论给出语句意义刻画的设想也是不可行的。

戴维森主张整体论的意义观。他认为："只有在语言语境中，一个语句（因而一个语词）才会具有意义。"①基于这种语言的整体论，意义理论就必须给出语言中每一个语句的意义。

对于之前提出的"s 意谓 m"这种意义理论的形式，戴维森进行了修改。戴维森认为，"s 意谓 m"中的"m"是单称词项，指称句子的意义，而句子的意义是内涵性实体，它无助于对句子的意义进行解释和说明。戴维森设想使用其他表达式替换"m"。他使用"that p"替代"m"，从而由"s 意谓 m"变形为：

    s 意谓 that p。

这里，"p"可为一个语句所替换。经过这样的改变，虽然避免了"s 意谓 m"中的指称句子意义的"m"，但仍然没有摆脱句子的意义这一内涵实体，因为"意谓"是一个内涵词，由它可引出内涵语境，"意谓"一词使得其随后的"that p"指称"p"的意义。在戴维森看来，之所以陷入内涵语境这一困境，是因为把"意谓 that"作为连接语句的结构描述和该语句之间的表达式。因此，"s 意谓 that p"这一模式仍然不适于作为意义理论的形式。

对于"s 意谓 that p"，戴维森进行了外延性的处理，即使用其他语词来替换"意谓 that"，从而使"p"处于外延语境之中。他的处理方式是：给替换"s"的语句提供一个谓词"是 T"，给替换"p"的语句提供一个适当的语句联结词"当且仅当"，从而形成以下语句模式（即 T-图式）：

    (T) s 是 T 当且仅当 p。

经过以上这样处理，因为"当且仅当"是真值函项联结词，因而"p"处于外延语境，并未指称语句的意义。问题的关键在于对"是 T"的说明。戴维森认

---

① 戴维森：《对真理与解释的探究》，牟博、江怡译，中国人民大学出版社 2007 年版，第 34 页。

为,如果"s 是 T 当且仅当 p"能够对语言中的每一个句子给出其意义,必须对其中的谓词"是 T"进行以下限制:要求当用某种语言 L 中的一个语句的结构描述替换"s",用该语句或该语句的翻译替换 p 时,如此替换而形成的语句全部都能够从 T-图式推衍出来,并且所推衍出的这些语句都是真的。当元语言包含对象语言时,替换"p"的就是给出其结构描述的那个语句本身,当元语言不包含对象语言时,替换"p"的就是给出其结构描述的那个语句的翻译。

戴维森认为,满足上述要求的谓词"是 T",其实就是谓词"是真的","T"即"真的"这个语词。戴维森说:"不论是对'是 T'加以明确定义还是对它以递归方式加以表征,它所适用的语句显然恰恰是 L 中的真语句,这是因为,我们对令人满意的意义理论所提出的条件,在本质上就是塔尔斯基的 T 约定,它检验形式语义上的真定义是否适当。"[①]因此,T-图式实质上就变形为以下图式:

(T)s 是真的当且仅当 p。

在戴维森看来,如果语言 L 的意义理论包含了对该语言的真的递归定义,并且这种真定义是按照塔尔斯基形式语义性真定义的方式构造的,那么这种意义理论就包含了对于语句的意义依赖语词意义的说明,也就满足了意义的组合性原则。

戴维森认为,塔尔斯基揭示了真概念和意义概念之间的内在关联。经过适当修改,塔尔斯基的形式语义性真定义可以被用来对某种语言中的句子的意义进行解释,从而构造关于该语言的适当的意义理论。就"s 是真的当且仅当 p"而言,其中的"p"实质上起到了给出对象语言中的语句,即被"s"所描述的那个语句真值条件的作用;而在语言整体论的语境中,在满足 T 约定的前提下,给出语句的真值条件,就是给出其意义。

例如,当我们用"雪是白的"替换"s"时,则形成以下 T-语句:"'雪是白的'是真的当且仅当雪是白的"。该 T-语句给出了语句"雪是白的"的意义的

---

① 戴维森:《对真理与解释的探究》,牟博、江怡译,中国人民大学出版社 2007 年版,第 35 页,译文有改动。

说明。因此,T-图式实质上给出了刻画和表征语言 L 中任何一个语句的意义的一般的形式。从某种意义上说,可以把 T-图式看作是对自然语言中的真定义的形式,即由 T-图式推衍出来的所有 T-语句确定了真谓词的外延,确定了真谓词对之适用的语句的范围。

基于以上认识,戴维森实质上是把有关某种语言的意义理论问题转化为有关该语言的形式语义性真定义的问题,把意义理论"置入对谓词'是 T'所做出的明确定义的形式"①。在戴维森看来,为某种语言提出意义理论,其实就是为它提出塔尔斯基式的语义性真定义。因此,戴维森的真之理论,就成为了其意义理论的基本形式。换言之,意义理论只有采取真之理论的形式,才能完成它应该完成的任务,一种关于某种语言的可行的真之理论就是关于该种语言的可行的意义理论,由此戴维森揭示了真之理论和意义理论的内在关联。

戴维森指出,这种以真之理论表征的意义理论具有许多优点,其中之一就是"我所谓的意义理论毕竟最终并没有使用意义(无论是语句意义还是语词意义)"②。这就是说,戴维森所提出的意义理论没有使用内涵性的意义实体,采用的是外延性的方式。

在上述论述的基础上,戴维森探讨了 T-图式对带有指示词或索引词的语句的适用问题,对于 T-图式做了进一步改进,结合语境因素提出了新的真之理论。

在《真与意义》(1967 年)一文中,戴维森分析了带有指示词的语句的真值条件问题。因为指示词的意义会随着包含它的语句被使用的语境而发生变化,因此对于带有指示词的语句的分析,就必须结合语境因素。戴维森认为,从语境的角度看待一个语句的真,真就不是语句本身的性质,而是由语句、语句被使用的时间和使用语句的说话者三者构成的三元组的性质。换言之,探

---

① 戴维森:《对真理与解释的探究》,牟博、江怡译,中国人民大学出版社 2007 年版,第 35 页。

② Davidson, D., "Truth and Meaning", in *Inquiries into Truth and Interpretation*, Second edition, Oxford: Clarendon Press, 2001, p.24.

讨带有指示词的语句的真,就必须考虑语境中的时间因素和使用者因素。戴维森说:"我们可以视真为一种特性,这种特性不是语句的特性,而是话语的特性,或言语行为的特性,或关于语句、时间和人的有序三元组的特性:而恰恰把真视为语句、人与时间之间的关系,这是最简单不过的了。"①在戴维森看来,对于含有指示性因素的表达式的语句来说,我们对于它的真值条件的分析必须与它的说话者和被说出的时间结合起来。能够刻画含有指示词的语句的真之理论,必定能够推出诸如以下这类语句:

由 p 在时间 t 所(潜在地)说出的"我很累"是真的,当且仅当 p 在时间 t 是很累的。

综上所述,戴维森基于塔尔斯基形式语义性真定义,提出关于自然语言的形式语义学。他认为,为某种自然语言构建语义性真定义,就是为其构建意义理论,真之理论是意义理论的普遍的一般的形式。

第三节　达米特与戴维森意义理论形式的比较
——达米特对戴维森真之理论的批评

意义理论采取什么形式,戴维森与达米特都高度关注。戴维森认为,真之理论是意义理论的一般形式,它的构造借鉴了塔尔斯基的形式化语言中真定义的模式,并对它加以改造。达米特基于其提出的意义理论的基本框架,对戴维森真之理论表征的意义理论进行了批评。

一、戴维森基于塔尔斯基语义性真定义的真之理论

同样是利用 T-模式,戴维森与塔尔斯基的出发点显然是不同的。塔尔斯基的主要目的是给形式化语言中的真概念下定义,是说明真概念本身,而他借

①　戴维森:《对真理与解释的探究》,牟博、江怡译,中国人民大学出版社 2007 年版,第 47页,译文有改动。

助的是意义概念或翻译概念。而戴维森的主要目的在于,通过真概念说明意义概念。戴维森认为,只要我们找到一种能够给出每一个句子的真值条件的普遍的表达形式,其实就是给出了意义理论的一般形式。戴维森寻找的就是能够表达每一个语句的意义的普遍形式。

塔尔斯基提出了 T-模式:(T)X 是真的,当且仅当 p。通过 T-模式,对于对象语言中的每一个语句都会产生一个相应的实例,该实例表明了一个语句为真是什么意思。塔尔斯基认为,给出所有的实例,就给出了对象语言中的每一个语句为真的说明,就给出了该语言的真定义。

正是从塔尔斯基的 T-模式,戴维森找到了表达语句的真值条件的普遍的一般的形式。经过他改造后,T-模式就变为:(T)s 是真的,当且仅当 p。这里,“s”是对象语言中的一个语句的名称或结构描述。“p”是“s”所描述的那个语句或者是该语句的翻译。当用对象语言中的句子代入(T)时,就会形成相应的 T-语句。假定我们已经把握了真概念,那么我们就可以借助于真概念来说明意义概念,即上述 T-语句给出了被代入语句的真值条件。在戴维森看来,语句的真值条件就是它的意义。

戴维森在通过(T)模式给出对象语言中句子的意义的说明时,遵循了塔尔斯基所提出的 T 约定。T 约定能够确保,对于每一个对象语言中的语句都能够产生一个为真的 T-语句,由此,通过它可以给出该语句的真值条件。也就是说,戴维森借助于塔尔斯基的 T-模式,就可以给出对象语言中所有句子的真值条件,可以给出所有句子的意义。这就是戴维森为何借助塔尔斯基的真定义模式的原因。戴维森说:“语义学的中心任务是对语言中的每一个语句提出语义解释(给出意义)。”①

戴维森的真之理论是由演绎上相互联系的命题构成的,表现为一个演绎上系统联系的命题集,它是一个公理系统。真之理论的公理给出对象语言的

---

① 戴维森:《对真理与解释的探究》,牟博、江怡译,中国人民大学出版社 2007 年版,第33 页。

语词和句子形成算子的意义。比如,给出与名称"地球"相关的公理:"'地球'指称地球。"给出与谓词"x 是运动的"相关的公理:"'x 是运动的'是真的,当且仅当它是运动的"。戴维森认为,真之理论的公理是有限的,我们是基于有限的初始语词和句子形成规则来说明我们对于可能无限多的句子的理解的。

真之理论是一个公理系统,它的公理可以推导出真之理论的定理。例如,对于对象语言中的一个语句,真之理论的公理可以推导出相应的 T–语句,该 T–语句就是真之理论的定理。每一个 T–语句给出了对象语言中的句子的真值条件。因此,真之理论应该说明,每一个语句的真值条件如何依赖于构成该语句的语词的指称。

按照戴维森意义理论的构想,真之理论的公理给出了语言中的初始表达式的意义,它的定理给出了语言中语句的真值条件,并且还说明了句子的真值条件与其构成词的指称的依赖关系。由语言的初始表达式的意义,可以构造语言中任何一个句子的意义;由对于语言的初始表达式的理解,可以理解语言中任何一个句子。因而如此构造的真之理论,就能够给出任何句子的意义的说明。

二、达米特对戴维森真之理论的问题梳理

通过对真值条件意义理论的批评,达米特展开了对戴维森真之理论的批评。

(一)从真值条件到知道真值条件

在《什么是意义理论?(Ⅱ)》一文中,达米特开篇就对真值条件意义理论提出了质疑:一个句子的意义是否就在于它的真值条件? 一个词的意义是否就在于它对确定任何含有它的句子的真值条件所起的作用? 戴维森等哲学家对上述问题持有肯定的回答。达米特对戴维森等哲学家对该问题做出的肯定回答表示质疑。他认为,戴维森等对此所做的肯定回答会遇到一些难题,他们

的回答正确与否完全取决于能否真正地克服这些难题。在达米特看来,这些难题是在开始构造真值条件意义理论时就会遇到的难题,而且是涉及构造原则方面的难题,不是细枝末节的问题。

戴维森的真之理论是典型的真值条件意义理论。持有这种理论的人必须回应这些难题,必须解决这些难题。如果不解决这些难题,就不能证明这种意义理论是合理可行的。只有真正地解决了这些难题,真值条件意义理论才能合理地被我们接受。所谓原则性问题是指,作为真值条件意义理论的核心概念的选择是否正确。

达米特指出,在探寻真值条件意义理论的难题之前,我们必须持有这样的疑问:"我们为什么应该需要或者我们如何能够在这里使用真这个概念……,也就是说将其作为意义理论的基本概念。"[①]在达米特看来,对于意义和真的关系需要进一步澄清;对于使用真概念说明意义概念的做法需要加以证明。人们习惯于使用真对于语言进行解释和说明,但并未深入系统地对此加以论证。是否必须把真这个概念作为意义理论的基本概念,我们尚缺乏有力的论证,也缺乏有说服力的说明。问题的关键在于,真概念或者真值条件概念在意义理论构建中是否真正能够发挥对意义加以解释的作用。

达米特从"语句的意义是否就在于它的真值条件"这个问题出发,对真值条件意义理论开展了深入的分析。达米特说:"有关意义的哲学问题最好被解释为有关理解的哲学问题。"[②]有关语言表达式的意义在于什么的问题,可以转化为有关知道它的意义是怎么一回事的问题。意义概念与理解概念紧密相关,说话者理解一个语句,他就掌握了该语句的意义,或者说,说话者具有了关于该语句的意义的知识。

经过对意义问题发问的这种认识论视角的转向,"句子的意义是否在于

---

① 达米特:《什么是意义理论?(Ⅱ)》,《哲学译丛》1998 年第 2 期。

② Dummett, M., "What is a Theory of Meaning? (Ⅱ)", in *The Seas of Language*, Oxford: Clarendon Press, 1993, p.35.

它的真值条件"这个问题,就转变为"知道句子的意义是否就在于知道它的真值条件"这个问题。因此,知道一个句子的真值条件意味什么,或者说,具有关于句子的真值条件的知识意味什么,就是需要加以进一步说明的问题。这其实就是说话者关于语句和语词的理解问题。

达米特从理解视角看待意义问题,具有重要的启示。知道一个句子的意义就是知道它的真值条件,这个命题涉及说话者,真值条件与说话者结合起来,这样就关涉到说话者与真值条件的关系问题。

(二)从知道真值条件到知道整个语言

从知识的角度,从理解的角度,真值条件意义理论要解决的问题就是说话者关于语言知识的理解问题。达米特说:"我们需要的是说明懂得一种语言是怎么一回事。"①也就是说,我们需要说明当说话者懂得一种语言时,他所具有的关于该语言的知识是什么。说话者懂得一种语言,说话者就具备了使用这种语言的能力,说话者可以讲这种语言,通过它进行语言交流。概括而言,说话者对于这种语言的整体有了充分的把握。

在以上分析的基础上,如何去表征说话者关于语言的知识,如何去刻画说话者的语言能力和语言实践,就是意义理论所要解决的关键问题。对此达米特认为,我们的目的是从理论上表征说话者有关语言方面的实际能力,而对于语言的把握就是一种实际的运用语言的能力。

意义理论的任务是要说明,一个对某种语言一无所知的人,由于具备了什么样的语言知识因而才能懂得这种语言。达米特指出,按照以上意义理论的设想,说话者关于某种语言的知识就是说话者关于某种语言的意义理论的知识。说话者由于具有了某种语言的意义理论的知识,他才能够把握这种语言,从而可以使用这种语言进行交流。而意义理论是由一个命题集构成的,其中

---

① Dummett, M., "What is a Theory of Meaning? (II)", in *The Seas of Language*, Oxford: Clarendon Press, 1993, p.36.

的命题具有演绎上的联系,即它们构成了一个公理理论,说话者对此需要加以掌握。

三、达米特基于意义理论基本框架对真之理论的批评

(一)等价原则对句子意义说明存在的问题

从达米特提出的以真为核心概念的意义理论的框架来看,句子的意义是否就在于使它为真的条件这个问题,就转化为选择真概念作为一种承认涵义和力量区分的意义理论的核心概念是否正确的问题。由此,达米特开始了对真概念的探讨。

首先,达米特探讨了真值条件意义理论流行的根源。这种意义理论对意义的说明,通常借助于有关真概念的等价原则。等价原则可表述为:句子 A 在内容上等价于句子"A 是真的"。如果我们要给出句子 A 的内容,一般就通过与其等价的句子"A 是真的"。达米特认为,假如我们不对真概念进行深入的分析,只是认为我们已经在直觉上把握了这个概念,那么我们一般会认为,对语句理解的解释就只能使用真概念,而不能使用其他概念。

等价原则使用的前提是,说话者已经具有了真概念,已经把握了真概念。在这个前提下,我们才能够使用等价原则来给出句子的内容,即句子的意义的解释。而按照达米特关于把握概念的看法,说话者把握概念的初始的典型的模式,就是通过对表达概念的语词或表达式的理解。因此,把握概念的前提就是已经理解了某种语言中的语词或表达式。达米特对于等价原则使用的前提的揭示,是非常重要的,这直接关系到使用等价原则给出句子意义的说明是否可行的问题。

达米特认为,根据等价原则,我们可以提出一种解释,该解释可以说明"真的"这个词在语言中所发挥的重要作用。等价原则发挥作用的前提是说话者已经理解了某种语言。假如说话者已经理解了一种语言,然后在该种语

言中引入"真的"这个谓词,它被看作适用于语言中的句子,等价原则也可以作用于这些语句,那么,该说话者就能够理解这个被扩展的语言中的句子。

在达米特看来,真概念如果作为最基本的语义概念,作为意义理论的核心概念,那么我们就不能假定对于它的理解,因为这就假定了在使用真概念来说明句子的意义时,已经预设了对于某种语言的理解。因此等价原则不能对语言的意义做出解释。

达米特认为,使用等价原则解释语言的意义,必然导致对于意义的循环解释。他指出,之所以众多的哲学家使用真概念来解释意义概念,其根源在于他们假定已经对真概念有了充分的理解。如果我们开始对真概念进行深入的分析,追问真概念是如何进入我们的语言理解之中的,我们就不会再认为使用真概念来说明语言意义是一件自然的事情。也就是说,一旦我们不再假定我们对于真概念的通常理解,一旦我们追问在我们的语言习得过程中如何暗暗地把握了真概念,那么我们就不会再认为等价原则把真概念引入我们的语言中来。因为这就是假定,在对真这个概念有任何理解之前,我们就可以更多地掌握我们的语言了。

达米特认为,就真值条件意义理论而言,它必须说明说话者知道句子的真值条件意味着什么,而不能假定说话者对于真概念或真值条件概念的理解。这种说明并不依赖于假设对句子的预先理解。达米特指出:"否则的话,我们的意义理论就是循环的,并且解释不了任何东西。"①总之,如果真概念是意义理论的核心概念,而意义理论的作用是展示我们关于语言的知识究竟体现在什么地方,那么等价原则就无法完成解释语言的任务。

达米特从语言习得的角度,分析了等价原则的应用问题以及它不能作为解释意义的原则的根源。他认为,可行的意义理论必须考虑语言中的语句之间(包括语词之间)的关联性。达米特主张分子论的语言观,认为对于一个句

---

① Dummett,M.,"What is a Theory of Meaning？（Ⅱ）",in *The Seas of Language*,Oxford:Clarendon Press,1993,p.43.

子的意义的把握不需要对于某种语言整体的把握,只是把握该种语言的一个足够的部分即可。这种分子论的语言观考虑到了语言中句子之间的相互关联。在语言习得的具体实践中,这种句子之间的相互关联的性质表现得非常明显。

在达米特看来,语言分为不同的层次,有基础的处于底层的部分,有建立在基础部分之上的处于较高层次的部分。我们学习语言是从初始的基础的部分开始,逐渐地进入较复杂的较高层次的部分。说话者在语言习得的一定阶段,他学习语言的主要方式是纯语词解释。在对语言的部分理解的基础上,对于新的语句(语词)的理解依赖于对于已有语句(语词)的理解。也就是说,对于新的语句的意义,可以通过纯粹语词的解释来加以说明。说话者关于它们的真值条件的知识,就在于能够用语言陈述这些语句的真值条件。纯粹的语词解释一般都会使用等价原则,因此,等价原则在我们的语言学习中发挥了重要的作用。但如上所述,等价原则预设了我们对于真值条件概念的掌握,实质上就是预设了对于语言的理解。

在达米特看来,这种对于说话者有关语句的意义的知识的说明,显然预先假定他已经懂得这种语言的相当大的部分,他可以用这部分语言说明给定句子的真值条件,并且可以根据对这部分语言的理解,最终理解该句子。这种关于语句的真值条件的知识是明确的知识的看法,只适用于通过语词解释的语句,而不适用于语言中初始的基础的语句。因为它是在假定说话者已知一定范围的语言的意义的前提下提出的。对于语言的基本的部分,亦即它的较低层次的理解,是不能用这种方式来解释的。达米特认为,作为语句意义的真值条件知识,"这种知识一定是隐含的知识,因此意义理论必须为我们提供一个有关那种知识是如何显示的说明"①。这种知识不能体现在陈述该语句的真值条件的能力上。可行的意义理论应该在对语言没有任何理解的假定前提下

①　Dummett,M.,"What is a Theory of Meaning?(Ⅱ)",in *The Seas of Language*,Oxford:Clarendon Press,1993,p.45.

给出这种意义知识的说明。

总之,达米特认为,按照意义理论的要求,根据等价原则不能有效解释句子意义,对于句子意义的纯粹的语词解释,也不能成为意义说明的基本形式,它们都假定了说话者关于语言的理解。而按照达米特关于意义理论的要求,一个不懂任何语言的人具有了某种意义理论的知识,他才开始懂某种语言。对于说话者关于某种语言的意义的知识的说明,不能假定对于任何其他语言的理解。

(二)真之理论导致涵义理论构建的难题

达米特认为,真值条件意义理论面临的主要问题是,核心概念的选择是否正确,也就是核心理论的形式问题。达米特说:"我们面临的问题是,选择真这个概念作为一个意义理论的核心概念是否正确。"①如果选择真概念作为核心概念,那么核心理论必然是真之理论。真概念的选择问题,直接关系到真之理论是否是可行的意义理论的核心理论的问题。如果真之理论存在问题,那么涵义理论必然存在问题,因而整个意义理论的框架都会存在问题。

达米特认为,基于以真概念为核心概念的意义理论的框架,是否可以根据真概念构造一种可行的力量理论,是否根据由真概念给出的句子意义的说明推出有关句子的全部用法的一致的方法,可以作为判定选择真概念作为意义理论的核心概念是否正确的一个标准。这当然是从意义理论的整个框架来说的,针对的是意义理论的补充部分。达米特说,力量理论应该揭示句子的真值条件与句子的具体用法之间的这种联系,即说话者通过说出具有某种真值条件的语句而完成各种各样的言语行为。力量理论如果做不到这一点,真值条件意义理论的构造就不会成功。但达米特指出,对于意义理论的补充部分,即力量理论,我们尚没有进行系统的研究,它只是一个设想。

---

① 达米特:《什么是意义理论?(Ⅱ)》,《哲学译丛》1998年第2期。

达米特认为,目前构造一个以真概念作为核心概念的意义理论所面临的问题与力量理论无关。"我们的关注更多集中在核心理论的形式上。"[1]核心理论基于核心概念构造,是对于核心概念在句子中的应用的递归说明。核心理论采取什么样的形式,直接关系到是否能够构造一个可行的意义理论。核心理论的形式问题,其实就是核心概念的选择问题。

戴维森关于意义理论的探讨,同样也是集中于核心理论的探讨,他采取真之理论作为核心理论的形式。真之理论可以给出句子的真值条件的说明,而在戴维森看来,给出句子的真值条件就是给出它的意义。因此,一个可行的意义理论应该采取真之理论的形式。换言之,真之理论是刻画语言的意义,尤其是句子的意义的最好的形式。就达米特所提出的基于真概念的意义理论的框架来说,戴维森的意义理论居于核心理论的层面,涉及涵义理论的构造,但对于力量理论并没有涉及。关于戴维森的意义理论,达米特有不同的论述。达米特说:"[戴维森的]意义理论的核心是真之理论。"[2]也就是说,真之理论是戴维森意义理论的核心理论。达米特有时称戴维森的意义理论为"一个基于真之理论的意义理论"[3],戴维森意义理论的基础是真之理论,是借助于真之理论构造的。

总之,达米特与戴维森关于意义理论的探讨都集中于核心理论的探讨,他们关于意义理论的分歧,也集中于核心理论的形式上,集中于核心概念的选择这一问题上。

达米特认为,以真概念为核心概念的意义理论所面临的问题是核心理论的形式问题,而核心理论的形式问题直接关系到涵义理论的构造。核心理论

① Dummett, M., "What is a Theory of Meaning? (II)", in *The Seas of Language*, Oxford: Clarendon Press, 1993, p.41.

② Dummett, M., "What is a Theory of Meaning? (I)", in *The Seas of Language*, Oxford: Clarendon Press, 1993, p.5.

③ Dummett, M., "What is a Theory of Meaning? (I)", in *The Seas of Language*, Oxford: Clarendon Press, 1993, p.17.

（指称理论），即真之理论所探讨的问题是，句子的构成部分的指称如何确定整个句子的真值。作为核心理论外壳的涵义理论，它探讨如何把真之理论与说话者的语言实践结合起来，探讨关于真之理论的命题的知识与说话者的语言能力的关系。

达米特对真值条件意义理论的批评，主要集中于涵义理论上，即基于真之理论这个核心理论能否构造可行的涵义理论。一个以真概念作为其核心概念的意义理论所面临的主要问题在于涵义理论的构造。

达米特由此引入以真概念为核心的意义理论要解决的关键问题：一个句子的真值条件的知识究竟体现在什么地方？ 真值条件意义理论必须能够解释，认定某个人知道一个句子为真必须获得的条件，这一点是怎么一回事。而要理解上述问题，就必须理解达米特对于涵义理论的要求。涵义理论是真之理论的外壳，与真之理论一起才能给出句子的意义的说明。

在以真为核心概念的意义理论的框架中，围绕着真之理论形成涵义理论。涵义理论要说明，说话者关于真之理论的命题知识与说话者的语言能力是如何结合在一起的。它应该说明说话者关于真之理论的任何知识体现在什么地方。[①] 按照戴维森关于意义理论的规定，正是由于获得了有关语言的意义理论的知识，具体来说，有关语言的真之理论的知识，说话者才能够把握整个语言。

达米特分析了说话者关于真之理论的知识、关于意义理论的知识的特征。他认为，这种知识只能是隐含知识，只能通过说话者的具体的语言能力显示出来。如果这种知识是一种明确的知识，说话者可以通过语言能力陈述这种知识，那么这种意义理论就无法完成它所应该承担的任务。说话者阐述这种意义理论的知识必然使用了语言，其前提是对于语言已经有了一定的理解。而"理论描述的根本目的是要解释：一个尚不懂得任何语言的人必须获得什么，

---

① Dummett, M., "What is a Theory of Meaning？（Ⅱ）", in *The Seas of Language*, Oxford：Clarendon Press, 1993, p.40.

才能最终懂得这种特定的语言"①。因此,关于意义理论的知识、关于真之理论的知识,对于说话者来说必须是隐含的知识。

达米特基于意义理论的知识必须是隐含知识这个特征,对于涵义理论的构建提出了明确的要求。达米特说:"意义理论必须不仅要详细说明这个说话者必须知道什么,而且要说明他具有那种知识体现在什么地方。"②以真之理论为核心的涵义理论,不仅要说明说话者关于真之理论的命题的知识是什么,即说明说话者知道什么知识;而且要说明说话者所具有的那种知识体现在他的什么语言能力上,体现在说话者的什么语言实践上。这也是达米特对于涵义理论的基本要求。意义理论是对于语言实践或语言能力的理论描述,涵义理论必须把说话者关于真之理论的知识与说话者的具体语言实践、语言能力联系在一起。如果做不到这一点,意义理论就无法与实际的语言能力联系起来,也就达不到我们意图通过意义理论来刻画语言能力的构想。因此,认定一个说话者具有意义理论的知识,也就没有任何实际的内容了。说话者具有还是不具有关于意义理论的知识,应该反映在他们的语言实践的差别上,反映在他们关于句子的使用上。

真之理论是核心理论,那么关于它的知识就是关于意义理论的知识。关于真之理论的知识,就是关于真之理论的公理和定理的知识,关于这些公理和定理所表达的命题的知识。真之理论的公理推导出定理。就语句来说,真之理论的定理给出了对象语言中的任一语句的真值条件,因此,关于这些定理所表达的命题知识,实质上就是关于相应的语句的真值条件的知识。达米特认为,就任何一个可行的意义理论而言,它的涵义理论必须陈述一个说话者关于任何句子的意义的知识是怎样表现出来的。如果说话者关于语言的理解就在于知道句子的真值条件,那么这种知识一定是隐含的知识,意义理论必须解释

---

① 达米特:《什么是意义理论?(Ⅱ)》,《哲学译丛》1998 年第 2 期。
② 达米特:《什么是意义理论?(Ⅱ)》,《哲学译丛》1998 年第 2 期。

这种知识被加以表现的方式。

（三）真值条件

由以上论述可以得出,真值条件意义理论面对的问题是:知道一个句子的真值条件意味着什么? 说话者关于句子的真值条件的知识体现在什么地方? 上述问题的解决又直接与以下这个问题相关:真值条件是什么? 它具有什么性质? 这是真值条件意义理论必须解答的问题。如果它不能解答这一问题,那么它就不是一个可行的意义理论。

达米特进而对真值条件概念进行了深入的分析。他认为,句子的真值条件可以具有以下性质:一旦它获得时,说话者就必定能够认识到该条件获得了;一旦它没有获得时,说话者就必定能够认识到该条件没有获得。在这种情况下,无论真值条件获得或没有获得,说话者都必定能够认识到这一点。句子的真值条件对于说话者来说是可把握的,是处于说话者的认识能力范围之内的。说话者关于句子的真值条件的认识与他认识到该句子是否为真的能力直接相关。

就真之理论推导出的 T-语句而言,每一个 T-语句都陈述了对象语言中的一个句子的真值条件。如果这个真值条件的获得与否是说话者可识别的,那么说话者就能认识到相应的对象语言中的语句是否是真的。因此,对于具有可被识别是否获得这种性质的真值条件来说,说话者关于它的知识,就体现于说话者能够认识到该语句是否是真的。因为相应的 T-语句表明,当真值条件获得时,对象语言中的句子就是真的。达米特说,关于真值条件的知识在于,当且仅当它得到满足时,说话者有能力显示他认识到这个句子是真的。①

达米特认为,如果一个语句的真值条件的获得与否是可识别的,那么这种语句就是实际上或原则上可判定的语句。对于可判定的句子来说,说话者在

---

① 达米特:《什么是意义理论?（Ⅱ）》,《哲学译丛》1998 年第 2 期。

有限的时间内使用某种方法就能够识别出,这类句子的真值条件是否获得。对于这类句子,说话者关于它的真值条件的知识就在于他有能力在特定的情况下使用某种方法,从而总是能够识别出该语句的真值条件是否满足。

在达米特看来,这种关于可判定的句子的意义的说明,总能够把说话者关于这类句子的言语行为(在这种情况下即认识到它们在什么条件下是真的)与说话者所具有的关于它们的意义的知识(即关于它们的真值条件的知识)关联起来。当句子的真值条件满足时,说话者总能认识到它满足了;当句子的真值条件不满足时,说话者也总能认识到它不满足。在这种情况下,以真之理论为内核的涵义理论,总能把说话者所具有的关于语言意义的知识与他实际的语言能力结合在一起,说话者关于原则上可判定的句子的真值条件的知识,体现在他认识到该条件是否获得的能力上。因此,真值条件意义理论对于原则上可判定的句子来说,是不存在太大问题的。

达米特认为,句子的真值条件还可以具有与刚才探讨的那种性质相反的性质:在某种情况下,某个真值条件获得时,说话者却无法认识到该条件获得了;在某种情形下,某个真值条件没有获得时,说话者也无法认识到该条件没有获得。具有上述这种性质的真值条件,对于说话者来说,它们的获得与否是不可识别的。在这种情况下,无论真值条件获得或没有获得,说话者都不能够认识到这一点。句子的真值条件对于说话者来说是不可把握的,是处于说话者的认识能力范围之外的。换言之,它超出了说话者的认识能力。比如对于T-语句:"'海王星上有生命迹象'是真的,当且仅当海王星上有生命迹象。"因为对于"海王星上有生命迹象"这个语句的真值条件——海王星上有生命迹象,说话者无法识别到它是否满足,因此,我们就不能判定该语句是真的。该语句的真值条件与说话者认识到它是否满足是脱节的,说话者关于它的真值条件的知识不能体现在说话者关于该语句的使用上。

达米特认为,如果一个语句的真值条件的获得与否不是说话者可识别的,那么这种语句就是原则上不可判定的语句。解释一个说话者关于一个句子的真值条件的知识体现在什么地方的困难,在于自然语言本身的特点。由于自然语言在形成过程中的某些语法构成的方式,自然语言中包含很多无法判定是否为真的句子。

达米特指出,以真概念为核心概念的意义理论的难题,主要根源于"我们语言中许多句子的真似乎超出了我们的认识能力"①。自然语言中存在着许多原则上不可判定的语句,我们不能认识到它们是否是真的、它们的真值条件是否满足。在自然语言中,形成原则上不可判定句子的方式多种多样。例如,在无限的或不可观察的领域(例如在所有未来时刻)量化的应用;虚拟条件句的应用;关于原则上无法接近的时空的讨论;等等。关于这些原则上不可判定的句子的真值条件,情况是这样的:要么是在某些情况下这种条件获得了,但我们却无法认识到这个事实;要么是在某些情况下这种条件没有获得,但我们也无法认识到这个事实。总之,我们没有能力认识到它们的真值条件是否得到满足。达米特认为,对于原则上不可判定的句子,由于我们没有有效的程序可以确定它们的真值条件是否得到满足,因此,我们不能根据说话者的实际能力来说明说话者所具有的关于它们的真值条件的知识。

有人也许会说,对于原则上不可判定的句子,虽然说话者不能实际上知道句子的真值条件是否获得,但他能够知道这类句子的真值条件是什么。真之理论的T-语句就非常清晰地阐明了对象语言中句子的真值条件,说话者能够知道这个真值条件是什么。对此,达米特要求,必须把认识到句子的真值条件是什么与认识到该条件是否满足的能力区分开来。说话者关于句子的真值条件的知识不是体现在他知道那个条件是什么,而是体现在他认识到那个条件是否满足的能力。这里我们可以看到,达米特对意义理论的要求,即意义理论不能只是说明说话者关于句子知道什么,说明说话者关于句子的知识的对象;而且要充分说明说话者关于这个对象的知识如何在他的具体的语言能力中显

---

①　达米特:《什么是意义理论?（Ⅱ）》,《哲学译丛》1998 年第 2 期。

示出来。说话者正是因为具有了关于句子的这种知识,才能使用那个句子从事语言交流活动,如此才能通过意义理论描述说话者的语言行为。否则,说话者关于句子意义的知识就与说话者的语言使用毫无关联,也就失去了其在描述说话者的语言实践中的作用,因而我们把相关的意义的知识归属于某个说话者,也就没有任何实际的意义了。因此,真值条件意义理论必须说明,说话者关于句子的真值条件的知识体现在什么地方。

达米特进而提出了什么知识能够被算作是归属于说话者的意义知识的标准问题。真值条件意义理论主张,一个原则上不可判定的句子的意义在于它的真值条件,知道这个句子的意义就在于知道它的真值条件,因此这个理论就把这个句子的真值条件的知识归属于说话者。但由于说话者所具有的关于这种真值条件的知识不能通过他的语言行为显示出来,因此,"有关那个真值条件是什么的隐含知识的归属就没有什么实质意义了"①,我们称说话者具有这种知识也就没有什么实质的意义,因为我们不能够通过他使用句子的言语行为而知道他事实上是否具有这种知识。所以,就原则上不可判定的句子而言,真值条件意义理论不能合理说明说话者所具有的关于它们的意义的知识体现在什么地方。

达米特认为,对于戴维森的意义理论来说,关键在于以真之理论为核心的涵义理论是否可行。涵义理论的主要作用在于把真之理论与说话者的语言能力相结合,它要说明说话者关于真之理论的知识与说话者的语言行为之间的关联,换言之,前者是如何通过后者体现出来的。对于原则上可判定的语句,涵义理论可以说明关于真之理论的定理所表达的命题的知识,即关于语句的真值条件的知识体现在什么地方;它体现于说话者能够识别该真值条件是否满足。对于原则上不可判定的语句,涵义理论就不能做到这一点,因为这类语句的真值条件是否满足是说话者无法识别的。在这种情况下,涵义理论无法

---

① Dummett, M., "What is a Theory of Meaning？（Ⅱ）", in *The Seas of Language*, Oxford：Clarendon Press, 1993, p.46.

给出关于这类语句的真值条件的知识体现在什么地方的说明。说话者可以说知道这些真值条件是什么，但无法把它们与说话者的实际的语言能力联系起来。

从说话者的语言习得的角度、说话者的语言实践的角度，达米特指出，说话者的语言实践与句子的真值条件没有直接的关联。在他看来，一个人学习一种语言，其实就是学习如何通过使用语言进行交流，学习有关句子使用的各种方式。在语言习得的过程中，说话者学习对于他人的言语做出回应，例如对他人做出的断定表示肯定或否定，对于他人提出的问题做出回答或置之不理，对于他人的请求做出允诺或拒绝，对于他人的命令做出遵守或违抗。与此同时，说话者学习在各种语境中做出他自己的适合的表达。他要学习通过句子的表达做各种各样的事情，更准确地说，完成各种各样的言语行为。在什么情况下承认一个句子为真或为假，当然也是他学习的内容。

但是，达米特认为："认识一个句子为真所必须获得的条件，既不是他所做的事情，也不是他所做的事情可以直接证明的东西。"①有的时候，可以基于说话者所完成的言语行为来解释他关于真值条件的知识，这当然是针对原则上可判定的语句而言的；但有的时候，我们就无法做到这一点，这当然针对的是原则上不可判定的语句。认识到句子的真值条件，不是我们语言习得的主要内容，甚至都不是语言习得的内容。这里其实暗含了达米特对于真值条件意义理论问题的根源的分析。涵义理论不能给出说话者关于句子的真值条件的知识的合理说明，其根源在于作为其核心的真之理论的基本概念的选择存在问题。全部问题的根源在于选择真概念作为意义理论的基本概念，而所选择的真概念又被加以实在论的解释，与说话者的语言实践没有直接的关联。

总之，达米特分析了真值条件这个概念可能具有的性质，借助对真值条件概念的分析，达米特探讨了关于原则上可判定的语句和原则上不可判定的语

---

① 达米特：《什么是意义理论？（Ⅱ）》，《哲学译丛》1998 年第 2 期。

句的意义的说明问题。对于原则上不可判定的语句,真值条件意义理论无法解释说话者具有真值条件的知识是怎么一回事这个问题。以真概念为核心的涵义理论不是可行的理论,其根源在于真这个核心概念的选择是存在问题的。

(四)知道句子的真值条件

为了进一步澄清"认定某个人知道一个句子的真值条件,这是怎么一回事"这个问题,达米特从"认为一个语句是真的,这是什么意思"这个问题入手,进行了探讨。

达米特从真概念入手探讨这一问题。关于真概念,不同的哲学家对此都会有不同的理解,对之可以做不同的解释。一种关于真概念的理解体现于有关它的 C 原则上:如果一个陈述是真的,那么一定有某种东西,由于它这个陈述而为真。C 原则实际上是真之符合论的一个表述,这个原则揭示了实在论真概念的本质。比如基于 C 原则,一个语句是真的,是由于它与实在的某个部分相符合。达米特认为,C 原则表征了某种真概念,它具有调节的功能,即我们不是首先确定了实在的某个部分,然后再根据 C 原则确定某个语句的真假;相反,我们是先确定了适用于相关语句的真概念,进而再确定相关语句所对应的实在。

根据 C 原则,达米特考察了自然语言中一个语句为真的情况。他指出,全部语句可以分为"能够勉强真的"与"不能够勉强真的"两种基本类型。

达米特指出,"能够勉强真的"这个概念是依赖于"可还原性"概念的。在他看来,还原论的基本观点是,当一个给定类的陈述为真时,是哪些其他的陈述使它为真。被还原的陈述类的某个陈述可还原为还原的陈述类的某些陈述,大意是指,前者的某个陈述为真,当且仅当还原的陈述类的某些陈述为真。

根据这种可还原性概念,达米特对"能够勉强真"这个概念做了说明。在一个陈述为真的情况下,如果不存在任何一个陈述类(该陈述类并不包含它或它的明显变体),而任何包含它的陈述类可以向这个陈述类还原,那么这个陈述就是能够勉强真的。反之,该陈述就不是勉强真的,它的真依赖于其他陈述的真。如果一个陈述是勉强真的,那么它的真就不可还原为其他陈述的真,它的真就不依赖于任何其他陈述的真。

在对"可还原性"以及"能够勉强真的"概念界定的基础上,分别就能够勉强真的语句与不能够勉强真的语句,达米特对"认定一个说话者知道一个语句的真值条件,这一点意味着什么"这个问题做了解答。

达米特认为,就不能够勉强真的陈述而言,存在一个陈述集,仅当该陈述集的某个子集中的陈述都为真,则表达该陈述的语句才为真。在这种情况下,关于该语句的真值条件的知识就在于,关于该语句的真以什么方式与那个还原于其中的陈述类的适当子类中的陈述的真相关联。这就是说,说话者关于该语句的真值条件的知识,体现在他知道它的真依赖于陈述集的子集中所有陈述的真的方式。

达米特探讨了句子与陈述集之间的依赖关系的表达。他认为存在着两种情况。一种情况是,真之理论可以表明句子和陈述集的特定的依赖关系。如果真之理论是用元语言即对象语言的某种扩展来表达的,那么真之理论所推导出来的与对象语言中的某个语句相对应的 T-语句就是并非不足道的,即将不会使语句本身在 T-语句的联结词"当且仅当"的右边。另一种情况是,可能会存在在对象语言之内对该语句翻译的困难,那么这就会妨碍这种并非不足道的 T-语句的推出;在这种情况下,涵义理论将通过明确表述语句与陈述集之间的关系,来解释说话者关于该语句的真值条件的知识的理解。无论在哪一种情况下,对语句的真值条件的把握都不存在问题。

由上所述,在句子不是能够勉强真的情况下,即它的真可以还原为其他语句的真,可以通过其他语句的真来加以确定时,说话者关于它的真值条件的知识就是一种明确的知识,说话者可以用纯粹的语词解释把它表达出来。这种说明预设了说话者对语言某个片段的把握,他可以根据这部分语言最终理解该句子。

达米特还考察了一个语句是能够勉强真的情况。如果句子是能够勉强真的,那么它的真就不依赖于任何其他句子的真,按照 C 原则,我们就必须从实在的角度去说明它。达米特认为,如果一个语句可以用来做出可能是勉强真的陈述时,那么真之理论推导出来的与它相应的 T-语句就具有不足道的形式。

在这种情况下,我们必须从涵义理论出发,以此说明说话者知道语句的真值条件是怎么一回事。也就是说,通过说话者的实际能力来表明说话者具有的真值条件的知识。对于能够勉强真的句子,我们关于它的真值条件知识的普遍模式,就是能够使用它做出一个观察报告。

达米特认为,在特定的情形下,一个语言的使用者能够观察到某种实在的情况,从而能够认识到一个勉强真的语句的真值条件是否获得,是否存在,从而可以判定该语句是否是真的。当说话者使用一个能够勉强真的语句做出一个观察报告时,说话者就有能力识别该语句的真,他断定了该语句的真值条件的存在,换言之,某种实在的存在。

例如,如果有人在野外游玩,他观察到路边的花朵,从而加以断定:路边的这朵花是红的;那么他当然就会知道:路边的这朵花是红的是怎么一回事,他当然也会了解语句"路边的这朵花是红的"为真时必须获得的条件。由此,说话者关于该语句的真值条件的知识,体现在认识到这个语句为真的能力上。

基于以上论述,达米特认为,对于说话者关于句子的真值条件的知识的说明,具有两种基本模式①。一种模式是针对不能够勉强真的语句而言的,说话者知道该语句类中的一个语句的真值条件,在于他知道该语句与其他语句之间的关联,他知道可以通过纯粹语词的解释来给出该语句的意义。在这种情况下,说话者关于语句的真值条件的知识在于使用语言表达它的真值条件的能力。达米特指出,因为这种模式假定了说话者对于语言的其他语句的理解,

---

① 达米特:《什么是意义理论?(Ⅱ)》,《哲学译丛》1998 年第 2 期。

因此无法作为解释句子的意义的模式。

另一种模式针对能够勉强真的语句。对于该类语句中的一个语句的真值条件的说明,真之理论采取了不足道的形式。在这种情况下,说话者知道一个语句的真值条件,他就具有知道该语句为真的能力,或者他就具有识别该语句是否为真的能力。而这种能力在于,在特定的情形下他能够使用该语句给出一个观察报告。在达米特看来,这种方式是解释说话者知道一个语句为真是怎么一回事,或者知道一个语句的真值条件是怎么一回事这一问题的唯一可行的模式。

达米特认为,使用语句给出观察报告这种说明方式所适用的语句只能是原则上可判定的语句,不适用于原则上不可判定的语句。因为对于后者,它的真值条件超出了说话者的认知能力,说话者不能直接把握语句的真值条件,不能检验这种真值条件是否得到满足。在达米特看来,真值条件意义理论,从而戴维森的真之理论恰恰在这里出现了问题。真值条件意义理论的持有者认为,有能力给出观察报告的方式同样适用于原则上不可判定的语句,人们"倾向诉诸观察语句的把握作为一个语句的真值条件的知识的模式"①。通过扩大"观察者"的范围,从而放宽了"观察报告"的观念。

真值条件意义理论主张,通过类比,我们可以把观察者从人类扩大到超人,那些超人具有观察不可判定的语句的真值条件是否存在的能力。对于我们人类来说,我们自身能力具有局限,的确无法观察那些原则上不可判定的语句的真值条件是否满足,无法使用它做出一个直接的观察报告。但我们可以通过类比,可以想象一个超人观察者,他具有的能力比我们强,他具有的时空观与我们不同,以至于超人观察者能够对原则上不可判定的语句进行直接观察。比如,对于由全称量化的使用形成的全称命题,假定其个体域是无穷的,那么我们就不能通过对它的全体实例的考察来判定它是否为真。因为我们做

---

① Dummett, M., "What is a Theory of Meaning？（Ⅱ）", in *The Seas of Language*, Oxford: Clarendon Press, 1993, p.60.

不到这一点，我们对于实例的考察没有终点。但对于超人而言，他可以对于无穷的个体域进行检测。之所以会有这样的设想，是因为我们可以判定个体域是有限的全称命题，即我们可以逐个来考察每一个个体是否具有某种性质。我们可以把个体域有限的情况类推到个体域无限的情况，我们关于超人观察者能力的设想基于我们人类自己的能力，是对于我们人类自身能力的一种类推。比如，我们关于诸如"这个地方永远不会出现一座城市"这种具有将来时态的命题，当它涉及未来无限的时间延续时，我们无法对它做出观察报告，无法判定它的真假。但我们基于对于有限时间的理解，可以把它加以类推到无限的时间，从而超人观察者可以进行观察。

真值条件意义理论认为，那些对我们人类来说原则上不可判定的句子，对超人来说就是可判定的。超人观察者可以通过直接观察来判定它是否为真，它的真值条件是否得到满足。我们人类理解这些句子的真值条件，就在于我们认为超人观察者可以具有这种能力，并且他能够通过某种方式确定一个语句的真假。① 真值条件意义理论关于原则上不可判定的句子的说明，采取的就是这种思路，一种基于超人观察者的思路。

达米特由此讨论了关于真概念的另一个原则，即 K 原则：一个陈述为真，这一点必然在原则上是可被知道的。这个 K 原则显然是就超人观察者而言的。关于真概念的 C 原则表明：一个陈述必然是由于实在中的某个部分而为真。上述两个原则紧密相关，它们可以推出：任何实在必然是可以认识的，而其根据就是超人观察者的构想。

总之，对于我们把握一个语句的真值条件究竟是什么意思，只有通过做出观察报告这个唯一的模式，不可能有其他模式；对于原则上不可判定的语句，这种模式是不适用的。但真值条件意义理论认为，我们可以采取这种模式给出任何句子，包括原则上不可判定的句子的意义的说明，其前提是对于超人观

---

① Dummett, M., "What is a Theory of Meaning？(Ⅱ)", in *The Seas of Language*, Oxford: Clarendon Press, 1993, p.61.

察者的构想。达米特认为,意义理论应该描述我们的语言实践,而不是描述超人观察者的语言实践。我们说话者知道一个语句为真是怎么一回事,是通过我们自己的能力表现出来的,而不是借助超人观察者的能力来显示的。离开我们人类的视角,采取超人观察者的视角来看待我们人类的语言,看待实在,就是一种典型的实在论的观点。

四、真之理论存在问题的根源:实在论的假定

真值条件意义理论,包括戴维森的真之理论,都不能合理地解释说话者关于句子的真值条件的知识。上述关于真概念的两个原则,即 C 原则和 K 原则,体现了真概念的实在论的本质。因此,真值条件概念是一个实在论的概念,它超出了说话者的认识能力。

达米特认为,真值条件意义理论之所以出现难题,其根源在于以实在论的真概念为核心概念,对于我们语言的所有句子进行了某种实在论的说明。所谓对于句子的实在论的解释在于,假定实在论的真概念适用于所有语句。按照这种真概念,每一个由语句表达的陈述,从而每一个语句都是确定地为真或为假,与我们的认识没有关系。按照实在论真概念的界定,一个句子是由于某种客观存在的实在而为真或为假。根据符合论的观点,当句子符合实在时即为真,当句子不符合实在时即为假。无论是什么类型的句子,它要么符合实在,要么不符合实在。因此,它要么为真,要么为假。一个句子的真假与说话者是否认识到它符合实在与否无关。因此,按照这种关于真概念的实在论的解释,二值原则必然适用于所有的语句。

达米特认为,对于原则上可判定的语句,二值原则的假定不存在太大的问题,因为根据假设,我们能够判定那些语句的真值。换言之,句子是否符合实在,句子的真值条件是否存在,这一点是说话者可以认识到的。但是当二值原则应用于原则上不可判定的语句时,说话者无法把认识到一个语句被确立为真或为假的能力,等同于关于它的真值条件的认识。一个语句可能为真,但这

时说话者却无法认识到它为真;或者它可能为假,而这时说话者却无法认识到它为假。也就是说,说话者处于这种情形,他无法判定一个句子的真值。在达米特看来,对于原则上不可判定的语句假定二值原则,实质上就是假定真值条件是否满足是一种客观的存在,说话者可以知道它是什么条件,但无法真正地具有关于它的知识,说话者无法认识到它是否满足。当真值条件意义理论把这样的真值条件作为意义说明的基本概念时,说话者关于句子的意义也是他无法理解的。达米特指出,真值条件意义理论无法合理地说明说话者关于原则上不可判定的句子的真值条件的知识,其根源在于这种真值条件与说话者的认识无关,或者说,它超出说话者的认识能力。对于这类语句,我们必须放弃关于它们的二值原则,才有可能构造适用于它们的意义理论。假定二值原则,就是假定我们说话者已经掌握了某种超验的真概念。如果我们要对于语言中的所有句子,包括原则上不可判定的句子的意义做出说明,我们就必须放弃实在论的真概念,就必须放弃二值原则的假定。

综上所述,就达米特与戴维森意义理论的形式比较而言,达米特认为,真值条件意义理论以实在论的真概念作为核心概念,并由此构造了真之理论。以这种真之理论为核心构造的涵义理论,不能合理说明句子的意义。换言之,无法基于实在论的真概念构造合理的涵义理论。涵义理论的问题在于真之理论,真之理论的问题在于对于真概念的实在论的解释。当然,基于真之理论和涵义理论所给出的句子意义的说明,也无法提供一致的方法,由此阐明如何由句子的真值条件给出句子的所有用法的说明。达米特指出,戴维森提出的意义理论应该采取真之理论的形式这一观点是错误的。达米特把戴维森意义理论称之为"一种实在论的意义理论"①。达米特认为,构造意义理论必须选取与语言用法直接相关的概念为核心,由此构造的意义理论才能解释说话者对于语言的理解,才能表征说话者对于语言的用法。

---

① 达米特:《什么是意义理论?(Ⅱ)》,《哲学译丛》1998 年第 3 期。

第五章　达米特与戴维森意义理论对
当代形而上学的影响的比较

达米特和戴维森不仅各自提出了富有特色的意义理论,而且引发了当代形而上学领域关于实在论与反实在论的争论,这亦表明意义理论对于当代形而上学所产生的重要影响。

第一节　达米特意义理论对当代
形而上学的影响

作为当代重要的分析哲学家,达米特解读了作为分析哲学思想源头的弗雷格思想,提出并完善了新的分析哲学理论,主要是意义理论,并就一些分析哲学中的具体问题进行了论述。除直接的理论贡献外,达米特还就这些理论成果的应用做出了示范,其中的重要内容,是通过意义理论对形而上学问题的讨论。讨论集中体现为以下两部分:一是意义理论对形而上学讨论具有方法论作用,具体的形而上学问题能否最终解决,取决于相关意义理论是否提供方法论支持;二是意义理论能够提供关于形而上学讨论的问题维度,主要是通过意义理论将传统上认为相互独立的形而上学问题抽象成同构的问题,进而进行一致的讨论,也包括利用理论考察分别作为分析哲学和现象学源头的弗雷格思想与胡塞尔思想，推进融合传统上被视作存在鸿沟的两种哲学，以推进形而上学研究工作。通过达米特的具体论述可以看到，前者是后者的基础，即正是意义理论的应用让我们看到其在形而上学关系中的基础性地位。这些工作成果的一个具体体现，是达米特著名的反实在论论证。这种论证不仅直接作为达米特哲学的重要组成部分与意义理论的重要内容，还开启了哲学研究中关于实在论和反实在论旷日持久的讨论，并因此成为当代形而上学的重要内容。

一、意义理论对形而上学的方法论意义

达米特秉持"语言哲学是全部哲学的基础"的观点，从意义理论出发对形而上学问题进行讨论。这些讨论的一个突出特点，是不再局限于就某个形而上学概念进行分析，而是借助意义理论的一般方法，看到关于抽象对象讨论背后涉及的语言的作用机制，并由此重新形成对形而上学概念的定位与分析。这种视角对于当代形而上学研究具有重要意义。

（一）意义理论对数学本体论问题的解决

数学本体论问题是数学哲学与形而上学中的重要问题，其基本问题是，数的本质是什么？作为20世纪初的数学哲学三大流派，逻辑主义、形式主义和直觉主义分别从各自的角度回答了这一问题。逻辑主义认为，每一个个别的数都是一个对象，例如数2就是一个实体存在，逻辑主义的观点也被称作数的柏拉图主义观点。形式主义认为，个别的数是一种符号，数2的本质不过就是"2"这个记号。直觉主义则认为，数学对象是人类思维构造的产物，数2既不是实体也不是符号，而是一种人们心灵建构的产物。三种观点构成了20世纪初形而上学在数学本体论问题上的主要观点，其中达米特的论证主要涉及逻辑主义和直觉主义的观点。

达米特并没有遵循逻辑主义或直觉主义的传统，直接就数的本质进行讨

论,而是指出意义理论提供解决数学本体论问题相关争论的视角,即并非通过对数本身的讨论来得到数的本质,而是借助分析相应数学命题的意义来得到数的本质。按照这一观点,要回答数 2 的本质就绝不是在实体、符号或者心灵构造等概念间做选择,而要通过对包含数词"2"的命题的意义的分析来确定。对于数学命题的意义,逻辑主义与直觉主义有不同的观点。逻辑主义认为,数学命题的意义由数学命题的真值条件确定,这种真值条件的一般形式是,一个数词的意谓处于一个概念词的意谓之下,从而形成一个确定的真值(真或假)。例如,在"4 等于 2 加 2"这个语句中,"等于 2 加 2"意谓一个概念,数词"4"意谓 4 这个对象,二者结合形成了一个完整的语句,这个语句表达:对象数 4 处于等于 2 加 2 这个概念之下,它的真值为真。在"4 是偶数"这个语句中,数词"4"意谓 4 这个对象,"……是偶数"是谓词,意谓一个概念。该语句表达:对象数 4 处于偶数这个概念之下。在这个分析过程中,句子和句子部分的意谓都是客观的,不因人的思想变化而发生变化。直觉主义则认为,数学命题的意义是由其证明条件决定的,这个证明条件由人来确定,或者说数学命题意义的理解是人能够识别通过其构造条件建立的证明。

达米特进一步指出,数学命题与数的本质的这种关系是单向的,即数学命题的意义可以决定数学本体论观点,而数学本体论观点并不能决定对数学命题意义的理解。

按照达米特的意见,一个人可以秉持逻辑主义的数学本体论观点,同时接受直觉主义对数命题意义的解释,或者接受直觉主义的数学本体论观点而相信逻辑主义关于数学命题的意义的说明。例如,某人可以将数 2 视作实体对象而并非某种思维构造的产物,但并不认为包含数词"2"的命题的意义是由真值条件决定的,而是将其看作是由对该命题的肯定或否定的证明条件确定的。这样来看,"2 等于 2 乘以 1"的有效性就由诸如"2 等于 1 加 1"这样的原子命题和对乘法与加法等得到定义的概念构成的证明确定,而不是由谓词"等于 2 乘以 1"和数词"2"意谓的内容确定的,其他有关自然数的命题的意义也由对其肯定或否定的证明条件所确定。同样，一个人能够接受数 2 是某种心灵的构造产物的解释，从而接受直觉主义的数学本体论观点，但并不必因此认为数学命题的意义在于某种对它的证明条件，而是相信由这种构造产物的客观性，可以确保数学命题"2 等于 1 加 1"在任何条件下都有确定的真值。这个真值只与含有数词"2"或数词"1"的命题部分相关，不会因为人们对于包含数词"2"或数词"1"的相关命题的理解发生变化而变化，这样，他就在事实上和逻辑主义持有相同的对数命题意义的理解。

但反过来，达米特认为，当一个人预先对数学命题的意义做出了预设，他就会自然形成与之相关的数的本体论观点。例如，一个人接受逻辑主义的数学命题解释，认为形如"2 等于 1 加 1"的数学命题的意义和真值条件有关，那么便会在形成真值的角度下考察数词"2"的意义。作为这个数学命题部分的意谓，数 2 自然就是一个对象。在这个过程中，数 2 始终是一个只与命题本身内容相关的东西，与人们的思维活动无关，因而不会被看作某种心灵的构造。如果一个人接受直觉主义对数学命题意义的解释，将"2 等于 1 加 1"的意义和人们所构造的该命题肯定或否定的证明条件联系起来，那么数 2 也就不能脱离这种证明条件存在，不会是某种独立存在的实体。这种证明条件是一种心灵构造，数 2 也就作为心灵构造的一种结果，而这就与直觉主义的数学本体论观点相契合。

在达米特看来，像数学本体论这种典型的数学哲学中的形而上学问题，并没有从自身角度得到一个清晰的回答。不同流派的支持者——无论是逻辑主义者还是直觉主义者，对于该问题提出的主张实际上只能算是某种隐喻。这种隐喻的内容表现为，逻辑主义的数学本体论观点建立在将数学研究看作是类似于天文研究的基础上，导致数学对象就像星系这样的天文对象一样，成为了某种客观存在的实体，跟人类的思维活动没有直接关系。直觉主义的数学本体论观点建立在将数学研究看作是类似于艺术创作这样的工作，以至于数学对象和艺术作品一样是某种人为创造的产物，那么就像一幅画不可能凭空出现一样，数也不可能脱离人的心灵活动独立存在。达米特认为，这两种主张都是站不住脚的，因为"数学家的活动似乎明显地不同于天文学家或艺术家的活动"①，将数学对象看作天文对象或者艺术品是缺少根据的。逻辑主义或者直觉主义的数学本体论观点基于各自没有被证明的前提，人们也缺少对这些前提进行支持或否定的证据。在这种情况下，这种隐喻本身的一致性及发挥的作用，即便在其提出者那里也是值得怀疑的，"我们如何知道在哪些方面这些隐喻被认真对待，这些图画是如何被使用的?"②

达米特进一步指出，如果想为这种隐喻提供使其足够清晰有力的论据，就要从相关的数学命题入手，通过对两种主义对命题意义的理解来获得各自相应的证据支撑，因为"每一幅图画的内容在于激起它的关于意义的构想"③，通过了解数学命题的意义才能确定关于数的图画或隐喻。

总之，达米特利用意义理论对数学哲学的形而上学问题进行了分析。他以作为形而上学问题典型的数学本体论问题及意义理论涉及的数学命题意义问题为例，通过论证，明确了二者之间的关系，即由数学命题意义的立场决定数学本体论的立场，而非通过数学本体论立场确定数学命题意义。这一论证表明，至少在数学哲学领域，形而上学不是意义理论的基础，相反，意义理论是形而上学的基础，其对形而上学具有重要的方法论作用。达米特的这些论证并非仅限于解决数学哲学上的问题，而是希望由此推广到解决一般性的形而上学问题和意义理论之间的关系，并以这种关系为依据，从意义理论出发解决包括实在论与反实在论争论在内的具体的形而上学问题。

---

① Dummett, M., "The Philosophical Basis of Intuitionistic Logic", in *Truth and Other Enigmas*, Cambridge, Mass.: Harvard University Press, 1978, p.229.

② Dummett, M., "The Philosophical Basis of Intuitionistic Logic", in *Truth and Other Enigmas*, Cambridge, Mass.: Harvard University Press, 1978, p.229.

③ Dummett, M., "Preface", in *Truth and Other Enigmas*, Cambridge, Mass.: Harvard University Press, 1978, pp.xxviii-xxix.

(二)意义理论对排中律的解释

从数学本体论的讨论出发,达米特对不同数学哲学流派观点进行了评价,并初步论证了具体的形而上学问题和意义理论问题之间的关系,但得到这样的结论并非他工作的重点,他试图通过这种讨论解决其他形而上学问题,并最终构造出反实在论论证。在这之前,他要解决一个与实在论具有密切联系,也在逻辑和形而上学方面具有重要理论价值的问题——排中律问题,并以这个问题为线索,进一步明确意义理论与形而上学之间的关系。

排中律和同一律、矛盾律一道作为传统上的基本的逻辑定律。其涵义是,任意一个命题或者为真或者为假。排中律拒绝出现其他情况,例如命题的非真非假或者亦真亦假,它的一个必要的隐含前提,是命题的真值只能出现真或假这两种情况,即所谓二值原则。在数学哲学上,逻辑主义接受二值原则,认为命题的真值是确定为真或者为假的,也因此接受排中律;直觉主义拒绝接受二值原则,认为命题意义是与人的心灵构造相关,而并非自身有确定的真值,也因此拒绝接受排中律。由此可以看出,排中律与二值原则相关,而二值原则与关于命题意义的主张有关,因此排中律与对于命题意义的分析相关联,也就是与意义理论的内容相关联。在达米特看来,这种关系是一条重要的线索,因为通过数的本体论和数学命题意义之间关系的分析,可以看到数学哲学中形而上学和意义理论的关系,而排中律则涉及比数学本体论更一般的形而上学与逻辑的课题,因此可以通过对它的研究将意义理论与形而上学的关系进行延伸。

达米特认为,排中律和形而上学中的实在论相关。实在论的基本内容,是主张我们讨论的某种对象是独立于人的讨论而客观存在的。以数学哲学为例,逻辑主义将数1、数2这样具体的数看作是一种客观对象,是与人们对它的思考无关的存在,因此可以说逻辑主义主张一种关于具体数的实在论。与实在论相对应的是反实在论,即不认为在人们的讨论中存在着独立的客观对象,一切概念都是人心灵的构造。直觉主义在数学本体论上持有反实在论立场,它不接受独立存在的数 1,而是将其看作人的构造产物。容易看出,既然数的本体论观点是与对数命题意义的理解相关的,那么关于数的实在论与反实在论立场就与对于数命题意义的理解相关。逻辑主义对于数命题意义的理解是基于二值性建立的,并因此接受排中律,直觉主义则拒绝这种二值性并拒绝排中律,那么数的实在论与反实在论就与是否接受排中律相关。达米特拓展了讨论内容,将作为讨论对象的数拓展为一般对象,这样得到的结论就不只是与数学本体论相关,而与作为讨论对象集的哲学内容相关,由此数的实在论与反实在论问题就上升成为了一般性的形而上学的实在论与反实在论问题,因此是否秉持实在论就和是否接受排中律相关。

达米特进一步指出,实在论是某种教条,这种教条的范围和具体的讨论对象相关,其根源则在于人们对命题意义的理解。例如,关于数的实在论就是一种关于数的教条。这一教条的产生根源在于对二值原则的坚持。当人们对讨论对象集涉及的命题进行解释时,如果从二值性的角度考虑其意义,就会认为命题是确定为真或者为假的,命题意义与人们的思想活动无关,那么作为命题部分的讨论对象就是独立于人的实在,坚持二值原则是"实在论教条的共同特征"①。达米特认为,反实在论是对实在论的否定,也就是对这种教条的否定,反实在论有充分的理由不接受理解命题意义所基于的二值原则,因而可以拒绝接受排中律。举例来说,直觉主义者从证明条件出发理解数学命题的意义,就不会把数学命题意义诉诸某个确定的真值,自然也不会认为数学命题一定处于真或假的情况,从而不必接受排中律关于命题是或真或假的论断,同时避免了把数当作某个实际存在对象的教条。这就是从反实在论的角度出发,对于排中律进行的批判。

这里,达米特关于实在论与反实在论的论证,实际上表明了意义理论与逻

---

① Dummett, M., *The Logical Basis of Metaphysics*, Cambridge, Mass.: Harvard University Press, 1991, p.9.

辑学和形而上学的关系。一种以二值性为基础的语义理论,会接受排中律,并给出符合实在论的结果;而不以二值性为基础的意义理论,不必接受排中律,也不必接受实在论,转而形成反实在论立场。经典逻辑语义学就是以二值性为基础的理论,因此经典逻辑学接受排中律。以其为背景的有关讨论,例如对数的讨论,就会导致逻辑主义持有的实在论的结果。一种不以二值性为基础的逻辑理论(例如直觉主义逻辑),不必接受排中律,以其为背景的关于数的讨论就不会导致实在论,从而形成直觉主义的反实在论结果。从这个角度看,意义理论决定了逻辑主张和形而上学主张,由此可以说,意义理论是逻辑和形而上学的基础。

现在还有一个问题,如果排中律不再是有效的,那么意味着真值不再是确定的,这种情况下,我们该如何理解一个不确定的真? 达米特认为,对真概念的讨论与命题意义相关,只有通过意义理论才能正确获得真概念,也只有意义理论才能帮助我们检验真概念的有效性。经典逻辑语义学从实在论的角度定义了真概念,把真看作是一种独立于人们认识的确定的东西(例如,弗雷格将真视作一种第三领域的存在),建立了以二值性为核心的语义学,并认可排中律的有效性。这种实在论角度下的真被意义理论的支持者视作一种教条,它的问题在于并非通过对语言的意义分析获得,也没有经过语言实践检验,而要想摆脱这种教条,就要从意义理论的角度出发理解真概念。

总之,达米特以排中律为线索,分析了二值原则成立的前提,指出接受传统语义学对于命题意义的特定理解就是接受二值性,从而接受排中律的一个必要条件,也是形成实在论观点的基础。而从意义理论的角度出发将命题意义与语言实践相联系,就不会认为命题的真值是确定的、独立于人的,也就不会接受排中律与二值原则,不必得出逻辑主义或其他哲学主张持有的实在论观点。达米特既给出了拒绝排中律的理由,又以排中律和二值原则为中介,说明了实在论作为一种教条的原因,并从意义理论角度出发,将对数学实在论进行的批评推广到了整个实在论战场,明确了意义理论是形而上学的基础,它也是对形而上学问题进行解答的根本方式。

二、意义理论提供形而上学的问题维度

意义理论不但直接提供了解决形而上学争论的方法论,还通过这种方法论作用提供了看待形而上学问题的维度。达米特认为,不同的形而上学观点论争都可以通过意义理论的分析来解决,这些观点的差异不过是不同的与所论及陈述有关的实体的图画。达米特本人聚焦于对其中的实在论内容进行讨论,并通过形成具体的反实在论论证证明了这一点。也正是在这样的讨论中,他向我们揭示了传统的形而上学问题是如何在意义理论框架下得到重新呈现的。

(一)实在性问题的语义化

形而上学的具体问题往往以将讨论内容对象化为讨论形式。例如,20世纪初的数学本体论问题涉及关于实在性的数的讨论,关于心灵概念的讨论通常转化为关于心灵实体的讨论,各种关于共相的讨论涉及实在化的共相等。这些讨论的直接结果和各种实在论相关,并由此形成了许多形而上学的实在论话题。不同的讨论话题对应不同的实在化对象,每一类对象涉及一种实在论,由此实在论的讨论对象被看作是对应实在对象的集合。达米特关于实在论的讨论并没有因循这样的模式,他从意义理论出发,将讨论的对象由实在对象的集合转为与相应对象相关的命题的集合,即命题的讨论集。这样,他就将原本与各种具体的实在对象相关的讨论,转化成了关于命题意义的讨论,通过命题的意义确定其所涉及对象的性质,原本在形而上学中的实在性问题就转化成了一种语义问题。这种方式又被称作"语义上溯",它是达米特解决实在论与反实在论问题的重要方式,也由此改变了形而上学问题的维度。

达米特指出,至少有两个理由支持将实在性问题语义化的方式。

首先,从语义化的角度考虑形而上学问题,能够解决更广泛的争论,因为

所有涉及形而上学的讨论都与某种命题相关,都可以被纳入通过命题意义分析得到解决的范畴,但并非所有形而上学讨论都可以通过实在性的转化解决。比如关于时间状态的争论,当人们讨论过去或者讨论未来时,这样的时间状态是无法进行实在性转化的,因为没有对应的实在论。但是人们的讨论一定是用命题进行的,因此可以分析包含过去状态或者未来状态的命题的意义,从而有效解决这一形而上学问题。

其次,从实在性的角度并不能真正解决实在论与反实在论的争论,而意义理论的内容则可以作为重要的解决工具。例如在数学哲学的讨论中,一个人完全可以既接受直觉主义的数学本体论观点,又接受逻辑主义关于数学命题意义的真值条件理论;或者接受逻辑主义的数学本体论观点,同时接受直觉主义关于数学命题意义的证明条件理论。如果从数学本体论的角度出发考虑以上观点,那么无论哪一种观点都不能被证明更合理或者更不合理。只有从命题意义的角度出发,才能对实在性或者非实在性的数学本体论观点进行评判,选取哪一种命题意义解释决定了选取哪一种数学本体论。只有通过意义理论,我们才能对实在论与反实在论的观点进行正确划分。例如,秉持直觉主义的命题意义解释的人,无论其如何宣称将具体的数看作对象(如新弗雷格主义者的观点),实际上都不会和真正的逻辑主义本体论支持者一样,认为数是独立于人们认识的,因此他是一名反实在论者。同样地,一名秉持逻辑主义真值条件理论的人,无论如何宣称数和心灵有某种联系(如戴德金主义者的观点),实际上都将数视作一种独立存在,因而从根本上是一名实在论者。达米特甚至直截了当地指出,数学本体论的立场"不只是由有什么对象决定的,而是由什么命题成立决定的"①。这个观点被其推广到整个形而上学中的讨论,被普遍地用于解决实在论与反实在论的争论问题。

总之,通过对形而上学问题的洞察和意义理论的运用,达米特能够从新的

① Dummett, M., "Realism and Anti-Realism", in *The Seas of Language*, Oxford: Clarendon press, 1993, p.465.

角度审视形而上学问题。原本在具体对象上进行讨论并可能导致实在论的形而上学问题,在新的视角下成为了关于语言意义的问题。这不但有助于研究者具备更广泛的视野,能够将难以诉诸实在的问题纳入研究范围;也有助于其进行更深刻的研究,将从实在性角度难以解决的问题最终解决,甚至对原有的实在性标准进行重新考量。达米特的这种视角,对于解决实在论与反实在论争论具有重要意义。

(二)抽象化视角

从传统的形而上学角度来看,无论是实在论还是反实在论,都是对于所讨论对象的实在性提出某种主张。区别仅在于,实在论者对于对象的实在性持有肯定的主张,而反实在论者则持有相反的主张。例如,在数学本体论方面,逻辑主义者声称数是一种独立于人的客观对象,直觉主义者则声称数是与人的认识相关的心灵的构造,二者都是从各自角度对数的本质进行了断定。达米特洞察到了这一点,指出实在论与反实在论观点的差异主要在于对讨论对象的实在性意见不同,但就论证形式来说,二者具有相似性。这种具有相似性的论证结构被他称作"共同的形式"(a common form)①,是解决实在论与反实在论争论的重要切入点。

达米特认为,利用不同论证的相似性结构,可以将原来聚焦于某种对象探讨的实在论与反实在论问题去对象化,通过将这二者的论证形式抽象出来,更好地解决出现的争论。这种方式的一个显著优点,是可以将本来关于不同主题的实在论与反实在论问题纳入同一个问题维度中,将传统上被按照不同主题个别讨论的实在论与反实在论观点系统地进行解决。换言之,这种抽象化的视角就是致力于构建一种关于实在性问题讨论的范式,是"构造一个一致

---

① Dummett, M., "Preface", in *Truth and Other Enigmas*, Cambridge, Mass.: Harvard University Press, 1978, p.xxx.

的框架,以此刻画被称作每一个特定的论争的抽象结构"①。这样,无论是数学本体论问题、心灵本体论问题或者共相问题,都可以脱离原有的形而上学分门别类的讨论框架,打破其原有的问题界限,从而成为一类问题。不同的讨论对象不再是人们关注的焦点,转向对命题意义的关注成为必然的选择。

总之,通过抽象化视角,达米特可以将先前主题分割的众多形而上学问题转化为主题统一的关于论证的抽象形式的问题,原本不同的实在论与反实在论划分将被取消,转为统一的实在论与反实在论问题。这个过程需要以意义理论为基本工具,而问题的最终解决也必然以意义理论为最终的方法论。正是通过这种方法论,许多持久的争论才能得到解决。

(三)形而上学的地位问题

通过之前关于排中律的讨论可以看出,达米特将实在论涉及的内容划分为三个维度,分别是意义理论维度、逻辑维度和形而上学维度。以数学本体论研究为例,其中的意义理论维度涉及数学命题的意义,逻辑维度涉及逻辑的二值原则和排中律,形而上学维度则涉及关于数的本体论的直接观点。如果推广到一般形而上学问题,意义理论维度就是对相应命题意义的分析,逻辑维度就是与真值相关的内容,包括二值原则和排中律等,形而上学维度就是各种具体的实在论或者反实在论内容。达米特认为,在这三者中,最为基础的是意义理论,它为逻辑学提供真概念的说明,由真概念又可以建立对形而上学问题的分析,因此利用意义理论可以解决形而上学与逻辑涉及的争论。达米特从正反两方面论述了这一观点的合理性,即以形而上学角度为切入点试图解决实在论问题的困难性,以及以意义理论角度为切入点对于解决实在论问题的必要性。

----

① Dummett, M., "Preface", in *Truth and Other Enigmas*, Cambridge, Mass.: Harvard University Press, 1978, p.xxx.

就反向论证来说,达米特指出,试图通过形而上学的角度解决实在论与反实在论争论至少面临两个问题:首先,我们不知道如何才能说服持有对立观点的一方;其次,我们不知道如何才能达成一个清晰有效的结果。

第一个问题的提出,源自达米特对哲学史上关于不同主题的实在论与反实在论讨论的观察。他指出,长久以来人们围绕实在论与反实在论进行的争论,往往并不能分出论战胜利的一方,可能某一方在某些方面的分析会得到对立方的认同,也可能对立方的观点会触动某一方。以数学哲学为例,在20世纪初的讨论中,逻辑主义者和直觉主义者持有各自的数学本体论立场和对数学命题意义的理解,长期相互争论不休。而在20世纪下半叶出现的新弗雷格主义和戴德金主义,则分别持有逻辑主义的数学本体论立场和直觉主义对数命题的理解,以及直觉主义的数学本体论立场和逻辑主义对数学命题意义的理解。原本看上去矛盾的立场各自交互形成了新的立场,其中任何一方都不能完全说服另一方。

第二个问题,涉及达米特对于形而上学问题的评价。达米特认为,具体的形而上学角度的论证往往只是提供一种隐喻,它常常是模糊的、不可靠的,我们不可能依靠这样的隐喻真正解决问题。在数学哲学方面,无论是逻辑主义的星系隐喻还是直觉主义的艺术品隐喻,都不能提供关于数的本体论的真正回答。只有通过分析数学命题的意义,才能形成具有说服力的实在论或者反实在论成果。即便一种实在论或者反实在论的回答看上去更加具有说服力,但它也往往不足以驳斥对立的观点,不能完全确立自己的立场。要想解决这些问题,试图从形而上学角度进行论证是行不通的,只有从意义理论的角度才能提供具有可信度的回答。正如达米特所说的那样,意义理论是形而上学的基础,意义理论的观点对于形而上学的观点影响是单向的。形而上学不能解决相关意义理论方面的问题,也不能通过自身解决内部特定主题的问题。

就正向论证来说,达米特指出,放弃从形而上学角度做出对于实体性的任何假设,直接从意义理论的角度进行讨论,是解决实在论问题的根本方式。因为意义理论被看作形而上学的基础,因此这种方法又被其称作"自下而上的方式"。达米特说:"自下而上地解决这些问题,就是从实在论与各种各样的反实在论关于适用于争论集的陈述的正确的意义模型的分歧开始,一开始就忽略形而上学的问题。"①达米特的这个说法意味着各种实在论与反实在论问题都是在错误的路径上进行的,就像逻辑主义、直觉主义或者新弗雷格主义不能得到数的本质一样,我们不能指望一种基于抽象对象的形而上学讨论带来正确的解释,不管这种讨论本身是处于实在论立场还是反实在论立场。对抽象化视角的推崇与对排中律的否定等观点,也可以从中获得支持。达米特认为,只有从底层开始,通过对语言意义进行正确说明,才有可能对形而上学问题做出正确解答。

那么,这种对语言意义的说明方式究竟是怎样的呢?毕竟对语言意义的理解不止一种,传统的以二值性为基础的逻辑语义学,或者其他基于各种实体的语义学是否能作为正确的语义说明呢?达米特认为是不行的。他指出,对句子意义的正确理解来自人们的语言实践,或者说在人们使用语言的过程中赋予其意义,这种意义就是语句的真正意义。在这个过程中,没有客观不变的真值或者其他独立于人的概念,不必让语义部分和形而上学概念保持一致,决定意义的只是人们对语言的使用。因此,直接从语言使用的角度出发对语言进行解释,是获得正确的语言意义的主要方法。达米特认为,通过这种"摆脱形而上学预设"的方式,可以建立一种关于意义的理论,从而对形而上学问题进行"符合其本性的解答"②。

语言实践作为意义理论的基础,不但直接提供了解决形而上学问题的角度,而且给出界定意义理论与形而上学和逻辑学的关系的依据。在达米特看

①　Dummett, M., *The Logical Basis of Metaphysics*, Cambridge, Mass.: Harvard University Press, 1991, p.12.

②　Dummett, M., *The Logical Basis of Metaphysics*, Cambridge, Mass.: Harvard University Press, 1991, p.14.

来,正是通过语言实践,人们确立了语句真值的概念,语句真值概念是逻辑分析建立的基础,因此意义理论是逻辑学的基础;进一步地,"应该被接受为支配这门语言任何给定片段的逻辑定律,依赖于在这个片段中句子的意义"①,这就意味着在经典逻辑、直觉主义逻辑、模态逻辑等众多逻辑体系中,意义理论甚至能够提供选择哪一种逻辑的依据。以真值为基础建立的论辩工具,让人们能够对形而上学的问题进行讨论,因此形而上学问题的根源在于语言的意义中,解决形而上学问题的根本方法还是要回归语言实践。所有形而上学问题都可以归于一个根源,因此人们能够从每个具体问题中抽象出相似的论证结构,并利用这种相似结构系统地解决形而上学讨论。

总之,达米特通过语言实践说明了意义理论的建立方式与主要内容,明确了意义理论与形而上学和逻辑学之间的关系,指出其可以作为解决实在论与反实在论争论等形而上学问题的根本方法,解决了以数学本体论问题为代表的具体形而上学问题。

三、达米特的反实在论论证

达米特通过意义理论建立了一般性论证,用来支持反实在论的立场,这也成为达米特语言哲学中最重要的内容之一。

实在论与反实在论问题作为形而上学的重要问题,长久以来不能得到根本性解决。达米特以意义理论为基础,提供了看待形而上学问题的全新维度,形成了解决形而上学问题的方法论,试图处理包括实在论与反实在论论争在内的所有形而上学问题。两个反实在论论证——获得论证与显示论证,是其中的核心工作。

---

① Dummett, M., *The Logical Basis of Metaphysics*, Cambridge, Mass.: Harvard University Press, 1991, p.14.

（一）获得论证

长久以来,不同主题的实在论与反实在论围绕着讨论对象的实在性进行着论争。在当代哲学中,这种论争一般不仅限于就对象本身的实在性提出主张,还包括对对象相关命题意义提出主张。例如,关于数的实在论与反实在论讨论中,逻辑主义给出了实在性的数学本体论立场和以真值条件为基础的数命题意义说明,直觉主义给出了反实在性的数学本体论立场和以证明条件为基础的数命题意义说明。这种情况可以推广到整个当代哲学中实在论与反实在论的论争中。一般而言,当代实在论认为,存在着实在性的讨论对象,其本身独立于人们的认识,关于其命题的意义只与真值条件有关而与证明条件无关;当代反实在论认为,不存在独立于人们认识活动的实在性对象,也不存在和认识活动无关的真值条件,关于所讨论对象的命题的意义与人们提供的证明条件有关,一个命题是真的当且仅当我们能提供或识别关于它的证明。举例来说,一个尚未被证明的数学命题,在实在论者看来也是具有确定的真值的,人们的证明活动并不能改变其真值;而反实在论者则认为,在它还没有被证明之前,它并没有确定的真假。达米特指出:"这个争论关注适合于争论集语句的真之概念;这就意味着它是一个有关这些陈述所具有的意义的类型的争论。"①。

达米特通过一系列论述,消解了实在论与反实在论争论中关于对象实在性的声明,而把解决问题的切入点放在了关于对象的命题的意义中。正是通过关注命题的意义,他质疑实在论对于命题意义的解读,并由此构造了两个反实在论论证,其中第一个论证可以概括为这一问题:既然实在论宣称命题的意义是由真值条件决定的,与人们的认识活动无关,那么人们是怎样习得这样命题的意义的呢?

---

① Dummett, M., "Realism", in *Truth and Other Enigmas*, Cambridge, Mass.: Harvard University Press, 1978, p.146.

可以看出,这个论证的实质是通过对人们获得实在论下命题意义的方式的质疑来反对实在论关于命题意义的理解,因此这一论证又被称作"获得论证"。获得论证认为,实在论如果坚持对命题意义采用真值条件解释,那就必须说明这样的真值条件是如何为使用者所把握的。如果真值条件如实在论者所说,超越人们的认识而独立存在,那么人们在使用语言时,如何把它与语言的意义联系起来?

对于实在论者来说,这是一个十分尖锐的问题,它涉及语言使用与语言意义之间的关系问题,而通过实在论角度的语义解释,我们不能看到这种关系。反实在论者则不会被获得论证所约束,在他们看来,语言的意义本身就是由人们对语言的使用决定的,因此没有脱离认识活动的语言意义,我们获得对语言意义的理解,就是因为语言的意义是由我们的使用确定的。

通过获得论证,达米特批判了实在论的语义立场,支持了反实在论的语义主张,形成了解决实在论与反实在论之争的第一个有力论证。

(二)显示论证

达米特的第二个反实在论论证,叫作"显示论证",这一论证的基本内容是:如果真的如实在论的观点支持的那样,语言使用者对命题意义的理解包含着超越其认识能力的东西,那么这种内容是如何在语言使用中显示出来的?

显示论证对于实在论造成了很大影响,它直接对实在论的语义观点提出了挑战。按照实在论者的观点,语言意义由真值条件决定,而真值条件是客观的,独立于人们的认知。这就意味着,人们对语言意义的理解活动包含着对独立于其认知内容的理解,或者说在使用语言时人们需要运用超出其认知能力的知识。显示论证的实质就是针对这一点发问:既然语言使用者在语言实践中运用了超越自身认知能力的东西,那么这样的东西如何在他的语言实践中显示出来呢? 实在论者的困境在于,在语言意义中预设独立的真值条件,就等于割裂了语言意义和人的认知活动的联系,因而无法解释这种独立性的东西是如何在人们的语言实践中发挥作用的,无法回答显示论证的质疑。反实在论者则不会面临这种情况,按照他们的观点,语言意义中根本不包含超越使用者认知能力的内容,客观而独立的真值条件是不存在的。恰恰相反,语言意义本身就是由人们的使用决定的,是人们对语句的证实赋予其意义,因此使用者对其认知的显示方式自然就包含在对语言的使用中,而且其全部对语言意义的认知都在里面。

通过显示论证,达米特批判了实在论关于语言意义的解释,否认关于真值条件的说明,肯定了反实在论的语义解释,并由此明确了反实在论立场。

通过以上两个论证可以看出,达米特构建反实在论论证的主要方式,是将论证内容限定在意义理论的层面上,然后针对实在论者的语义立场提出质疑,指出使用真值条件的语义说明方式所导致的在语言学习和语言使用中的问题,从而否定实在论的立场。反实在论论证表明,语言实践或者人对语言的使用与语言的意义是密切相关的,没有证据显示语言中包含超越人的认知能力的超验性内容。在这个认知的基础上,我们可以构建出恰当的意义理论。达米特的这一成果,可以看作是对来自弗雷格与维特根斯坦的意义理论的发展,是当代语言哲学的重要内容。

总之,达米特以反实在论论证的建立为线索,具体讨论了以数的本体论问题为代表的实在论问题,说明了实在论与反实在论的分歧所在,进一步明确整个形而上学问题分歧的根源,表明了意义理论对于解决形而上学问题的基础性作用;试图消除一个个具体的形而上学问题,从意义理论角度对其进行重新划归,建立解决形而上学问题的统一范式;讨论了传统的逻辑语义理论与二值性的关系,说明了意义理论与逻辑学和形而上学之间的关系问题;评价了传统语义理论,利用反实在论论证指出其中存在的问题,并明确我们应该建立一个怎样的意义理论。在整个研究过程中,意义理论始终是达米特的基本工具,关注并应用意义理论成为达米特哲学研究的典型特征。这些杰出的工作为形而上学研究提供了全新的问题维度和方法论,因此得到了国际学界的高度赞扬。

第二节　戴维森意义理论对当代
形而上学的影响

戴维森的意义理论受其绝对真之理论的影响巨大,与此类似的是,其形而上学思想也受到了绝对真之理论的影响。戴维森认为,真之理论就是意义理论。戴维森对语言的基本结构的研究基于对真的研究,这是因为真在语言中占有绝对的地位。戴维森的形而上学思想是其绝对真之理论的重要组成部分。因为语言哲学的基础,即令所有语言的一般结构得到建立的基础是真之理论。语言哲学所推崇的一种重要的形而上学方法正是基于语言对于存在的研究。基于此,戴维森将当代形而上学的重要问题的研究转化为对真的认识和研究。戴维森说:"我们研究语言的最一般的方面也就是在研究实在的最一般的方面。"①"研究形而上学的一种方式便是研究我们语言的一般结构。"②戴维森把这种研究方法称之为"形而上学的'真之方法'"("the method of truth"in metaphysics)③。

基于真的重要地位,戴维森认为真不能被其他的语义概念定义,人们可以通过分析真在意义问题以及形而上学当中的作用来探究真,并且这是认识真的唯一方式。在使用这种方式认识真的过程中,就会建立对意义和形而上学问题的看法,从而形成意义理论和一系列形而上学观点,这都体现了真在语言哲学中所占有的基始性地位。戴维森强调,其主要工作是提出了自然语言的语义学纲领和一种形而上学的方法,并基于此确立了绝对真概念在全部语言

---

①　戴维森:《对真理与解释的探究》,牟博、江怡译,中国人民大学出版社 2007 年版,第241 页。

②　戴维森:《对真理与解释的探究》,牟博、江怡译,中国人民大学出版社 2007 年版,第238 页。

③　Davidson, D., "The Method of Truth in Metaphysics", in *Inquiries into Truth and Interpretation*, Second edition, Oxford: Clarendon Press, 2001, p.213.

哲学中的核心地位,为形而上学问题的探讨建立了理论前提、理论基础和研究方法。

一、形而上学的真之方法

戴维森形而上学的真之方法是他关于真的根本观点和看法在形而上学领域的集中体现。他认为,真概念在形而上学中具有核心地位和建构作用,以此提出绝对真概念,并在此基础上建立了研究形而上学问题的纲领和方法。戴维森对真的探讨从形式语言扩展到了自然语言,这是其真概念和意义理论与塔尔斯基的主要区别。在他看来,澄清真概念在自然语言当中的作用,是其真之理论对语言哲学基本问题的处理思路和研究方法。现代哲学的语言转向表明,语言问题,尤其是从形式语言到自然语言所产生的一系列基本问题,是当代形而上学的核心问题。戴维森认为,对此类问题的解决可为解决包括传统形而上学问题在内的一系列理论问题提供出路。

(一)形而上学的真之方法的界定

戴维森指出,形而上学的真之方法是基于塔尔斯基关于形式语言的工作转向对自然语言的研究。这主要基于三点认识:其一,认识实在的基本方式是对真以及语言的一般性问题进行研究;其二,自然语言与形式语言的关系决定了它们作为形而上学研究对象的意义;其三,塔尔斯基对形式语言以及真概念的研究为"形而上学的真之方法"奠定了基础和条件。

首先,认识实在的基本方式是对真以及语言的一般性问题进行研究,语言与实在的关系决定了形而上学的真之方法的理论方向。戴维森认为,真假的断定基于语词,语词与世界有着详尽的、有趣的、约定性的联系。也就是说,对语言、世界与真的研究通常是整体的、不可分的,关于三者的理论一定是相互结合并互为解释的。

戴维森认为,形式语言与自然语言联系紧密,形式语言澄清和解释自然语言,或者对自然语言进行修正和改善。要想实现对语言最一般方面的研究,必须从形式语言的研究走向自然语言的研究。在此过程中,揭示语言的一般结构是语言哲学的基本工作。

真概念的性质的界定以及真在语言中关键性作用的阐释,对于理解自然语言研究之于形而上学研究的方法论意义具有重要价值。"一种真之理论所能做的就是为自然语言揭示结构。"①对于真的阐释需要借助它与语言和世界的依存关系,人们认识真的重要方式或唯一方式,就是阐释真在语言中的关键性作用。阐释这种作用的同时,也可以界定真概念的某些性质,但真概念本身并不能得到定义。与此同时,利用戴维森提出的绝对真概念可以澄清命题的表达与存在的关系问题,这也正是他所提到的对语言的一般结构进行研究。戴维森认为,自然语言是联结语言、世界与真的唯一纽带,真之理论、意义理论以及形而上学最具一般性的研究方式,就是对自然语言进行解释。即使是通过严谨的形式语言的方式来完善自然语言,也可以理解为自然语言本身的自我解释。因此,自然语言正是所有问题的出发点,也是所有问题解决和澄清的目的和归宿。

其次,自然语言与形式语言的关系决定了它们作为形而上学研究对象的意义。自然语言与形式语言的关系是什么,其在语言哲学研究中的作用又是什么,这是需要回答的问题。

戴维森指出,在奎因看来,自然语言当中包含严谨规范的成分,而其被人工语言恰当地反映出来。戴维森提到的人工语言就是指一阶语言,他在谈论形而上学问题时对理想化的形式语言(一阶语言)进行了评论。在戴维森看来,一阶语言的建立为语言哲学家认识语言的一般结构提供了有效的工具,基于一阶语言所构建的现代逻辑,是语言哲学研究的重要方法,利用这一方法可以更加深刻地刻画语言的一般结构。戴维森在其著述中经常使用一阶逻辑的

---

① Davidson, D., "The Method of Truth in Metaphysics", in *Inquiries into Truth and Interpretation*, Second edition, Oxford: Clarendon Press, 2001, p.205.

方法,他特别强调一阶语言为人类的哲学活动带来的重大影响,这种影响主要体现于哲学的发展进入了语言哲学这一新的阶段。

自现代逻辑创立以来,大多数语言哲学家使用一阶语言这一工具对自然语言的基本问题进行研究。以奎因为代表的哲学家推崇形式语言,他们利用形式语言去刻画并解释自然语言中严谨、科学的部分。而自然语言中其他部分被区分开来,这部分自然语言被许多哲学家认为是含混的、初级的,是无法利用形式语言解释的,应该基于人工语言的标准形式对之加以完善和修正。因为现代逻辑方法对语言的使用提出了新的标准,在这种标准下,形式语言是严谨的、完善的,而被区分开来的那部分自然语言不符合这种标准,因此就不能被形式语言所规范。

是否需要对自然语言进行改进,从而使其符合新的标准或者能被形式语言所规范呢?就这一问题,戴维森说:"我并不对改进自然语言感兴趣,而对理解自然语言感兴趣,因此,我把形式语言和规范的符号表示看做是探究自然语言结构的手段。"①与推崇形式语言的哲学家不同,戴维森认为,当下的形式语言并不是完美的人工语言。但是,随着研究的深入,形式语言会逐步发展和完善,从而能够对更广泛的自然语言进行解释,而不再仅仅局限于之前的所谓的自然语言中严谨的、科学的部分。戴维森的这种观点体现了对自然语言主体性的认识,特别是对区别开来的那部分所谓的含混的、初级的自然语言的重视。戴维森认为,使用现代逻辑方法去研究自然语言的过程是解释自然语言的过程,而不是改造自然语言的过程。语言具有一般的结构,这些结构是一般的、普遍的,不管是自然语言还是人工语言,都必然地具有这些语言结构。因此,对于区分开来的那部分自然语言,其本身也是按照语言的一般结构所构建。只要语言的一般结构被逐步认识,并且显现于语言意义和真的明确关系当中,那么自然语言整体就将得到认识。

---

① 戴维森:《对真理与解释的探究》,牟博、江怡译,中国人民大学出版社 2007 年版,第243 页。

基于这一认识,戴维森指出,如果自然语言能够得到形式语言的解释和刻画,那么就可以通过形式语言建立一种自然语言的真之理论。他说:"标准的形式语言便是协助我们把自然语言作为更复杂的形式语言来处理的中介手段。"①戴维森认为,自然语言是全部人类的语言,它具备全部语言一般结构的理论特性。而对于自然语言当中那些被区分开来、形式语言暂时不能彻底解释和刻画的部分,它们只是形式语言或者语言哲学理论尚未澄清的对象。至此,自然语言自身的问题则被转化为形式语言及其发展完善的问题。形式语言应该通过不断完善自身以便逐渐完成解释自然语言这一任务。

最后,塔尔斯基关于形式语言中的语义性真定义的研究,为形而上学的真之方法奠定了基础。要想构建一种形而上学的方法,这种真之理论必须表明真概念与信念概念和意义概念之间的本质联系。

戴维森认为,塔尔斯基对形式语言进行的研究,只是定义了不同的形式语言中的不同的真谓词,并没有说明不同的真谓词所共有的东西是什么,即它们共同的本质,而这对于阐述真概念是不可或缺的。戴维森说:"真概念与信念概念和意义概念之间具有本质联系,但塔尔斯基的工作没有触及这些联系。"②在他看来,塔尔斯基的工作具有一种理论潜质,即在此基础上,可以揭示真与信念和意义之间的本质联系,以及不同的真谓词所共有的本质。尽管塔尔斯基并没有将这些内容作为一种自然语言的真之理论进行阐释,却为戴维森揭示自然语言的真值条件意义理论奠定了基础。

戴维森将塔尔斯基的真之理论用以解释自然语言,从而研究实在问题,这一研究方式借助语言的一般结构来认识实在的特征,即其所说的真谓词共有的东西以及真概念与信念概念和意义概念的本质联系。戴维森说:"我们在

---

①　戴维森:《对真理与解释的探究》,牟博、江怡译,中国人民大学出版社 2007 年版,第243—244 页。

②　戴维森:《真理、意义与方法——戴维森哲学文选》,牟博选编,商务印书馆 2008 年版,第78 页。

显示我们的语言的大部分特征时,也就显示了实在的大部分特征。"①语言特征揭示了实在的特征,因此当代形而上学的一种重要方法即是揭示语言的结构。只有真之理论阐明真概念与信念和意义的本质联系,才能使自然语言在整体上和自身结构上获得更清晰的认识。这也表明戴维森真之理论对其意义理论的纲领性影响。因此,通过阐释塔尔斯基式的真之理论在自然语言研究中的作用,戴维森发展了自己的形而上学理论。

戴维森批判继承了塔尔斯基的真之理论,从对形式语言的研究转向对自然语言的研究,从而建立了自己的真之理论。他在探讨形而上学问题时,曾评价塔尔斯基的真之理论:"这种真之理论并非明确地仅适用于人工语言。"②由此可以看出,戴维森真之理论的建立离不开塔尔斯基的真之理论,他借用塔尔斯基在形式语言中表征真的方式去研究自然语言,从而完成从形式语言研究到自然语言研究的过渡。戴维森真之理论主要涉及以下研究内容:从塔尔斯基的真定义到戴维森真概念的不可定义性和前分析性;将塔尔斯基形式语言的 T 约定应用于自然语言,以真概念为基础构建一种自然语言的意义理论;把意义理论的研究成果应用于自然语言一般结构的认识,以真概念为基础建立一种形而上学的认识;揭示真概念对语言一般结构说明过程中具有的决定性影响,以及真概念在自然语言的意义理论中所发挥的关键作用。

总之,真概念在解释自然语言的一般结构中发挥重要的作用,而揭示自然语言的一般结构,就可以认识实在的一般结构,因此戴维森所提出的形而上学的真之方法就具有重要的理论意义。

---

① 戴维森:《对真理与解释的探究》,牟博、江怡译,中国人民大学出版社 2007 年版,第238 页。

② 戴维森:《对真理与解释的探究》,牟博、江怡译,中国人民大学出版社 2007 年版,第244—245 页,译文有改动。

（二）形而上学的真之方法对语言结构的说明

戴维森认为，形式语言语义学研究的目的正是使用语言分析方法达到对自然语言的认识。塔尔斯基的工作是研究自然语言一般结构的前提，关于自然语言的真之理论的建立离不开塔尔斯基的工作。塔尔斯基的语义性真定义使得人们可以不借助外在的语义概念来表征对象语言的真概念，这种表征真概念的方式为戴维森真之理论中对自然语言真概念的表征奠定了基础，从而使戴维森完成了从形式语言到自然语言研究的过渡，同时也为探讨自然语言的结构提供了前提。

根据塔尔斯基的理论，真谓词一般具有"X 在 L 中为真当且仅当……"的形式，并且能够为 L 中的每一个语句表征真概念。其中，L 表示任意的一种对象语言，X 能够由 L 中任何一个语句的名称或结构描述所替换，省略的部分则是这个语句自身或是其在元语言中的翻译。塔尔斯基以递归的方式在元语言层面为对象语言的真进行了定义，即对真概念外延进行界定，这种定义无须借助其他的语义概念。这些工作为戴维森实现对自然语言的真概念提供说明奠定了基础。

戴维森认为，形式语言中对真的定义必须借助其他的语义概念。基于自然语言的复杂性，这项工作更是难以完成。戴维森若想将塔尔斯基关于形式语言语义学的研究过渡到自然语言的研究中，创立自然语言的真之理论，就必然涉及一种意义理论和一种形而上学方法，而这将面临两方面的问题和困难。

一方面，与形式语言相比较而言，自然语言表现出更多的含混性，其结构更加复杂。塔尔斯基的一个主要工作是对语言进行分层研究，把语言分为对象语言和元语言。这样一来，语言的结构变得相对清晰，这使得对象语言中语句的真谓词的定义成为可能。也就是说，在形式语言中对真进行定义的前提，是假定对象语言在元语言中的翻译是清楚和明确的。塔尔斯基通过对语法的规定使得这种翻译在人工语言中得以实现，而这在自然语言中是难以实现的。

一般认为,在"X 在 L 中是真的当且仅当……"中省略的部分可以由对象语言 L 中 X 所描述的那个句子本身所替代(在元语言包含对象语言的情况下)。根据塔尔斯基的观点,这部分内容是 X 所描述的那个句子在元语言当中的翻译。在这种情况下,对象语言中的这个语句恰恰直接可以作为这样的翻译。虽是相同的语句,但其在语言中的作用已发生变化,用来替换的这个语句与对象语言当中的原初语句是不同的。它是作为一种元语言中的语句出现,这只是借用了对象语言 L 中的语句。或者说,这里的元语言包含了对象语言,因此可以这样使用。

另一方面,塔尔斯基的主要工作与成果都是关于形式语言的,不能直接将其应用于自然语言的研究。对此,戴维森指出,当面对自然语言时,"数学家和逻辑学家所关切的塔尔斯基真定义的大部分应用也就随之丧失了"①。也就是说,塔尔斯基的真之理论是在形式语言的系统内构建的,其理论前提以及想要解决的问题也与形式语言相关。而自然语言与形式语言有着巨大的差异,因此塔尔斯基的研究成果不能直接应用到对自然语言一般结构的认识中去。

是否塔尔斯基的工作及其成果仅适用于形式语言的研究呢? 戴维森在谈到塔尔斯基的真之理论所涉及的形而上学问题时明确指出,真之理论并非局限于人工语言范畴。究其原因主要在于,戴维森正是基于塔尔斯基的工作,才将 T 约定之于语言哲学的深层意义挖掘出来,这主要表现在真之理论与自然语言语义学的关系上。戴维森将"是真的"看作是绝对真之理论的一个初始表达式。

戴维森认为,真概念是语言的一般结构的基础,是唯一的前分析的初始概念。真概念在整体上是不能被定义的,但是,真的特性可以在经过限定之后通过其在语言中的具体作用得以呈现。人们只能在真的作用和特性的层面建立

---

① 戴维森:《对真理与解释的探究》,牟博、江怡译,中国人民大学出版社 2007 年版,第 245 页,译文有改动。

起对真的认识,并接受 T 约定或绝对真的规范。经过具体的限定,这种真之理论已经不再追求从整体上对真进行定义,而更加注重对真进行解释,并且这种解释是在真概念内部完成的。这种相对于一种解释、一个模型、一个可能世界或一个论域的真之理论,在绝对真之理论的规范之下揭示了真的某些特性或真在具体语言问题当中所发挥的作用,与此同时,自然语言的一般结构得到揭示。在戴维森看来,这正是进行语言哲学研究的基本方法,其真值条件意义理论基于此种方法得以建立。

由此可见,塔尔斯基的语义性真定义可以作为研究自然语言一般结构的工具和方法,这主要基于戴维森对绝对真概念的认识。因此,以 T 约定为基本模式的形而上学的真之方法,需要以一种绝对真之理论为纲领。

二、形而上学的真之方法的论证

戴维森对形而上学的真之方法进行了论证,以此论证真之理论在当代形而上学研究中发挥的重要作用。与此同时,他还从哲学发展史的角度对形而上学的真之方法进行了考察,认为这种方法是对哲学史中语言研究传统的继承和发展。

(一)形而上学的真之方法的合理性

戴维森认为,我们对于形而上学的真之方法的肯定和认同主要基于"关于世界的共同看法"的真假情况。他指出:"成功的交流证明存在一种关于世界的共同看法,它在很大程度上是真的。"①也就是说,人们关于世界的共同看法大多数是真的,它们是人们进行交流和沟通的基础。随着社会的进步,人们的认知能力不断提升,与之相应的是很多看法在人们的认知活动中被颠覆,但这些被颠覆的看法并不是共同看法中的主要部分。在戴维森看来,即使是被

---

① 戴维森:《对真理与解释的探究》,牟博、江怡译,中国人民大学出版社 2007 年版,第241 页。

人们误信了的假的看法,也是基于大量为真的看法才得到进一步认识从而最终被否定。

戴维森对共同看法是人们进行交流的基础这一观点进行了详细的论证。戴维森说:"共同的看法造就共有的语言。"①人们之间进行交流和理解的基础是一些共同的一致的看法。意义理论的核心是真概念,在真的指引下才能形成完整的意义理论。语句的意义是其为真的条件,语句中语词的意义的确定离不开语句的真。人们若想对同一语词或语句获得相同或相似的认识,就必须对其真值条件有相同或相似的理解。语句所处的整体语境是语句成真的条件,而整体语境中的共同信念才是确定语句真值条件的核心要素。由此可见,人们进行交流的前提是共同的认识或理解,而共同认识或理解的前提是共同的信念。戴维森指出,对于世界的共同看法是交流的基础,这就是共同信念,它为一种共有语言的一般性解释提供根据。

一种语言的"共同看法"涵盖很多内容,只要其能够为语句进行解释,为语句的真值条件提供说明即可。例如,"今天天气多云"这一信念对于阴天及其相关语句的解释作用。戴维森强调,互相理解决定了很大程度上共同的信念背景,这是应该在整体语境论中得到解释的。也就是说,交流的基础是"能够理解彼此的言语的人必须共有一种世界观"②,不论这种世界观是否正确。人们之间不一致或者不正确的世界观也可以作为交流的基础,当我们与观点对立者进行争辩时恰恰说明这一点。这是因为,人们即使因为世界观的不同有了信念上的区别,但是,人们绝大多数的作为交流基础的信念和看法还是一致的,人们正是凭借着这些一致的看法进行交流。人们互相争辩的目的是想要把大量共同认识之外的这种差别性认识驱除,以达到具有一致的共同信念

---

① 戴维森:《对真理与解释的探究》,牟博、江怡译,中国人民大学出版社 2007 年版,第241 页。

② 戴维森:《对真理与解释的探究》,牟博、江怡译,中国人民大学出版社 2007 年版,第239 页。

的状态。人们发现彼此认识上的差别,理解这些差别,以至于消除这些差别,依据的正是更多的大量存在的、具有一致性的、能够为交流的语言提供解释和建立语言共同涵义的共同信念。戴维森说:"我们确实能够了解我们与他人之间的差别,但是只有在共有信念的背景下才能了解这些差别。"①

一种语言当中的约定是该语言使用者共同的信念,它们参与构成具体语句真值条件的解释。例如,在汉语中使用"月亮"这个专名指称月亮,而在英语中则使用"Moon"这个由四个字母构成的专名指称月亮。这些约定在与月亮有关的交流中会发挥作用。再例如,我们在使用汉语时会规定一些具体的构词法和句法,汉语中的这些规定是有别于英语等其他语言的。这些语法规则只能算是一种约定,而不能称其为戴维森所谓的语言的一般结构。但是,这些类似的约定发挥着共同信念的作用,即参与具体语句的真值条件的解释,是人们使用语言进行交流沟通的基础和根据。

戴维森认为,数学规律和逻辑规律在人们的公共信念体系中发挥着特殊而重要的作用。以逻辑规律为例,虽然对逻辑规律的精确表述是一个发现的过程,依赖于逻辑学的发展;但是,这并不妨碍逻辑规律以代入特例的方式存在于人们的公共信念之中,并且被人们坚信是正确的东西,这是因为逻辑规律是先验为真的。这种先验为真的信念属于上述共同信念的范畴,并在人们的交流和沟通中发挥着基础性作用。一个可靠的逻辑系统包含了无穷多的定理,从某种意义上来说,如果将逻辑规律看作是定理,那么它的代入特例(真语句)也将是无穷多的。戴维森认为,作为我们交流和沟通基础的共同信念(共同看法)大多数是真的,是基于无穷多的真语句的存在。由逻辑规律推演出的无穷多的真语句成为了人们交流和沟通的基础。与一种语言当中的约定不同,这种共同信念既可以作为一种语言中交流和理解的基础,同时还可以成为不同种类语言之间进行翻译的基础。前一种约定是在一种语言内部,是附

---

① 戴维森:《对真理与解释的探究》,牟博、江怡译,中国人民大学出版社 2007 年版,第239 页。

加的;而后者是在语言之间,是语言之间进行翻译和解释的基础,是普遍的,是戴维森所指的语言的一般结构,是人们共有的一致性信念。

戴维森指出:"需要大量的共同信念来为交流或理解提供一个基础。"①共同信念正是我们交流、理解赖以依托的基础。存在很多先验为真的信念以及未能证明真假的信念作为共同信念来充当理解的基础,这表明了人们在交流的过程中对于共同信念的依赖。在共同信念中,一些尚未得到澄清、不知真假的信念并没有失去其作为交流基础的作用。换言之,没有共同的信念基础,人们就不可能实现交流。因此,交流的实现就证实了这样的共同信念的存在。

戴维森说:"客观的错误只能出现在一种很大程度上为真的信念的背景之中。"②某一错误的信念,只有在更多的真信念的背景之中,才有可能被理解以及被证明是错误的。一个信念之所以错误,必须要借助更多的真语句对这一点进行解释和证明。换言之,一个错误的信念的存在总是需要更多真信念的存在去证明。在共同信念的范围内,大多数信念是真信念。大量相互依据的真信念通常被视为某个信念为假的依据。通常意义上,它们在公共信念当中,是某个信念最终被断定为真或者被断定为假的评价标准。如果一个信念被证明是假的,并且被置于大量的错误信念中,那么,这个假信念为假的论证和说明就没有办法得到确立。因此信念有可能被证实为假,必然需要依赖更多的真信念作为基础,即需要更多的真语句或真信念为此进行论证和说明。由此可以得出,如果作为人们交流基础的共同信念之中存在着一定数量的假信念,那么总会存在更多的真信念,且真信念的数量总是多于假信念的数量。

在对上述观点进行详细论证时,戴维森假设存在一个"全知解释者"。全知解释者无所不知,他在知晓所有人的信念的同时,能够区分哪些信念属于哪

---

① 戴维森:《对真理与解释的探究》,牟博、江怡译,中国人民大学出版社 2007 年版,第 240 页。

② 戴维森:《对真理与解释的探究》,牟博、江怡译,中国人民大学出版社 2007 年版,第 240 页。

些个体。人们都是根据自身的信念对具体的语句进行解释,全知解释者在对共同语言进行解释时也会依赖于自身的信念,其自身信念与使得一种共同语言成为可能的公共信念大部分重合。因为全知解释者是无所不知的,假定他知晓关于真理和真概念的一切,那么他的信念都是真信念。公共信念又大部分与全知者的信念重合,所以,公共信念的大部分就是真的。只有这样,这位全知者才能够理解和解释他人语言的意义。

至此,戴维森为"共同信念的大多数是真信念"这一核心观点构造了论证,同时说明大量存在的先验真的知识是共同信念的重要组成部分,正是因为它们的存在才使得全知解释者同我们之间的沟通成为可能。

戴维森对于共同信念的论述体现了其整体论思想。戴维森说:"当我们想要进行解释时,我们是依靠于某种关于意见一致的一般范型的假设来工作的。"①这种关于信念的一般范型,正是把这种要对其进行解释的语言置于共同信念的语言整体当中,这样的语言才能够被解释和认识,达到交流的目的。这种一般范型,属于戴维森所说的语言一般结构的内容。

戴维森通过论证共同信念之中大多数信念是真的这一重要观点,表明了哲学史上语言哲学传统的研究方式的价值和意义。因为从语言哲学的视角来看,哲学活动正是凭借语言整体中的真信念去区别假信念。语言哲学的传统体现了形而上学的方法,虽然戴维森说这不是唯一进行形而上学研究的方法,但是这种以真为方向指引人们进行研究的传统,在西方哲学史上的地位十分重要。

对共同信念之中真假信念的区分,尤其是区分出占少数部分的假信念并不是容易的工作。经过人们不懈的努力,我们已经发现有一些信念是先验真信念,例如数学规律和逻辑规律等,在这些先验真信念的作用下,结合人们关于经验的知识,形成了较为完善和全面的知识体系。而我们所获得的这些知

---

① 戴维森:《对真理与解释的探究》,牟博、江怡译,中国人民大学出版社 2007 年版,第240 页。

识,是基于共同信念,借助语言分析这一手段对真假信念进行区分所得到的。作为整个认知的过程,人们对于隶属于真这个概念的具体对象(大量经验的、先验的真理)的认识日益深入。在戴维森看来,人们探寻真理的这一过程,正是真概念的自我建立、自我完善、自我澄清的过程。

(二)形而上学的真之方法在哲学发展史中的作用

戴维森认为,对语言一般结构的揭示是形而上学的重要任务,哲学史上语言哲学转向前后与语言分析传统相关的基本研究方法都可称为真之方法。真之方法在整个哲学发展历史中发挥着重要的作用,在一定程度上它指引着哲学发展的方向。真之方法虽不是人们进行哲学研究的唯一方法,却是一种影响十分广泛的哲学研究方法。这种方法及其相关方法在西方哲学的发展过程中十分常见。在一定意义上来说,人类哲学活动的发展和完善是在这种方法的指引之下完成的,而这一过程也是真概念被认识的过程。哲学史上很多著名的哲学家所处时代不同,但都运用这种类似的方法去进行哲学研究,并且取得了重要的成就。

戴维森认为,真之理论是揭示自然语言一般结构从而进行深入研究的基础。真之理论应对真在语言的一般结构中的作用进行充分的说明。利用真之理论对哲学中的语言分析传统进行研究,这是戴维森的主要工作。他认为,对语言和真进行研究,始终贯穿于西方哲学的发展之中。这主要体现在以下三个方面。

第一,哲学史上一系列形而上学研究的基础都是基于对语言和真进行探索。在哲学史的发展过程中,许多哲学家对语言的一般结构及相关问题进行过探索。19世纪末20世纪初,语言哲学研究的兴起使得这种通过语言分析而研究哲学问题的方式进一步发展,哲学研究中开始明确出现对语言一般结构的研究。戴维森认为,这表明哲学研究的语言转向开始出现。戴维森要完成的工作,就是对真以及真在语言分析中的作用进行研究。戴维森指出,在哲学研究的进程中,特别是语言转向之前,人们只是对于真的追求和信奉,由于缺少必要的工具,并没有对真进行现代语言哲学意义上的澄清。

戴维森认为,虽然以往哲学家对真的认识没有现在这样精细和深入,但他们所做的工作依然在哲学史中产生了重要的影响。没有现代语言分析的基本工具和方法,并不妨碍以往哲学家对真的追求。他们借助一些基本的逻辑规律,通过对语句进行分析,完成对概念的澄清和认识。这些哲学活动在本质上都在对自然语言进行分析,由此产生的一些重要的思想和结论成为现代语言分析方法建立的基础。直到弗雷格和维特根斯坦的时代,以往哲学家的认识和成果已经相当丰富,少数哲学家开始关注这种语言分析方法本身,由此产生了哲学研究的语言转向,带给我们的是关于世界全新的认识。

第二,哲学思想的诞生和演变离不开语言。语言的基本规律既是人们思考活动的准则,又是人们认识的目的。

以往哲学家所进行的语言分析的工作是语言哲学发展的基础。以柏拉图、亚里士多德、弗雷格、维特根斯坦、奎因等为代表的哲学家,进行哲学研究都是在先验哲学传统的框架下进行的,他们对语言进行分析,坚持探求"是真的规律"。自亚里士多创立逻辑学以来,在现代逻辑产生之前,哲学史上充满了各种理论,哲学家对于形而上学问题进行探索,不断揭示真在语言的一般结构中的作用。换言之,在自然语言中研究关于真的知识和规律,就是探求真的具体性质。哲学家们以此为方向进行讨论,在这样的探讨当中,不断加深对语言的认识并逐渐获得对真总体上的认识。

以弗雷格在《思想:一种逻辑研究》一文中对句子的思想进行的分析为例,达米特认为,弗雷格从心灵驱逐思想,强调思想的客观性,是反对逻辑心理主义的表现。而这正是弗雷格强调的逻辑规律客观性的基础。对此,他通过对基本概念的区分和澄清来对此进行论证,如严格区分了表象和语言所表达的思想等。弗雷格的工作在哲学研究的语言转向过程中具有重大影响。弗雷格意义理论所强调的语言本身的结构(包括逻辑规律)属于先验知识的范畴。

他强调了它作为一种先验知识的客观性和基础性。

第三,对语言和真进行分析的哲学传统本质上是真概念不断澄清的过程。

自亚里士多德创立逻辑学,人们开始认识逻辑规律,随着逻辑学及相关理论的不断发展,人们开始研究逻辑规律,得到有关语言的一般结构的认识。这一过程贯穿哲学发展的历史,这一过程也是对语言不断深入研究的过程。不论是古希腊时期对真理的探讨、对逻各斯的追求,还是中世纪唯名与唯实的争论,抑或16—18世纪哲学研究认识论的转向、休谟对归纳的彻底批判,以及古典哲学时期康德的重要思想,都是沿着真所指引的方向做出的努力。

由此可见,在哲学史中始终存在着对语言和真进行研究的传统。这一传统的揭示对于戴维森的工作而言具有重要意义,真之理论应该对这种哲学传统进行解释。此时需要回答的问题是,人类思想史沿着一条求真的传统进行发展的原因是什么。或者,若承认哲学按照这样的语言分析的传统发展是一种必然的话,那么其依据是什么。戴维森关于真概念的阐述对这些问题进行了回答。

首先,真概念是基始的,它是其他语义概念的基础。真概念在自然语言中具有重要作用,它是前分析概念,是自然语言一般结构的核心,是对自然语言一般结构的建构和解释的基础。哲学史的发展过程体现了真概念的这一作用。语言是哲学活动的载体,人们不能脱离语言进行哲学思考。

其次,真概念在思想的产生和形成过程中发挥着核心作用。自哲学产生以来,真就为其指引研究的方向。整个西方哲学存在着通过语言分析求真的传统。戴维森认为,这样的传统广泛地存在于整个哲学的发展史中,真为这样的传统引导方向。在不同的时代,人们出于求真的渴望提出新的思想,发现新的规律,实现对实在世界的认识。对真的追求使得人类的哲学理论更加接近于真理,不同甚至对立的思想都需要统一接受真的审判。真是衡量、判断一个思想是否具有存在价值的标准。同样,思想的发展也是朝着真的方向,遵循着"是真"的规律。这些过程本身都是戴维森所强调的真概念的建立过程,也是人们逐渐认识真的过程。戴维森所指的这种哲学传统的发展史,正是对真概念认识和建构的历史。

最后,真概念在思想的存在和思想的认识过程中发挥着核心作用。戴维森认为,语言的意义在于其为真的条件,我们对思想的把握其实是对承载着该思想的语句的真值条件的把握。思想脱离不开语言的一般结构,也脱离不开真概念。真概念是语言一般结构的核心。在哲学发展过程中,各种思想层出不穷,对于这些思想的把握和认识离不开真概念。人们在真的指引下,去把握和理解思想。

三、形而上学的真之方法的应用

在真之理论的基础上,戴维森阐释了形而上学的真之方法对于当代形而上学的重要影响。在他看来,他所提倡的形而上学的真之方法会给当代形而上学中的许多问题提供一种新的研究思路。戴维森沿着一条清晰的、贯穿整体的论证思路,以他的绝对真概念作为理论研究的出发点,站在整体论的视角之下对形而上学问题进行分析。

(一)对语义概念的消除

戴维森认为,句子与构成它的语词具有一定的关系,这种关系的建立基于真概念在意义理论中的重要作用。借助于具有一般性结构的语句的分析,戴维森考察了这种关系是如何在真概念的基础上建立起来的。他认为,一般性结构指的是一种句子结构,它仅由一个单称词项和一个一位谓词组成。比如"苏格拉底是聪明的",这是一个具有一般性结构的语句。戴维森通过对具有这样的简单结构的句子的分析,来考察句子自身的结构。戴维森考察的一个重要问题是,语言哲学普遍重视的语义概念具有什么作用,这些语义概念对句子结构和内容产生了什么样的影响。

戴维森认为,对句子的传统的分析方法不能令人满意,即仅通过专名、概念词这样的语义概念的作用所进行的语言分析无法实现目的。戴维森提出了修改意见。他认为:"应通过仅仅使用一个语句的概念手段来给出这个语句的真值条件。"①这是一个绝对真之理论的基本要求。但这种要求并不适用于每一种场合,甚至是在能够得到满足的场合下,这一要求都不是完全清楚的。戴维森指出,出现这种问题的原因在于,人们常常盲目地使用语义概念,而并不对它的根据进行说明。

在戴维森看来,一个语句的意义是它的真值条件。语句的真值条件的确定是对语句本身进行精确分析的前提和基础。由此来看,句子的结构和它所表达的内容之间具有的关系被揭示出来。戴维森以句子"苏格拉底是聪明的"为例展开分析。以往有的理论会将句子的真值条件看作是:由专名"苏格拉底"所命名的对象属于由谓词"是聪明的"所确定的类。戴维森认为,这种真值条件的分析方式是不恰当的。它会导致一种并非恰当的 T-语句的产生,即:"'苏格拉底是聪明的'是真的,当且仅当由'苏格拉底'命名的对象属于由'是聪明的'所确定的类"②。

在戴维森看来,对于语义概念的过分依赖是导致这种分析不恰当的原因。在这种分析中,"命名"和"类"这两个语义概念并没有得到充分的说明。而人们很容易将关于它们的一般性的说明,当作是对这两个语词理解之外的东西。人们常常被要求在本体论层面上,对这种语词意义之外的东西找到一种解释。戴维森认为,这是问题难以得到彻底解决的不能忽视的原因之一。戴维森关于这些问题的讨论是基于他的真之理论的。

与此相关的是,戴维森基于绝对真之理论进行了探讨。对于"苏格拉底是聪明的"这个语句的真值条件,可以通过以下这个 T-语句来加以表述:

---

① Davidson, D., "The Method of Truth in Metaphysics", in *Inquiries into Truth and Interpretation*, Second edition, Oxford: Clarendon Press, 2001, p.205,

② 戴维森:《对真理与解释的探究》,牟博、江怡译,中国人民大学出版社 2007 年版,第246页。

"'苏格拉底是聪明的'是真的,当且仅当苏格拉底是聪明的。"戴维森认为,在任何语境中,这种标准的T-语句都具有自明性。正是基于这个前提,这种表述才能够为一个语句的真值条件提供精确的说明。在任何一种语言中,T-模式都可以作为其元语言中的公理,为对象语言中的任一语句的真值条件提供说明。关于真值条件的这种准确的、恰当的给定方式的提出,只依赖于语句以及与之相关的作为语境的包含该语句的整体语言。语句在整个语言语境中为真的条件,决定了语词和语句的意义。这种方式是自然语言中关于意义建构的重要方式。正是基于他的真之理论和语言整体论,戴维森提出了一种解决形而上学问题的新途径。

针对存在问题的T-语句,戴维森的处理方法是添加公设。对之前并不恰当的T-语句:"'苏格拉底是聪明的'是真的,当且仅当由'苏格拉底'命名的对象属于'是聪明的'这个谓词所确定的类",可以添加两条公设:由"苏格拉底"命名的对象是苏格拉底,x属于由"是聪明的"这个谓词所确定的类当且仅当x是聪明的。根据以上公设,对上述不恰当的T-语句,我们可以用"苏格拉底"等值置换"由'苏格拉底'命名的对象",用"是聪明的"等值置换"属于'是聪明的'这个谓词所确定的类",由此可以得到符合戴维森要求的T-语句:"'苏格拉底是聪明的'是真的,当且仅当苏格拉底是聪明的"①。

戴维森通过添加公设的方式,将"命名""类"等多余的语义概念加以消除。根据添加公设的方式,对每一个不恰当的T-语句都可以进行转化,从而得到了给定语句为真条件的一般形式。由此,之前的语义概念对句子的真值条件所进行的理论解释,就成为整个语言语境中的部分内容。

戴维森认为,整个语言语境承担了解释一个句子的任务。在T-语句中"当且仅当"之后的内容,就是基于语言语境对于该句子的断定。整个语言语境是进行这样断定的前提和背景。而这种断定意味着,基于大量逻辑前提的

---

① 戴维森:《对真理与解释的探究》,牟博、江怡译,中国人民大学出版社2007年版,第246页。

一致,才能使得句子在语境中被衍推为真。这种决定关系表现了句子意义和语境之间的联系。正是基于对这种决定关系的理解,戴维森将一个句子的真值条件看作是确定句子意义的依据。而在语境整体中的决定语句真值条件的前提,包含着语义概念的产生及其在意义理论中所发挥的作用。因此,戴维森的整体论语境,不仅对语义概念进行了意义上的说明,而且利用公设对其进行了功能上的替换。

在真之理论中,戴维森对指称概念的理论地位进行了重新审视。在意义理论中,戴维森借助于真之方法将语义概念消解掉了。他认为,这是一种有效的消除语义概念的方法。这种方法不但可以用在为一个语句确定真值条件的情况下,而且可以在方法论的意义上用于更多问题的解决。戴维森在意义理论、真之理论、本体论等领域的研究,特别是对当代形而上学的许多具体问题的探讨,都使用了这种方法。基于戴维森的真之理论而形成的这种方法,是与整体论语言的一般结构相关的。戴维森认为,在真之理论中,语言一般结构的说明需要依赖于作为语言的绝对基础的真概念,而这种一般结构的说明必然需要包含着对语义概念的说明。由此实现了这样的转化,由语义概念对语言的解释转到由更为基础的真概念对语言的解释,从而说明,绝对真概念在最基础的理论层面上具有排他性。因此,在这一建构过程中语义概念必须被消除,并且将其放置在这种结构影响下的具体内容中,在此语义概念能够得到应有的解释。

戴维森认为,在真值条件意义理论的基础上,语义概念才能得到清晰、彻底的说明。戴维森对语言哲学中的这种语义概念进行了分析,从而重新界定了其理论地位。在此过程中,他提出了一种新的解释方法。借助于这种方法,戴维森对这些语义概念进行了更加恰当、明确的解释。这种戴维森式的解释方法,即真之方法,是戴维森真之理论在这些问题的讨论中做出的最大的贡献。

（二）对概念实体的消解

在当代语言哲学的探讨中，产生了具有本体论倾向的关于概念等内涵性实体的理论。在这些理论的研究中，为了说明许多具体问题，常常会陷入一种不得不建立新的空洞实体的两难境地中。基于真之方法，戴维森对概念实体这种容易被要求引入的实体进行了分析和消解。戴维森将概念实体称之为"那些符合于谓词的实体"①。类似于利用真之方法来对语义概念进行消解，戴维森按照同样的思路消除了这种语言哲学理论中的本体论假定。

戴维森通过增加两个公设的方式，将有关"苏格拉底是聪明的"这个语句的不恰当的 T-语句转换为一个并未有"命名""类"等语义概念参与的标准的 T-语句，从而完成了对一些语义概念的消除。在戴维森看来，标准的 T-语句就是真之理论中表述句子真值条件的一般形式。在整体论语境中，真之理论中的真概念实现了对这一语句的基本结构的揭示，而并不对概念实体做出本体论方面的任何设定。

在戴维森的意义理论中，无论是对于真之理论的建构，还是对于真概念的解释，都不涉及概念实体，因此，他的意义理论不做此类实体的设定和要求。实际上，这样的实体已经在戴维森对于语义概念消除的过程中，同时被消解了。在真之理论中，戴维森将任何语义实体和附加的语义概念严格地排除在真概念的建立过程之外。在他看来，语言的一般结构的建立，并不需要那些语义概念的参与，而是仅仅根据绝对真概念的作用。因此，戴维森的意义理论并不包括由这些语义概念所导致的具体的概念实体。

这里所要说明的是，语义概念和这些概念实体具有关联。在意义理论和真之理论中，这些语义概念发挥何种作用，具有何种地位，都将会直接影响到

---

① 戴维森：《对真理与解释的探究》，牟博、江怡译，中国人民大学出版社 2007 年版，第 246 页。

当提出句子的真值条件时,对于概念实体这类本体论对象做出何种要求。戴维森认为,如果不对这样的语义概念进行消除,那么很容易出现对于这样的概念实体做出澄清的理论需要。因此,对语义概念在意谓层面进行本体论的追问也就成为意义理论必然会做的工作,从而产生了诸如概念实体理论这样的本体论理论。

戴维森将绝对真概念看作是整个语言哲学中最基础的概念,从而使得他的真之理论对语言哲学起到了极大的促进作用,即提出了一个新的意义理论的建构方式。戴维森重新界定了许多语义概念的理论地位,比如概念、对象、指称,等等,其所带来的直接后果就是削弱了它们在形而上学理论中的作用。传统上人们常常非常重视指称、对象和概念等语义概念在意义说明中的作用,把它们看作是说明真概念的前提,是解释真概念的手段。与之不同的是,戴维森认为,绝对的真概念是最为基本的概念,是不可定义的,可以通过真概念对其他语义概念进行说明和解释。

戴维森认为,真概念处于更加基础的、核心的理论层面,它与其他的语义概念并不在同一理论层面上发挥作用。因此,任何语义概念都不能用于真的定义和解释,并且除真之外的这些语义概念也不能用于语言的一般结构的建立。这并不意味着要否定这些语义概念的功能和作用。为此,戴维森区别了真之理论内部解释和真之理论外部解释。他认为,就真之理论内部解释而言,一旦真之理论成立,就可以使用指称、对象、概念等语义概念对真概念和真值条件进行说明。这些语义概念是语言哲学家的理论构造物,是为了说明真之理论而构造出来的。而就真之理论的外部解释而言,根本不需要表征专名和对象、谓词和概念等的指称关系或满足关系,只需要绝对的真概念。结合整体论语言观,结合说话者的言语行为的语境等,就可以为自然语言中的语句给出其真值条件。

总之,戴维森基于绝对的真概念,构造了真值条件意义理论,通过对于语义概念在说明句子的真值条件中作用的消解,从而消解了与谓词相应的概念实体这种本体论。

（三）对初始词汇和简单语句的有限性的要求

戴维森的真之方法为形而上学的研究提供了新的思路。在此过程中，他多次对初始词汇及其所组成的简单语句提出有限性的要求，使得这种有限性的条件成立成为他的真之方法的前提。

以"苏格拉底是聪明的"这样的句子为例，戴维森认为，在使用真之方法对句子提供真值条件的说明时，用于消除语义概念的公设必须要在以下的情况才能成立，即"苏格拉底"和"是聪明的"这样语词的初始列表是有限的。其原因在于，如果这样的初始列表中有无限多个语词，那么与之相对应的用于构成 T-语句的公设也就不能是有限的。但实际上这样的公设是有限的。因此，由于缺少无限多个公设这个前提，这种 T-语句就不能得到满足，即真值条件也必然不能成立。在对语义概念进行消除时，戴维森要求每一个语词都必须对应于一个 T-语句的公设，由此确保每一个句子都可以转换成一个标准的T-语句。比如，"'苏格拉底是聪明的'为真当且仅当由'苏格拉底'命名的对象属于由'是聪明的'这个谓词所确定的类"。戴维森认为，以上句子中"命名"和"类"这两个概念可以被消去，它们的消去需要结合该句子所处的语言语境，并且需要基于该句子所对应的标准 T-语句而进行消去的操作。值得注意的是，语义概念被消去的同时，句子的意义也在整体语境中得到解释。

问题的关键在于关于这种公设的有限性的设定。公设 1："苏格拉底"这一专名命名苏格拉底这个人。公设 2：x 属于由"是聪明的"这个谓词所确定的类当且仅当 x 是聪明的。那么问题也就随之产生：这些看似自明的公设，为什么是有限的呢？

从语法上的限制来看，由于有无穷多的符号和命名方式，甚至可能存在无限多的语言种类，因此，专名和概念词的设置必然是无限多的。但是问题在于，从以上论述中关于语词的要求来看，语法上的无限性并不能完全满足这个要求。因此,如果想达到这种要求,就需要添加上语义方面的限制。由于没有从语法角度进行限制,因此,我们确实可以设想无穷多这样的语词,并把它们指定为专名,从而假定它们在语义上具有实际意义,即具有真正专名那样的语义特性。然而,戴维森认为,问题正是出在这个地方。他指出,这个假设是否成立取决于语词在具体语言语境中所得到的语义解释,而并不受语法方面的任何限制。虽然满足于语法方面的要求,但以上的指定只是根据与其他已有的专名的比较,而对专名特性的指定。因此,一个语词是否是一个专名的决定性因素是语词在具体语境中的语义解释,它指明了一个语词是一个专名所应该具有的实际条件或根据。由于这些实际条件处于一定的语言语境中,而语言语境又不可避免地包括社会历史背景、公共信念、人们的经验等因素,因此,这样的实际条件必然不可能是无限的。从以上的语义限制看,正因为这样的实际条件必然是有限的,因而自然语言中实际的专名也是有限的。

在戴维森所探讨的公设中,对于专名设定必须遵循语词在语义上的有限性要求,而不能任意设定。戴维森在整体论的意义理论中强调,语词的意义的确定依赖于整个语言语境。这种有限性要求正是基于戴维森的这个观点产生的。在他看来,语词意义和语境的相关性是基于真而建立起来的,而这种相关性是决定语词意义的语义上的依据。借助于这种方式获得意义的语词是有限的。另外,由于"公设"的语义解释都来源于经验性的语义背景,它是用以解释语言意义的、有限的东西,因此,与语境整体相关联的"公设"必须是有限的。也就是说,语义来源的有限使得这样的"公设"不可能是无限的。

在戴维森看来,必须要在整体论语言语境中,确定作为一个专名的语义解释和依据。一个语词是否是一个专名,依赖于它在具体语境中的语义解释。例如,由于"亚里士多德"指称一个唯一确定的对象,即亚里士多德这个人,因而它被看作是一个专名。如果"a"是一个专名,那么它必须满足这样的前提:"a"指称唯一确定的对象 a。实际上,可以认为"a"作为一个真正的专名的解释是:"'a'指称一个唯一确定的对象 a。"因此,仅当具有这种形式的解释时,

"a"才是一个专名。否则,它就不是这里所谈论意义上的专名。当专名指称一个确定的对象时,针对这个专名的公设才能自明为公设。例如对于"亚里士多德"这个专名来说,它的涵义可以是"《工具论》的作者","逻辑学的创始人","亚历山大大帝的老师",等等;同时也必须包括它之所以是一个专名的解释和依据。由此可知,专名的涵义必须包括作为专名的依据,它与专名的涵义中的其他内容保持一致。因此,必须要在整体论的语言语境中,考虑作为一个专名的语义上的解释和依据。

戴维森认为,一种整体的语言语境决定了专名如何被解释。这种整体的语言语境包括与这个专名相关的被断定为真的有限语句。而这种为真的情况,不仅指公理性的自明的真和客观上的事实的真,并且指以真之方法所建立的将这样公理和事实囊括进来的经验性信念体系。

戴维森的意义理论将解释者对意义的经验性解释建立在由语句真值条件所联结的整体论语境当中。戴维森讨论了语言的一般结构,并对真在语言的一般结构中的基础性作用进行了说明。戴维森真之理论所论证的问题就是,在整体论的语言语境中,真概念如何决定一个语词的解释。因此,由真所建构的这种经验性的语言语境整体决定了对于语词意义的解释。这种整体性的语境,不仅为一个语词提供了有限的经验性解释,而且是解释者理解具体语句的根据和基础。具体来说,它借助于为语词提供相关的被描述为真的句子的方式,为语词提供解释;它借助于为语句提供真值条件的方式,对语句进行分析和语义解释。语词通过句子获得解释,句子通过整体论语境提供的真值条件获得说明。

根据以上的探讨可以看出,戴维森的研究具有一条清晰的路径:从真之理论和意义理论的研究到形而上学问题的探讨,即从语义概念的消除,到本体论方面的作用,再到有限性的设定。

综上所述,戴维森认为,对语言和真进行分析的哲学传统,是真概念的一种自我建构和澄清。人们追求真理的过程就是真概念逐步构建的过程。与此同时,还存在其他的哲学研究的方法和传统,但是,对语言和真进行分析的哲学传统始终在西方哲学的发展中占据重要地位。真概念先于经验而又对经验知识进行整合、建构,具体表现为自然语言的不断自我完善。这种完善所凭借的正是戴维森的绝对真概念。塔尔斯基、戴维森等人的工作使真对于语言一般结构的影响更加清晰。真概念的内涵随着人类认识的发展不断丰富,真概念的建构作用随着其对于其他语义概念的基始性地位不断显现。戴维森在语言哲学或是形而上学层面,对真与意义以及真与其他语义概念关系的细致探讨,使得真概念的内在结构以及它对于自然语言的核心建构作用更加明晰。从哲学史的角度来看,人们能够更加清晰、深入地认识这种哲学传统,认识真、认识真与语言一般结构的关系,从而获得形而上学的认识。

第三节 达米特与戴维森意义理论对当代形而上学影响的比较

达米特与戴维森基于其意义理论,对当代形而上学问题进行了深入的探讨。本节从研究的主要问题、主要观点和主要贡献三个方面,概述达米特和戴维森对当代形而上学的研究,从而可以清晰地认识二者的意义理论对当代形而上学的影响。

一、达米特形而上学研究的主要问题、观点和贡献

（一）主要问题:形而上学的"研究纲领"

达米特对于形而上学问题的研究是基于其意义理论的。只有理解了这一点,我们才能更好地把握在整个达米特哲学思想中意义理论和形而上学的关系,也才能把握达米特研究形而上学所具有的特征。在达米特看来,实在论与反实在论问题,是当代形而上学的主要问题。解决这一问题的思路,在于以新

的研究方法开启一系列新的问题。

达米特认为,当代形而上学研究的迫切问题,是提出一个形而上学的"研究纲领",一种研究当代形而上学的一般方法。形而上学的方法论问题,是达米特形而上学研究的关注点。这种"研究纲领",是以实在论与反实在论论争的比较研究的形式出现的。达米特说:"我的本意一直是促进以关于实在论的论争比较研究的形式出现的所谓的'研究纲领'。"①达米特分析了自传统哲学以来关于形而上学研究的各种观点,探讨了实在论与反实在论的各种论争。在他看来,如果不基于当代语言哲学的研究成果,如果不在研究方法上有所突破,当代形而上学研究就像传统形而上学研究那样,会陷入永无休止且毫无结果的论争的泥潭。采取传统的研究形而上学的方法,是难以解决形而上学难题的。

达米特认为,我们应该系统地、抽象地、一揽子地解决形而上学问题。而要做到这点,就应该采取比较研究的视角。这种视角涵盖以下三个方面:一是各种实在论论证的比较,揭示其共有的论证形式;二是各种反实在论论证的比较,抽象出共有的论证形式;三是,也是最为重要的是,实在论与反实在论论证的形式的比较,力图找出二者相同的或相似的论证形式。因此,实在论与反实在论的一般论证形式或论证方法的探讨,是比较研究方法的重点。达米特说:"构造一个一致的框架,借此可被称作每一个特定的论争的抽象结构能够被刻画,这是可能的。"②而所谓构造一个"一致的框架"的目的在于,刻画不同主题的实在论与反实在论论争的类似的抽象结构。

总之,达米特关注形而上学方法论中的普遍性问题,换言之,关注普遍性的方法论问题。在他看来,如果能够解决形而上学的方法论问题,那么当代形

---

① Dummett, M., "Realism and Anti-Realism", in *The Seas of Language*, Oxford: Clarendon Press, 1993, p.463.

② Dummett, M., "Preface", in *Truth and Other Enigmas*, Cambridge, Mass.: Harvard University Press, 1978, p.xxx.

而上学的研究就会呈现出一派新的气象,展示出新的进展。

(二)主要观点:意义理论是形而上学的基础

达米特认为,形而上学的研究纲领的提出,基于对意义理论和形而上学二者关系的理解。意义理论是形而上学的基础。这个命题有以下涵义:一是意义理论为解决形而上学问题提供方法论前提。从意义理论出发,把有关何种对象存在的实在论的问题,转化为有关表述那些对象的语句的意义问题,是解决当代形而上学问题的主要途径。达米特说:"意义理论提供了解决关于实在论的形而上学论争的方法。"①二是意义理论可以脱离形而上学加以研究,前者不依赖于后者。我们可以不借助于形而上学来探讨意义理论问题。

基于意义理论是形而上学的基础这一核心思想,达米特提出了探讨当代形而上学问题的主要方法——"自下而上的方法"。这一方法涉及意义理论与逻辑学、形而上学的关系。在达米特看来,所谓的"自下而上的方法",就是从意义理论出发,以意义理论为研究的基础。通过意义理论即意义模型的研究,解决有关逻辑规律的选择问题,进而解决有关形而上学问题。达米特曾提出"形而上学的逻辑基础"的看法,但其实所谓的"逻辑基础"本身还有基础,即以意义理论为基础。因此,形而上学的根基在于意义理论,逻辑只是意义理论和形而上学的中介,意义理论借助逻辑对形而上学发挥了重要作用。

达米特认为,实在论的各种观点、实在论的各种论证,如果要从意义理论出发加以分析就会发现,其所基于的逻辑是经典的二值逻辑,即认为每一个语句不是真的就是假的。实在论接受二值原则,承认排中律,其根源在于它持有实在论的真概念。进一步说,在于各种实在论关于句子的意义的说明采取了真值条件意义理论的形式。

与实在论相反,反实在论对二值原则和排中律采取了否定的态度,它们关

---

① Dummett, M., *The Logical Basis of Metaphysics*, Cambridge, Mass.: Harvard University Press, 1991, p.14.

于真的解释把真与人的断定行为相结合,也是反实在论的。反实在论的根源在于对有关句子的意义说明采取了非真值条件意义理论的形式,比如辩护主义意义理论、实用主义意义理论等。

总之,从意义理论出发,先构造有关句子的意义模型,然后由此说明相应的真概念并刻画相应的逻辑规律,最后提出有关形而上学的看法,这是"自下而上的方法"的基本途径。从实在论的意义模型出发,可以构造二值逻辑,可以提出实在论的形而上学的看法;从反实在论的意义模型出发,可以构造直觉主义逻辑,可以提出反实在论的形而上学的看法。

(三)主要贡献:形而上学研究的方法论

国际哲学界有人认为,就形而上学的研究,达米特提出了具体的普遍的哲学论题,而不是提出了一个研究纲领;他提出了某些单独的、个别的论题,而不是倡议关于一系列结构类似问题的比较研究。

针对国际哲学界的看法,达米特说:"这种反响既不是完全错误的,也不是完全正确的。"①一方面,这种反响之所以不是完全正确的,是因为达米特始终认为,他的有关形而上学的研究只是一个研究纲领,而不是一个新的哲学派别的宣言。达米特所关心的问题是,在多大程度上,在什么语境中,一个一般的有关实在论和反实在论的论证方法能够被提出。另一方面,达米特认为这种反响也不是完全错误的。因为,达米特关心的主要不是一组由迥然不同的主题所构成的不同种类的论题,而是具有普遍性的东西,比如一个相当一致的有关实在论和反实在论的论证方法。

由上可见,达米特对于自己的研究工作的评价更多地集中在他为这场论争所提供的方法论层面。针对实在论与反实在论的论争,达米特说:"全部的关键在于这些问题是老问题。被认为是新的东西的是这种方法。它意味着以

---

① Dummett, M., "Realism and Anti-Realism", in *The Seas of Language*, Oxford: Clarendon Press, 1993, p.464.

一个略微不同于传统的方式对哲学问题加以分类。"①这种方法就是从意义理论出发研究形而上学的方法。

达米特指出："有时人们表达了这样的看法，即我成功地开启了一个或一系列真正的哲学问题，但是最终的论题与有关实在论的传统的争论没有任何关系。那当然不是我的本意：我意在把一种新的方法应用于诸如关于外部世界的实在论以及关于心灵的实在论等完全传统的问题。"②对于自己在哲学上的贡献，达米特自评道："我解决这些问题的方法的全部要点已经表明，意义理论是形而上学的基础。假如我对哲学做了什么有价值的贡献的话，那么我认为它必定在于我使用这些术语引发了这个重要的有争议的问题。"③简言之，达米特认为，自己在实在论与反实在论论争中的主要贡献体现在方法论上。

二、戴维森形而上学研究主要问题、观点和贡献

（一）主要问题：当代形而上学的理论方向和探究路径

戴维森坚持语言哲学的基本信条，认为通过语言能够表征实在。戴维森说："我们在共有一种语言（在这是为交流所必需的任何一种含义上）时，也就共有一幅关于世界的图景，这幅图景就其大部分特征而论必须是真的。因此，我们在显示我们的语言的大部分特征时，也就显示了实在的大部分特征。所以，研究形而上学的一种方式便是研究我们语言的一般结构。"④既然语言的

---

① Dummett, M., "Preface", in *Truth and Other Enigmas*, Cambridge, Mass.: Harvard University Press, 1978, p.xxxi.

② Dummett, M., "Realism and Anti-Realism", In *The Seas of Language*, Oxford: Clarendon Press, 1993, p.468.

③ Dummett, M., "Preface", in *Truth and Other Enigmas*, Cambridge, Mass.: Harvard University Press, 1978, p.xl.

④ 戴维森:《对真理与解释的探究》，牟博、江怡译，中国人民大学出版社 2007 年版，第 238 页。

特征与实在的特征具有对应性,因此,形而上学的研究就在于对于语言的研究。揭示语言的结构和特征,本身就是揭示实在的结构和特征。

戴维森认为,语言在世界之先,研究实在的唯一可靠方式是先明确作为其基础的语言的结构。这样的结构是适用于任何语言的,具有普遍性和一般性。因此,人们通过语言看待、把握世界的方式,正是世界与实在显现的方式。作为基础的意义理论在这一领域最基本的问题上发挥了纲领性作用。

在戴维森看来,研究语言的意义,揭示语言的结构和特征,就必须构造有关自然语言的意义理论,就必须为自然语言提供塔尔斯基式的真之理论。因此,真之理论就成为戴维森对于形而上学问题研究的基础。戴维森认为,基于塔尔斯基式的语义性真定义所构造的真之理论,就是一种可行的意义理论的形式。戴维森的真值条件意义理论,令求真在整体语境论的视域下对语言的意义问题做出说明。与此同时,人们对真这一概念的理论认识也相应得到了新的阐明。戴维森以相对真之理论的阶段性成就与绝对真之理论的纲领性预设,建立了意义理论与当代形而上学新进展的紧密关联。

戴维森将真之理论视为能够解决意义理论基本问题的重要方法。在语言的一般性结构当中,建立对真之特性和理论作用的说明,既是一种对真概念的说明,同时也是一种对语言意义的说明。因为在戴维森那里,对真概念的这种理论作用的说明恰恰提供了一种对意义组合性原则的诠释,以及一种建构自然语言语义学的方法。对真概念说明的实质性进展,通常统一于对语言意义的说明,而对语言意义的说明通常又通过反映语言的结构和特征,从而从根本上反映了实在的结构和特征。由此,在戴维森那里,对实在进行认识的形而上学问题,对语言意义进行认识的自然语言语义学问题,以及对真进行认识的由相对真通达绝对真的纲领性建构,三者被有机地统一起来。这种思路只有在明确了一种实在论的真之理论基础上才能生成并实现。这正是戴维森全部语言哲学的出发点和理论支撑。同时,在戴维森看来,这也正是当代形而上学研究的新的路径和方式。

（二）主要观点：真是探求当代形而上学问题的理论之基

在戴维森看来，真在认知语言中具有重要的理论地位，求真是对语言进行认知的基本方式和途径。因此，关于语言的一般结构的探究，必将深入对真概念的探究；换言之，对于语言的认识，基于对于真的认识。在弗雷格的基础上，戴维森拓展了真概念在处理内涵问题上所表现出的决定性作用。这些理论作用的提出，与弗雷格在语言层面和意谓层面论述真概念的作用毫无冲突。

戴维森的实在论真之理论认为，真是探究形而上学问题的理论基础。这一点不仅仅体现在真这一概念对意义理论造成影响，进而对形而上学的研究造成影响；同样，在形成对真这个概念本身看法的过程中，其在形而上学视域下的理论地位和处理实在问题上的作用得到凸显。在戴维森看来，真概念是最为基础的概念，真概念不能被任何其他语义概念所定义，且又能规范、限定其他语义概念，这是在绝对意义上谈论真。绝对真概念决定着其他语言哲学概念的定义或说明，其中就包括了对意义、指称、事实、符合、满足等概念的解释。意义理论、指称理论、定义事实、阐释真之符合直觉、表征满足，这些理论探讨的实现都是在绝对真概念的纲领性作用之下完成的。同时，继续沿着这条路径求真，将使更多语言哲学重要问题得到解决。这与建构一种完备的自然语言语义学，解决形而上学关键问题是一致的。

总之，不能被任何概念彻底解释，可作为真之不可定义论的理论说明。参与定义或说明其他语义概念，可作为对真概念的前分析属性及其在语言之先的理论说明。这里的前分析性和在语言之先，不仅表明语言分析无法造成对真的彻底认识，同时这种对真概念核心地位的认定，肯定了其在语言分析基本结构之中的关键作用。

（三）主要贡献："形而上学的真之方法"的提出

对绝对真概念的阐释，表明了戴维森以求真的方式展开意义理论以及形而上学的研究。戴维森说:"研究语言的最一般的方面也就是研究实在的最一般的方面。"①因此,"研究形而上学的一种方式便是研究我们语言的一般结构"②。戴维森将这种形而上学的研究方式称为"形而上学的真之方法"。戴维森认为,这种方法并不是形而上学研究中的唯一的方法,但这种方法是哲学史中存在的具有求真传统的哲学家主要采取的一种方法。戴维森认为,"明确阐明这种方法并对其哲学上的重要性做出论证"③,是他的主要贡献。

在戴维森看来,形而上学的真之方法的给定,在于其对全部语言哲学问题纲领性意义的说明。戴维森找到了一种在他看来唯一可能的真之理论都必须包含的结构,并将塔尔斯基的 T 约定解释为这一先验结构的初始预设。绝对真的纲领性预设对形而上学的重要影响表现,在于其对哲学史进程当中重要形而上学进展的诠释。

首先,对弗雷格语言哲学研究路径的肯定和继承,正是这一方法路径当代意义的实现。弗雷格在其意义理论中完成了宏大的对语言结构的说明。在戴维森的绝对真之纲领解释下,这样的说明是以一种形而上学真之方法来实现的。弗雷格对涵义和意谓的区分,对句子语义的说明,其核心便是围绕对真这个概念的特征的说明。这些内容为现代逻辑奠基,呼应了弗雷格关于真为逻辑指引方向的著名论断。戴维森意义上的真之方法,能够精确诠释弗雷格这一路径在当代形而上学的新发展。

其次,戴维森明确了形而上学真之方法的研究传统。在他看来,自古希腊以来的哲学研究中,这一求真的研究传统从未中断,并且始终在形而上学研究进程中起着重要作用。大部分最有影响的哲学家以这种研究方式,凭借在形

---

① 戴维森:《对真理与解释的探究》,牟博、江怡译,中国人民大学出版社 2007 年版,第241 页。

② 戴维森:《对真理与解释的探究》,牟博、江怡译,中国人民大学出版社 2007 年版,第238 页。

③ 戴维森:《对真理与解释的探究》,牟博、江怡译,中国人民大学出版社 2007 年版,第239 页。

而上学问题上研究的进展,从而促进人类理性文明的发展。

最后,戴维森肯定了这一方法在形而上学的发展历程中的纲领性理论意义。他认为,人们理应严格区分同塔尔斯基 T 约定相一致的理论和不一致的理论,并且将其视为一种当代形而上学的规范和标准。这体现着戴维森对其形而上学真之方法作为一种语言哲学、真之理论、形而上学共同纲领的理论价值的肯定。

综上所述,达米特和戴维森都是从语言出发探讨形而上学问题,都注重形而上学研究方法,这是二者的相同点。达米特和戴维森的不同之处在于,达米特是反实在论的主要代表,而戴维森被看作是实在论的主要代表,二者为当代语言哲学发展标明了不同的研究路径,呈现了不同的思想内容;二者关于实在论和反实在论的论争,极大地促进了当代形而上学的发展。

主要参考文献

一、外文文献

Auxier,R.,Hahn,L.E.(eds.)：*The Philosophy of Michael Dummett*,Chicago：Open Court Publishing Company,2007.

Blackburn,S.：*Philosophical Logic*,Open University Press,1980.

Davidson,D.：*Inquiries into Truth and Interpretation*,Second edition,Oxford：Clarendon Press,2001.

Davidson,D.：*Essays on Actions and Events*,Oxford：Clarendon Press,1980.

Davidson,D.：*Subjective*,*Intersubjective*,*Objective*,Oxford：Clarendon Press,2001.

Davidson,D.：*Problems of Rationality*,Oxford：Clarendon Press,2004.

Davidson,D.：*Truth, Language and History*：*Philosophical Essays*, Oxford：Clarendon Press.2005.

Davidson,D.：*Truth and Predication*,Cambridge,Mass.：Harvard University,2005.

Davidson,D.：*The Essential Davidson*,Oxford：Oxford University Press,2006.

Davidson,D.："The Structure and Content of Truth",*The Journal of Philosophy*,vol.87, No.6,1990.

Devitt,M.：*Realism and Truth*,Princeton：Princeton University Press,1977.

Dummett, M.： *Truth and Other Enigmas*, Cambridge, Mass.： Harvard University Press,1978.

Dummett, M.: *Frege: Philosophy of Language*, Second edition, Cambridge, Mass.: Harvard University Press, 1981.

Dummett, M.: *The Interpretation of Frege's Philosophy*, Cambridge, Mass.: Harvard University Press, 1981.

Dummett, M.: *The Logical Basis of Metaphysics*, Cambridge, Mass.: Harvard University Press, 1991.

Dummett, M.: *Frege and Other Philosophers*, Oxford: Oxford University Press, 1991.

Dummett, M.: *Frege: Philosophy of Mathematics*, London: Duckworth, 1991.

Dummett, M.: *The Seas of Language*, Oxford: Clarendon Press, 1993.

Dummett, M.: *Origins of Analytical Philosophy*, Cambridge, Mass.: Harvard University Press, 1993.

Dummett, M.: *Elements of Intuitionism*, Oxford: Oxford University Press, 1977.

Dummett, M.: *Thought and Reality*, Oxford: Clarendon Press, 2006.

Dummett, M.: *Truth and the Past*, New York: Columbia University Press, 2004.

Frege, G.: *Collected Papers*, Oxford: Basil Blackwell, 1984.

Frege, G.: *The Foundation of Arithmetic*, Austin, J. L. (tr.), Oxford: Basil Blackwell, 1980.

Frege, G.: *The Frege Reader*, Michael Beaney (ed.), Malden, MA.: Blackwell Publishing, 1997.

Grayling, A. C.: *An Introduction to Philosophical Logic*, Third edition, Malden, MA.: Blackwell Publishing, 1997.

Gabbay, D., Guenthner, F. (eds.): *Handbook of Philosophical Logic*, Dordrecht: Reidel, vol.1, 1983; vol.2, 1984; vol.3, 1986; vol.4, 1989.

Geach, P., Black, M. (eds.): *Translations from the Philosophical Writings of Gottlob Frege*, Oxford: Basil Blackwell, 1960.

Green, K.: *Dummett Philosophy of Language*, Cambridge: Polity Press, 2001.

Gunson, D.: *Michael Dummett and the Theory of Meaning*, Eldershot: Ashgate publishing Company, 1998.

Haack, S.: *Philosophy of Logic*, Cambridge: Cambridge University Press, 1978.

Hahn, L.E. (ed.): *The Philosophy of Donald Davidson*, Chicago: Open Court, 1999.

Hale, B., Wright, C. (eds.): *A Companion to the Philosophy of Language*, Oxford: Basil Blackwell, 1997.

Joseph, M. : *Donald Davidson*, McGill-Queen' University Press, 2004.

Kripke, S. : *Name and Necessity*, Oxford: Oxford University Press, 1979.

LePore, E. (ed.) : *Truth and Interpretation*, *Perspectives on the Philosophy of Donald Davidson*, Oxford: Basil Blackwell, 1986.

LePore, E. , Ludwig, K. (eds.) : *Truth and Interpretation*: *Donald Davidson*, *Meaning Truth*, *Language*, *and Reality*, Oxford: Basil Blackwell, 2005.

Long, P. , White, R. (eds.) : *Gottlob Frege*: *Posthumous Writings*, Oxford: Basil Blackwell, 1979.

Ludwig, K. : *Donald Davidson*: *Contemporary Philosophy in Focus*, Cambridge: Cambridge University Press, 2003.

Malpas, J.E. : *Donald Davidson and the Mirror of Meaning*: *Holism*, *Truth*, *Interpretation*, Cambridge: Cambridge University Press, 1992.

Malpas, J. : *Dialogues with Davidson*: *Acting*, *Interpreting*, *Understanding*, Cambridge, Mass. : The MIT Press, 2011.

Martinich, A.P. (ed.) : *The Philosophy of Language*, Second edition, Oxford: Oxford University Press, 1990.

Matar, A. : *From Dummett's Philosophical Perspective*, Berlin: Walter de Gruyter, 1997.

McGuinness, B. , Oliveri, G. (eds.) : *The Philosophy of Michael Dummett*, Dordrecht: Kluwer Academic Publishers, 1994.

Miller, A. : *Philosophy of Language*, London: UCL Press, 1998.

Potter, M. , Ricketts, T. (eds.) : *The Cambridge Companion to Frege*, Cambridge: Cambridge University Press, 2010.

Preyer, G. : *Donald Davidson On Truth*, *Meaning*, *and the Mental*, Oxford: Oxford University Press, 2012.

Putnam, H. : *Mind*, *Language and Reality*, Cambridge: Cambridge University Press, 1975.

Putnam, H. : *Reason*, *Truth and History*, Cambridge: Cambridge University Press, 1981.

Auxier, R.E. , Hahn, L.E. (eds.) : *The Philosophy of Michael Dummett*, Open Court Publishing Company, 2007.

Searle, J. : *Speech Acts*: *An Essay in the Philosophy of Language*, Cambridge: Cambridge University Press, 1969.

Stoecker, R. : *Reflecting Davidson*: *Donald Davidson Responding to an International Forum of Philosophers*, Berlin: Walter de Gruyter, 1993.

Tarski, A.: *Logic*, *Semantics*, *Metamathematics*, Oxford: Clarendon Press, 1956.

Tarski, A.: "The Semantic Conception of Truth and the Foundation of Semantics", *Philosophy of Phenomenological Research*, volume 4, 1944.

Taylor, B. (ed.): *Michael Dummett: Contributions to Philosophy*, Dordrecht: Martinus Nijhoff Publishers, 1987.

Quine, W.V.O.: *Word and Object*, Cambridge, Mass.: MIT Press, 1960.

Quine, W. V. O.: *Philosophy of Logic*, Second edition, Cambridge, Mass.: Harvard University Press, 1970.

Quine, W.V.O.: *From a Logical Point of View*, Cambridge, Mass.: Harvard University Press, 1980.

Quine W. V. O.: *Pursuit of Truth*, Cambridge, Mass.: Harvard University Press, 1990.

Weiss, B.: *Michael Dummett*, Chesham: Acumen, 2002.

Wright, C.: *Realism*, *Meaning and Truth*, Oxford: Basil Blackwell, 1986.

二、中文文献

艾耶尔:《语言、真理与逻辑》,尹大贻译,上海译文出版社 2006 年版。

艾耶尔:《二十世纪哲学》,李步楼、俞宣孟、苑利均等译,上海译文出版社 2005 年版。

保罗·利科主编:《哲学主要趋向》,李幼蒸、徐奕春译,商务印书馆 1996 年版。

保罗·蒂德曼、霍华德·卡哈尼:《逻辑与哲学——现代逻辑导论》,张建军、张燕京等译,中国人民大学出版社 2017 年版。

保罗·M.丘奇兰德:《科学实在论与心灵的可塑性》,张燕京译,中国人民大学出版社 2008 年版。

陈波:《逻辑哲学研究》,中国人民大学出版社 2013 年版。

陈波:《奎因哲学研究——从逻辑和语言的观点看》,生活·读书·新知三联书店 1998 年版。

陈波主编:《分析哲学》,四川教育出版社 2000 年版。

陈波:《像达米特那样研究哲学》,《中国社会科学报》2012 年 4 月 2 日。

陈波、韩林合主编:《逻辑与语言——分析哲学经典文选》,东方出版社 2005 年版。

陈嘉映:《语言哲学》,北京大学出版社 2003 年版。

陈启伟主编：《现代西方哲学原著选读》，北京大学出版社 1992 年版。

达米特：《什么是意义理论？（Ⅱ）》，鲁旭东译，王路校，《哲学译丛》1998 年第 2、3 期。

达米特：《分析哲学的起源》，王路译，上海译文出版社 2005 年版。

达米特：《形而上学的逻辑基础》，任晓明、李国山译，中国人民大学出版社 2005 年版。

达米特、舒尔特：《达米特漫谈哲学》，王路译，《世界哲学》2004 年第 3 期。

达米特：《弗雷格在哲学史上的地位》，王路译，《哲学译丛》1988 年第 2 期。

达米特：《弗雷格——语言哲学》，黄敏译，商务印书馆 2017 年版。

戴维森：《对真理与解释的探究》，牟博、江怡译，中国人民大学出版社 2007 年版。

戴维森：《真与谓述》，王路译，上海译文出版社 2007 年版。

戴维森：《真理、意义、行动与事件》，牟博译，商务印书馆 1993 年版。

戴维森：《真理、意义与方法——戴维森哲学文选》，牟博选编，商务印书馆 2008 年版。

戴维森：《真之结构和内容》，王路译，《哲学译丛》1996 年 Z2 期。

戴维森：《真之结构和内容（续）》，王路译，《哲学译丛》1996 年 Z3 期。

戴维森：《试图定义真乃是愚蠢的》，王路译，《世界哲学》2006 年第 3 期。

法布里·帕陶特：《实在论，可判定性和过去》，张清宇译，华夏出版社 2001 年版。

F.帕特陶特：《采访达米特》，张秀美译，《哲学译丛》1998 年第 2 期。

F.帕特陶特：《采访达米特（续）》，张小简译，《哲学译丛》1998 年第 3 期。

冯棉：《经典逻辑与直觉主义逻辑》，上海人民出版社 1989 年版。

弗雷格：《弗雷格哲学论著选辑》，王路译，王炳文校，商务印书馆 2006 年版。

弗雷格：《算术基础》，王路译，王炳文校，商务印书馆 1998 年版。

格哈特·普赖尔：《唐纳德·戴维森论真理、意义和精神》，樊岳红译，科学出版社 2016 年版。

格雷林：《哲学逻辑引论》，牟博译，涂纪亮校，中国社会科学出版社 1990 年版。

郭贵春：《科学实在论的方法论辩护》，科学出版社 2004 年版。

韩林合：《维特根斯坦〈哲学研究〉解读》（上、下册），商务印书馆 2010 年版。

洪谦主编：《逻辑经验主义（上卷）》，商务印书馆 1982 年版。

洪谦主编：《逻辑经验主义（下卷）》，商务印书馆 1984 年版。

洪谦：《维也纳学派的哲学》，商务印书馆 1989 年版。

江怡：《维特根斯坦——一种后哲学文化》，社会科学文献出版社 1998 年版。

江怡:《分析哲学教程》,北京大学出版社 2009 年版。

江怡主编:《现代英美分析哲学》,《西方哲学史(学术版)》第八卷,凤凰出版社、江苏人民出版社 2005 年版。

江怡:《达米特论意义和真》,《世界哲学》2005 年第 6 期。

江怡:《一种无根的实在论——评戴维森的绝对真理理论》,《哲学研究》1995 年第 7 期。

卡茨:《意义的形而上学》,苏德超、张离海译,上海译文出版社 2010 年版。

卡尔·波普尔:《客观知识——一个进化的研究》,舒伟光、卓如飞、周柏乔、曾聪明等译,上海译文出版社 2005 年版。

柯克·路德维希主编:《唐纳德·戴维森》,郭世平译,复旦大学出版社 2011 年版。

克里普克:《命名与必然性》,梅文译,涂纪亮、朱水林校,上海译文出版社 1988 年版。

蒯因:《从逻辑的观点看》,江天骥、宋文淦、张家龙、陈启伟译,上海译文出版社 1987 年版。

蒯因:《语词和对象》,陈启伟、朱锐、张学广译,中国人民大学出版社 2005 年版。

蒯因:《蒯因著作集》(1—6 卷),涂纪亮、陈波主编,中国人民大学出版社 2007 年版。

奎因:《真之追求》,王路译,生活·读书·新知三联书店 1999 年版。

卡尔纳普:《世界的逻辑构造》,陈启伟译,上海译文出版社 1999 年版。

罗素:《逻辑与知识》,苑莉均译,张家龙校,商务印书馆 1996 年版。

罗素:《意义与真理的探究》,贾可春译,商务印书馆 2011 年版。

马蒂尼奇编:《语言哲学》,牟博、杨音莱、韩林合等译,商务印书馆 1998 年版。

麦克尔·路克斯:《当代形而上学导论》,朱新民译,复旦大学出版社 2008 年版。

米歇尔·杜麦特:《直觉主义逻辑的哲学基础》,载于保罗·贝纳塞拉夫、希拉里·普特南编:《数学哲学》,朱水林、应制夷、凌康源、张玉纲译,商务印书馆 2003 年版。

苗力田主编:《亚里士多德全集》,中国人民大学出版社 1990 年版。

普特南:《理性、真理与历史》,童世骏、李光程译,上海译文出版社 2005 年版。

塞尔:《心灵、语言和社会》,李步楼译,上海译文出版社 2006 年版。

司各特·索姆斯:《20 世纪分析哲学史(1):分析的开端》,张励耕、仲海霞译,华夏出版社 2019 年版。

司各特·索姆斯:《20 世纪分析哲学史(2):意义的时代》,张励耕译,华夏出版社 2019 年版。

施太格缪勒:《当代哲学主流(上卷)》,王炳文、燕宏远、张金言译,商务印书馆1986年版。

施太格缪勒:《当代哲学主流(下卷)》,王炳文、王路、燕宏远、李理译,商务印书馆1992年版。

苏珊·哈克:《逻辑哲学》,罗毅译,张家龙校,商务印书馆2003年版。

涂纪亮:《分析哲学及其在美国的发展》,武汉大学出版社2007年版。

涂纪亮:《现代西方语言哲学比较研究》,中国社会科学出版社1996年版。

涂纪亮主编:《语言哲学名著选辑(英美部分)》,生活·读书·新知三联书店1998年版。

塔尔斯基:《逻辑与演绎科学方法论导论》,周礼全、吴允曾、晏成书译,商务印书馆1980年版。

塔尔斯基:《语义性真理概念和语义学的基础》,肖阳译,涂纪亮校,载于A.P.马蒂尼奇编:《语言哲学》,商务印书馆1998年版。

王路:《走进分析哲学》,生活·读书·新知三联书店1999年版。

王路:《走访达米特教授》,《哲学动态》1993年第7期。

王路:《弗雷格思想研究》,商务印书馆2008年版。

王路:《逻辑与哲学》,清华大学出版社2019年版。

王路:《语言与世界》,北京大学出版社2016年版。

王路:《"是"与"真"——形而上学的基础》(修订版),人民出版社2013年版。

王路:《向往戴维森》,《世界哲学》2003年第6期。

王晓升:《走出语言的迷宫——后期维特根斯坦哲学概述》,社会科学文献出版社1999年版。

威廉·涅尔、马莎·涅尔:《逻辑学的发展》,张家龙、洪汉鼎译,商务印书馆1985年版。

维特根斯坦:《逻辑哲学论》,贺绍甲译,商务印书馆2011年版。

维特根斯坦:《逻辑哲学论》,韩林合译,商务印书馆2013年版。

维特根斯坦:《哲学研究》,李步楼译,陈维杭校,商务印书馆1996年版。

维特根斯坦:《哲学研究》,陈嘉映译,上海人民出版社2001年版。

徐友渔等:《语言与哲学——当代英美与德法传统比较研究》,生活·读书·新知三联书店1996年版。

徐友渔:《达梅特》,载《当代西方著名哲学家评传(第一卷 语言哲学)》,涂纪亮主编,济南:山东人民出版社1995年版。

约翰·巴斯摩尔:《哲学百年·新近哲学家》,洪汉鼎等译,商务印书馆1996年版。

叶闯:《理解的条件——戴维森的解释理论》,商务印书馆2006年版。

张家龙:《数理逻辑发展史》,社会科学文献出版社1993年版。

张建军等:《当代逻辑哲学前沿问题研究》,人民出版社2014年版。

张建军:《逻辑悖论研究引论》,南京大学出版社2002年版。

张妮妮:《意义、解释和真——戴维森语言哲学研究》,中国社会科学出版社2008年版。

张庆雄:《二十世纪英美哲学》,人民出版社2005年版。

张清宇主编:《逻辑哲学九章》,江苏人民出版社2004年版。

张清宇、郭世铭、李小五:《哲学逻辑研究》,社会科学文献出版社1997年版。

张尚水编:《当代西方著名哲学家评传》,第五卷,山东人民出版社1996年版。

张燕京:《达米特意义理论研究》,博士学位论文,中山大学,2003年。

张燕京:《达米特意义理论研究》,中国社会科学出版社2006年版。

张燕京:《真与意义——达米特的语言哲学》,河北大学出版社2011年版。

张燕京:《达米特与戴维森:意义理论的论争》,社会科学报2020-12-24。

张燕京、王路:《达米特与语言哲学——当代分析哲学的一个谈话录》,《西南民族大学》(人文社会科学版)2019年第8期。

张燕京:《达米特的演绎辩护思想》,《学术研究》2012年第9期。

张燕京:《达米特:当代意义理论和形而上学的开拓者》,中国社会科学报2012-4-2。

张燕京:《论达米特意义理论的基本原则》,《哲学研究》2007年第二届海峡两岸逻辑教学学术会议专辑。

张燕京、李颖新:《当代意义理论如何可能——达米特的一种解答》,《学术研究》2007年第2期。

张燕京:《达米特对当代意义理论的贡献》,《博览群书》2007年第2期。

张燕京:《达米特对于戴维森意义理论的批判》,《湖南科技大学学报》(社会科学版)2007年第1期。

张燕京、李颖新:《意义理论是形而上学的基础》,《贵州师范大学学报》(社会科学版),2007年第6期。

张燕京:《分析哲学与现象学的相通与分歧》,《南京社会科学》,2006年第12期。

张燕京:《观念、方法与应用的有机统一》,《哲学研究》2005年第1期。

张燕京:《达米特"隐含知识"概念析评》,《哲学动态》2005年第3期。

张燕京:《达米特关于真概念的逻辑哲学反思》,《科学技术与辩证法》2005 年第 1 期。

张燕京、梁庆寅:《达米特对于弗雷格指称概念的新阐发》,《学术研究》2004 年第 12 期。

张燕京:《简析达米特发展弗雷格意义理论的基本路径》,《哲学动态》2004 年逻辑学研究专辑。

张燕京:《弗雷格与达米特意义理论的特征差异及其根源》,《自然辩证法研究》2004 年第 2 期。

张燕京:《弗雷格思想论析评》,《北京师范大学学报》(人文社科版)2000 年第 4 期。

张燕京:《从逻辑哲学看弗雷格的"真"理论》,《自然辩证法研究》2003 年第 6 期。

张燕京:《论丘奇兰德基于科学实在论的语言哲学思想》,《自然辩证法研究》2009 年第 2 期。

张燕京、郑甲平:《弗雷格的函数－自变元理论及其对现代逻辑和语言哲学的影响》,《湖南科技大学学报》(社会科学版)2020 年第 2 期。

张燕京、穆青:《论戴维森整体主义真理理论》,《河北学刊》2018 年第 2 期。

张燕京、梁宗宪:《普特南与艾耶尔关于模态问题的论争探析》,《湖南科技大学学报》(社会科学版)2015 年第 5 期。

赵敦华:《现代西方哲学新编》,北京大学出版社 2001 年版。

后　记

本书是以我主持完成的国家社会科学基金一般项目"达米特与戴维森意义理论及其对当代逻辑学和哲学的影响之比较研究"(项目批准号：14BZX073)为基础撰写而成的,该课题的最终成果被全国哲学社会科学工作办公室鉴定为优秀成果。

全书主体分为导论和五章,主要由我撰稿完成。此外,赵贤和我的学生穆青参与了第四章第二节、第五章第二节的部分写作。赵贤为本课题的最终完成做出了重要贡献。

课题组成员如下：赵贤,河北大学哲学与社会学学院副院长、副教授,南京大学哲学博士；穆青,沧州师范学院教师,河北大学哲学博士；梁宗宪,河北金融学院教师,河北大学哲学博士。

此外,参与本课题研究相关工作的还有我的学生：戴冕,河北大学硕士,清华大学博士,现在国家图书馆工作；郑甲平,河北大学逻辑学专业博士生；李月坤,河北大学逻辑学专业博士生。

张燕京

2021 年 5 月

责任编辑：武丛伟
封面设计：石笑梦
版式设计：胡欣欣

图书在版编目（CIP）数据

达米特与戴维森意义理论比较研究/张燕京 著. —北京：人民出版社，
　2021.8
ISBN 978－7－01－023594－3

Ⅰ.①达…　Ⅱ.①张…　Ⅲ.①达米特-哲学思想-研究②戴维森（Davidson，
　Donald 1917-2003）-哲学思想-研究　Ⅳ.①B561.6②B712.59

中国版本图书馆 CIP 数据核字（2021）第 140969 号

达米特与戴维森意义理论比较研究
DAMITE YU DAIWEISEN YIYI LILUN BIJIAO YANJIU

张燕京　著

人民出版社 出版发行
（100706　北京市东城区隆福寺街 99 号）

环球东方（北京）印务有限公司印刷　新华书店经销

2021 年 8 月第 1 版　2021 年 8 月北京第 1 次印刷
开本：710 毫米×1000 毫米 1/16　印张：21.25
字数：369 千字

ISBN 978－7－01－023594－3　定价：75.00 元

邮购地址 100706　北京市东城区隆福寺街 99 号
人民东方图书销售中心　电话（010）65250042　65289539